观日文丛

赵京华 主编

海东游艺
中日文化交流纵横谈

张明杰 著

知识产权出版社
全国百佳图书出版单位
—北京—

图书在版编目（CIP）数据

海东游艺：中日文化交流纵横谈/张明杰著. —北京：知识产权出版社，2022.4

（观日文丛/赵京华主编）

ISBN 978-7-5130-7853-5

Ⅰ.①海… Ⅱ.①张… Ⅲ.①中日关系—文化交流—文集 Ⅳ.①G125-53

中国版本图书馆 CIP 数据核字（2021）第 241969 号

责任编辑：李 硕	责任校对：谷 洋
封面设计：杰意飞扬·张 悦	责任印制：刘译文

海东游艺
——中日文化交流纵横谈

张明杰 著

出版发行：	知识产权出版社有限责任公司	网 址：	http://www.ipph.cn
社 址：	北京市海淀区气象路 50 号院	邮 编：	100081
责编电话：	010-82000860 转 8342	责编邮箱：	lishuo@cnipr.com
发行电话：	010-82000860 转 8101/8102	发行传真：	010-82000893/82005070/82000270
印 刷：	三河市国英印务有限公司	经 销：	各大网上书店、新华书店及相关专业书店
开 本：	880mm×1230mm 1/32	印 张：	10.5
版 次：	2022 年 4 月第 1 版	印 次：	2022 年 4 月第 1 次印刷
字 数：	200 千字	定 价：	59.00 元
ISBN 978-7-5130-7853-5			

出版权专有　侵权必究

如有印装质量问题，本社负责调换。

观日文丛
缘 起

"观日",自然是观察和叙述日本的意思,但本丛书是从中国的视角出发来观察邻国日本,因此也就同时包含了中日之间思想文化的种种"接点",呈现了双向交叉、彼此对话的关系。这是本丛书收入作品的共同特点之一,即以中日近现代思想、文化、艺术的关涉为主题,从东亚区域的视角出发,侧重挖掘和描述中国与日本之间多被遗忘的各种复杂关联,以及当代日本文化的众生相。

日本是一个复杂的观察客体,中日近现代关系更是十分缠绕,难以述说清楚,需要人们从总体性的方面和综合的文化视角加以观照。而在人文社会科学不断分科细化、研究题目渐趋专业窄化并形成通观障碍的当今,努力打通学科壁垒,实现交叉跨越,从而获得对观察对象的整体观感,也就显得十分重要。

本丛书的作者们都是在大学或研究机构从事教学科研的学者,在各自的领域自然要根据学术规范生产一些专业性研究论文。然而,为了打开视野、把握日本或中日关系的大势，我们也时常跨出专业领域，写作一些跨学科乃至跨文化的尝试之作。这些文章文体灵活机动，往往取不拘一格、率性而谈的形式，反而可以直抒胸臆，达到通观全局的效果。本丛书所收的大概是这样一些文章的结集，称之曰学术随笔或知识小品均无不可。

对学术之外的现实关怀，也是本丛书作者们共通的追求。那就是，在当今东亚局势扑朔迷离、复杂多变的情况下，以文化搭桥实现民间的对话互动，就成为促进相互理解的不可或缺的重要力量。我们希望，未来的东亚能够成为一个和平共生而彼此和睦的共同体。如果本丛书可以起到加深东亚各民族文化沟通、推动心灵交流的作用，或至少帮助中国读者打开几扇了解日本的窗，那么丛书作者们哪怕付出再多辛劳，也在所不辞。

以上，是我们编辑这套"观日文丛"的缘起。

赵京华

2021 年 10 月 23 日

小 引

中日文化交流，自古以来不绝如缕。下笔作此小引之际，笔者念及一事，即早于"二玄社"、创办于民国初期的"又玄画社"。

一时代自有一时代的思想潮流与文化浪潮。然而在同一时代里，一些原本颇有价值的事物又不免遭到无情的冲击，甚至粗暴的摧残。在近代西化浪潮中，"传统"一直承受着无差别的攻击和破坏。中国乃至日本的传统文人画（亦称南画），便是其中一例。

中日两国历史背景不同，文人思想更是颇异。但在近代西化浪潮的冲击下，无论中国的传统画"衰退论""美术革命"，抑或日本自费诺罗萨以来的"文人画不是绘画"的论调，皆使两国的文人画备受贬斥。在此背景下，陈师曾与大村西崖不约而同地"逆风"而起，一方面身体力行地积极创作，另一方面勉力撰写文人画论，旗帜鲜明地肯定文人画，倡导文人画之复兴。

社之旨：笔墨之道，堕在魔界，士人墨戏，不可复睹，谋其救拔，最可勖之事也。乃纠约同志，设又玄画社。社之人：话诗论文，兴发则伸纸素，写山水花卉，位无伦次，龄无长幼，陶公所谓素心之人。其员限十五。会之期：卜春秋佳日，假馆于清爽胜逸之地，各展陈所业，俟大方识者评骘。或月次一回，同人相集，出其藏弃，启观赏之会。

以上节引自大村西崖手订之《又玄画社清规》。1919年9月，大村西崖发起组织"又玄画社"，编《又玄画存》，旨在通过创作实践，提高文人画的画作水平，复兴文人画。1921年秋冬之际，大村西崖访问北京，诚邀陈师曾入社。遗憾的是，二人在此后数年内相继辞世使得交流未竟。尽管如此，融汇二人心血的文人画论《中国文人画之研究》（中华书局1922年版），却在现代美术史上影响深远，堪称现代中国文人画论的开山之作。同时，这也是在西方文化大潮冲击下中日文化互相交流的一大成果。

数年前赵京华兄召集这套中日文化交流丛书（彼时尚未定名），诚邀笔者加入。于是笔者遂从有关艺术的大小闲文中择取部分，辑为这本《海东游艺——中日文化交流纵横谈》，内中文章大多曾在国内外报刊发表，涉及书画、古籍、文物、京剧、影像、古迹考察以及人物交流等，所叙纷杂，形式各异。此次成册之际，内文有所修缮，加之丛书体例所限，笔者将旧有注释酌情缀入正文，因此行文之经纬、论述之详略稍不同以往。倘有疏漏错讹，俯恳读者不吝赐教！

就中日文化交流研究而言，学界已有大量成果。笔者从事相关考察与研究虽已有年，但谈不上什么成果。几篇小文，只是在前人基础上聊做推阐或补充而已。本书编成之际，脑海中浮现多年来一直给予关心和帮助的海内外诸友，心中充满感激。限于篇幅，恕不能一一列举大名。最后仅以具名方式，对本丛书主编赵京华兄和高度敬业的李硕编辑表示衷心感谢！

2021 年 11 月 18 日
于东京日暮里寒舍

目 录

001　清末中日书画交流
030　中日合璧文人画论
053　从聚拢到星散
069　京都流寓，书学传古
109　近现代日本作家与京剧
118　旧北京的日本戏迷
126　坂东玉三郎与梅兰芳的因缘
132　观《梅兰芳》，话"梅"中不足
138　传播京剧知识的海外先驱
146　浮世绘西渐，世博会搭桥
152　鲁迅旧藏第一书房版《浮世绘版画名作集》
168　鲁迅藏书目录一则
171　今关天彭与鲁迅关系考略
199　《树下美人图》考
212　传世名画李公麟《五马图》流失日本考
242　东京上野周边再现"吴昌硕及其时代"

- 248 日本庋藏的道教文物及文献
- 252 苏轼《宸奎阁碑》宋拓孤本在日本的流传
- 264 日本所藏苏轼尺牍《董侯官帖》
- 273 越境的学术
- 297 蔡元培日记中的日本汉学家
- 307 震灾·书劫
- 312 震灾与文物
- 320 再现甲午战争的百年影像

清末中日书画交流
——以明治初期日本书画家的汉文游记为主

就近代中日民间文化交流而言，书画家是一个特别醒目的群体，尤其在交通不便的近代早期，中日两国均有不少能书善画之人士漂洋过海，于异国他乡从事游历和书画交流等活动。这为增进中日彼此了解、促进文化交流起到了极为重要的作用。中国方面，如王克三、徐雨亭、冯镜如、金邠、陈曼寿、陈逸舟、陈子逸、蒋子宾、罗清、王寅、卫铸生、胡璋、朱印然等，先后奔赴日本长崎等地，通过多种形式开展交流活动，对传播汉诗、书画等贡献颇大，而且对日本文人画（亦称南画）产生了一定影响。在日本，他们多被称为"来舶清人画家"。日本方面，则有安田老山、长井云坪、天野方壶、石川吴山、田结庄千里、长田云堂、小西皆云、冈田穆、庄田胆斋、佐濑得所、衣笠豪谷、续木君樵、村田香谷、内海吉堂、吉嗣拜山、巨势小石、盐川文鹏、秋山碧城、圆山大迂、小山松溪、前田默凤、村濑蓝水等。以笔者管见所及，迄今为止，有关近代早期赴日中国书画家的研究比较活跃，成果显著，尤其是鹤田武良、陈捷、王宝平等在此领域均有出色研究。相对而言，有关明治早期游华日本书画家的研究,虽然出现过几篇专论,近几年也有些进展,但总体上仍显得十分薄弱或沉寂。当然,相关资料的阙如是导致这一状况的主要原因之一。但是,实际上相关文献资料并非完全没有,而是尚未被我们充分发掘和利用。笔者拟通过几种汉文游记,包括迄今鲜为人知的日记手稿,初步考察明治初期(截至明治十年,即1877年)日本赴华书画家的游华活动,尤其是两国人士的书画交流,同时也意在抛砖引玉,即期盼借此唤起学界对游华书画家这一特殊群体的重视,促进并深化该领域的研究。

田结庄千里及其《游屐痕》

田结庄千里(1815—1896)既是书画家,又是阳明学者,同时还是洋学家,尤其精通枪炮技术,晚年又以实业家闻名。也许正是由于这样的多重身份,使其画家之名被淹没。其实,田结庄千里是近代初期就曾出国游华的南画家,诗、书、画皆佳,日本现今仍藏有其不少书画作品。早在明治二年,即1869年,田结庄千里随美国人韦氏航渡上海,自6月27日抵沪,至10月8日离沪归国,于上海、汉口、武昌等地游历百余日。《游屐痕》即此次游华的记录。《游屐痕》,又名《中国纪行》,属于田结庄千里遗著,共五卷(加附卷)。2003年,日本大阪府立中之岛图书馆举办的"玄武洞文库展"曾展出过该遗著。日本同志社大学的李长波先生对此文献尤为重视，并欲整理出版。笔者依据的该文献复印件，即经学者陈力卫先生之手由李长波先生所赐。

在上海期间，田结庄千里或外出游览，或观书赏画，或会客访友，笔谈交流，度过了极为充实的日日夜夜。最令其忙碌的是求书画者接连不断。他对此虽应接不暇，但仍尽力挥毫相赠。

田结庄千里于沪上结交的文墨之士有吴虹玉、程春山、凌苏生、汤星垣、陈芷泉、何霭庭、张楚葵、谢鹏飞、张世准等。其中与画家凌苏生交往尤契，两人或屈膝笔谈，或互赠画作，或诗文唱和，短期内结下深厚友谊。如他在7月20日的日记中记载：

> 凌苏生赠所自写芦雁横披。凌氏先得吾心之所同然者也，赋之申谢。画雁描神边寿民，先生岂识是前身。申江客里悲秋夜，萍水相逢同臭人。

对此，凌氏则步其韵和之：

> 君是凡民我寿民，扬州明月认前身。破瓢盛墨恣挥洒，八怪于今有替人。

曾名列"扬州八怪"之一的边寿民，尤以"没骨法"之芦雁图见长。田结庄千里将善画芦雁的凌苏生比作边寿民。对此,凌氏则把田结庄千里看作是与扬州八怪交好之沈凤(字凡民,号补萝)。从以上简短的诗文酬和不难看出,尽管两人音声语言各异,但凭借共同的汉字和视觉图画,交流是多么默契!

谢鹏飞和张世准均以书法见长。田结庄千里与二人交往,获益颇多。谢鹏飞将"逆笔法"密授,使其大为感动。田结庄千里在日记中记载:

> 此笔法近来中国人亦少知之,即知之而不能手授,亦空语耳。今承先生垂问,请略言之:逆笔必须从一点起,谢氏即运肘指示,用法一一口授,颇有会心。

在沪期间,两人过从甚密,有时"终日谈话无小息"。谢氏还亲自携来墨刻《邓完白篆书对联》《郑板桥行书》等供千里观摩,后又邀其至自己家中,拿出王羲之《心经墨本》、颜鲁公《古柏行墨帖》等法书供其鉴赏,并再次手把手传授"逆笔法"。"谢氏在后,握吾腕运之,笔逸而墨点于襟。"(卷二)临别之际,谢鹏飞还以《古柏行墨帖》《鹤亭草书字帖》、明版《朱子文集》等相赠。对田结庄千里来说,过去虽从恩师金子雪操(1794—1857)处闻知有逆笔之法,但日本从未有传习者,没想到此次于异国他乡,竟能得以传授,着实令其感慨万千。他在致谢鹏飞的书简（卷二）中记曰：

> 夫笔法之传，在一千年前，空海受之于汉鲍明，由是永字八法、十二点法，至今相传。而逆笔法实为我邦未传之法矣。先师雪操翁讲之，而未得其传也。今余传其法，而翁不在，每忆之，不觉凄然悲叹者久矣。

关于以书画见长的清末官僚张世准，如今可谓知者甚少。在张鸣珂所著的《寒松阁谈艺琐录》中，录有张世准小传。

> 张叔平世准，湖南永绥厅人，道光癸卯举人，官刑部主事。任京师久，与山阴周少白齐名，善墨梅，纵横槎丫，干湿互用，圈花点椒，别具一格。山水枯劲中饶淹润，近文五峰、释渐江、查二瞻、吴墨井诸家。时人有谓为真苗疆山水者，实谬评也。

显然，该传略只反映了张世准作为画家的一面，而忽略其书法专长。当时田结庄千里所接触的张世准正是一位富收藏而又精笔法的书法高手。

张世准当时以兵备道身份赴广东，途经上海小住。田结庄千里有幸与其会面，并得以握笔长谈。通过笔谈，田结庄千里对其印象颇佳，认为张世准"才气凌人"。临别，张世准还以书法挂幅相赠，使他有得海外知遇之感。所赠书法挂幅，有诗有文，有画作，亦有对联，多达四十余轴。田结庄千里特在游记篇末记下部分挂幅题名，以示对这位海外知己的感谢之意。

总体而言，田结庄千里这次来华游历，其受欢迎之程度以及书画交流之情形，颇类似当时赴日本长崎的清末文墨之士。只是，由于信息不足，加上缺乏中日书画家人脉关系，致使田结庄千里无缘与主流画家会面交流。这也是在1869年这一历史时刻来华的日本书画家难以避免的情形。

冈田穆及其《沪吴日记》

冈田穆（1821—1903），号篁所，以儒医闻名，同时还擅长汉诗、书画，与赴日的清末文人画家王克三、徐雨亭、周彬如、钱少虎、金邠、陈逸舟、蒋子宾等交往颇深，这从其《沪吴日记》（下卷，脩竹吾庐版）中的记述即可知。

>乍浦人王克三、徐雨亭（二人善书画）、周彬如（学士）三人曾避乱来长崎，流寓五六年，各得润笔一千元而归。其他钱子琴、蒋子宾，皆余亲交也。去年金嘉穗亦来游。

冈田穆于1872年春,在苏州贸易商汤韵梅和长崎书画商松浦永寿的陪同下,赴上海、苏州等地游历,并逐日记录所见所闻。在时隔十八年后,即1890年,见闻以《沪吴日记》之名付梓。《沪吴日记》除记述沪苏及周边地区的自然与人文景观之外,还录下作者寻览书画古董、拜会文墨之士等活动及其印象,为我们了解19世纪70年代初上海、苏州的社会文化风貌,尤其是书画界状况提供了宝贵资料。蒋子宾在《墨林今话续编》(同治壬申年春镌,扫叶山房督造书籍)中特为冈田穆立传,以示显彰。

冈田箧所,名穆,字清风,精医理,兼工诗字。今年春,同旧友汤韵梅来游吴门,访余草堂,袖中出近作相示,皆轻妙可诵。吾乡士大夫喜与之交,其归也,多赋诗以送之。

《墨林今话》及其续编收录木下逸云、日高铁翁、鹤立上人、小曾根荣、成濑石痴、守山湘帆、松浦永寿、五岳上人、冈田穆等日本书画家及其略传。冈田穆得以被收录其中,则缘于其与蒋子宾交好及来华游历。

抵沪后的第二天,即2月16日,冈田穆拜访日本驻沪领事馆,从嗜好中国书画的神代馆员处得知沪上书画名家之信息。

> 神代氏号渭川，出上洋人书画见示，即记其姓号，曰王冶梅（花卉）、陈荣（山水）、朱梦庐（花卉）、吴子书（花卉）、任栢年（花卉）、胡公寿（山水）、张子祥（花卉）、谢烈声（山水）、马复鑠（书法）、吴鞠潭（书法）、陈元升（山水）、雨香（人物）、顶谨庄（书法）、潘韵卿（书法）。以上数名，现在上洋，以书画名者。

2月17日冈田穆访问寓沪的安田老山后，在《沪吴日记》中又记载：

> 午后，访安田老山于新北门外同茂栈。老山，美浓人，往年夫妻偕来崎，学画于铁翁禅师。岁之戊辰，航海游唐山，别后杳无消息。今日余访之，则夫妻倒屣出迎，相共叹奇遇，置酒话旧，颇尽欢。老山天资澹宕，善画，性好山水，历游江南诸胜。
> ……老山寓沪已三五年，稍解唐话，常与胡公寿、任栢年缔交，以书画供旅资。其妻红枫亦画兰竹。

安田老山则向冈田穆介绍了当时沪上有名的书画家。

> 老山曰：上海现今书画有名者，朱梦庐、杨柳谷、杨佩甫、赵嘉生、邓铁仙、胡公寿、任栢年、

张子祥、陆静涛、王道、管琴舫、王冶梅，以上十二名，俱住上海，以书画为业者。

对于初来乍到的冈田穆来说，多亏熟悉当地画坛的安田老山相助，使其在短期内不仅了解了沪上书画界的状况，而且得以拜会胡公寿等书画名家。这与三年前来沪访问的田结庄千里成鲜明对照。

关于安田老山及其赴华时间等信息，在现有文献资料的记载中多有出入。但从"岁之戊辰，航海游唐山"以及"寓沪已三五年"的记述来看，安田老山来上海当于明治元年即1868年前后。可以说，在普遍缺乏实证资料的前提下，实地拜会过安田老山的冈田穆的上述记录，更值得信赖。在幕末明治初期游华的日本书画家中，安田老山是来华时间较早，寓沪时间较长，且与胡公寿、任栢（伯）年等主流画家有密切交往的人士之一。冈田穆在2月25日的日记中记载：

> 遂访张子祥（居在石路茶叶会馆）。子祥名熊，年七十，童颜鹤发，美髯方颐，卖画为业。扁曰卖画书屋。自云耳不甚聪，眼乃明。余曰：先生矍铄，望之如五六十岁人。适见机上堆红袋，袋上各记人姓名。余问：红袋是何所用？子祥曰：侄儿为我寿之招帖也。余曰：门下多子，为先生贺之。祥曰：长子死，只有一孙，今十八岁，稍解读书。余曰：

遗这读书种子，则长子之死何足憾乎？委之天命可也。祥茪尔。翁善画有名，尤工花卉，为余画一蕊秋海棠，秋光可掬。家收藏甚富，王翚竹林图小品、王梦楼对联、孙树峰草书、刘石庵书卷，及古刻墨帖数品。

是日永寿携茶具，自煎国茶供翁。翁鼓舌品之。余供一碗其内人，内人仅一啜，与室中女子，各喜品之。

永寿把壁问（间）长笛一弄，翁乃和之，笛声清亮欲穿云。余问是何曲？曰：《落梅花》。曰：高年吹笛，恐损玉齿。翁云未损一齿。

人们所熟知的"沪上三熊"，即任熊、朱熊和张熊，同为浙江画家，任熊以人物画见长，朱熊和张熊以花卉著称。"三熊"中属张熊寓沪时间最长，有"沪上寓公之冠"之称，而且富收藏，精鉴赏，对海派绘画的发展影响深远，堪称海派绘画的开山元老。他生于1803年，当时虚岁七十。不过，从精神面貌来看，冈田穆认为其"望之如五六十岁人"。当天陪同的书画商松浦永寿拿起壁间长笛，没想到年近古稀的张熊竟和之吹奏起来。一曲《落梅花》清澈响亮，欲穿云霄。对诗书画皆精的文人画家张熊来说，这不过余技而已，却给远道而来的异国人士留下难以忘怀的印象。张熊特意为冈田穆挥毫，画了一幅《秋海棠》。对此，冈田穆的评价为"秋光可掬"。

以上可能是目前所知日本书画人士拜会张熊的最早、最精彩的记述。

拜会张熊数日后，冈田穆又在安田老山夫妻的引导下，拜访陆静涛，未遇，继而去访胡公寿。

> 归路独访安田老山，适永岛淇东来会。共伴老山，访文墨诸人，其妻红枫亦随。先访画家陆静涛，不遇，有弟子出迎，少憩吃茶。书房扁曰拜石山房，陈列奇石数盆。又观墨井道人拟巨然小幅，笔情远韵，高出寻常。又何绍基一联云：风篁类长笛，流水当鸣琴。书法古淡，酷类板桥。
>
> 次访胡公寿。公寿年四十许，有画名。余书曰：久慕高明，今来接光仪，何幸过之。（篁）
>
> 篁所先生到上海，何时回长崎？弟之笔墨殊不佳，可笑也。闻先生医道高明，敝地药料甚好，带些去否？（公寿）
>
> 上海药材甚好，弟不日内将游苏杭间，再归上海，从教带归数种耳。（篁）
>
> 公寿为余作乔柯竹石小品，落笔不凡，画则可也。人皆曰：公寿书画为上海巨擘（擘）。余则谓公寿是寻常画工耳。答余数语，似与其容貌相类者，一言以为知，一言以为不知者，非耶。
>
> 公寿斋头观颜鲁公争坐位古刻，公寿曰：以银二百五拾两得之。

书画名声显赫的胡公寿同样为冈田穆即席挥毫,画了一幅小品《乔柯竹石图》,可冈田穆勉强给予"落笔不凡,画则可也"的评价。或许因个人喜好不同,或许由于胡公寿外在名声与冈田穆目中形象有反差,他认为世间公认的沪上书画巨擘胡公寿只不过是一位"寻常画工"而已。

无独有偶,频繁来往于上海的乐善堂堂主岸田吟香也有类似看法。在1880年3月9日《朝野新闻》刊载的岸田吟香发自上海的书简《岸田吟香自上海致瓮江先生书简》中写道:

> 上海乃至俗之地,向无文学之士。……然书画家为贪润笔,犹丝茶富商无不云集上海者,遂渐次形成由各省携笔砚来集吴淞江之景况。张子祥、杨伯润等书画家昼夜紧握笔管,实比流行染坊工匠还忙。在日本评价极高的胡公寿于中国并非特别有声誉,只不过一普通画家而已。原来,日本人着实瞎眼,耳闻当真,见一二人携公寿画归而炫耀,遂以胡氏为第一等,其实远在张子祥下数等。第二等为杨伯润,第三等才是胡公寿,其余以胡铁梅为主,朱梦庐辈数人皆在伯仲间,王冶梅可为下等。

岸田吟香对自由经济冲击下完全商品化的上海书画界流露出失望之情,尤其对在日本评价较高的胡公寿给予酷评，对张熊却加以肯定。而冈田穆早在1872年通过对两人的访谈，即对张熊表现出赞意，对胡公寿做出"寻常画工"之结论。不知是巧合还是存在影响关系，总之，在对胡公寿和张熊的评价上，二人的观点不谋而合。不过，岸田吟香对海派书画家之评价问题比较复杂，有待进一步考察。

冈田穆后又至苏州，除游览诸名胜之外，还拜访收藏家及文人墨客，并接连接受宴请，其中最大的收获莫过于观赏古书画和名人字迹了。在长崎时，冈田穆就从苏州人金邠处得知，顾骏叔家收藏极富，号称"吴下第一"。抵苏州后，冈田穆遂至顾氏府邸观赏诸多法书名画，还在何子贞弟子李嘉福（号笙鱼）处，饱览了不少书画藏品。冈田穆于苏州先后观赏过的书画有：董其昌《后园记草书》、倪元璐《水墨山水》、文嘉《万山叠翠图》、傅山《五律诗幅》、沈石田《山水》《小品》、杨文聪《山水》、文徵明《草书》、陈眉公《山水》、石涛《山水》、黄道周《行书》、沈括《竹雀》等，这些多是冈田穆所言之"神品"。另外，他还观看了明清名家金笺百余件。

在冈田穆游华的1872年年初，中日两国虽已签订《中日修好条规》，但尚未换文生效。冈田穆在短期内能够拜会张熊、胡公寿、顾骏叔、李嘉福等诸多书画大家或收藏家，与其所熟知的中日文墨交际圈有很大关系。此前到过长崎的中国贸易商或文人墨客，特别是所谓

"来舶清人画家"是这个圈子的中方代表,如蒋子宾、钱子琴、汤韵梅、陈子逸等。在长崎与这些中国人士多有来往者,尤其是书画家、古董商或于上海经商、游学者,则成为这个圈子的日方主要人物,如佐野瑞岩、松浦永寿、安田老山等,他们起到了连接日本(长崎)和中国(上海)的桥梁作用。随着两国人员往来增加,这个圈子或网络也逐渐扩大,其后,大仓雨村、池岛村泉、冯耕三、王寅、胡璋(铁梅)等均成为其中的活跃分子。当然,回国后的冈田穆也是该圈中的重要一员,接下来述及的衣笠豪谷的游华,就得到过冈田穆的多方帮助。

冈田穆之前,其他来沪日本人留下的日记中虽偶现中国书画家之名,但鲜有造访主流画家并与之交流的记载。从这一点来看,《沪吴日记》堪称日本人拜访沪上主流画家的最初文献,对了解早期海派画家及其活动大有裨益。

衣笠豪谷及其《乘楂日记》

衣笠豪谷(1850—1897),备中(今冈山县)仓敷人,旧姓大桥,名缙侯,别号白乐村农、天柱山人,先后师从石川晃山、大沼枕山、佐竹永海、中西耕石等,修习汉诗、书画,其绘画尤受中西耕石影响。中西耕石在日本关西地区颇负盛名，后渡海游华的吉嗣拜山、巨势小石等也都出自其门下。有关衣笠豪谷及其书画作品，可参考《豪谷画庵遗墨集》（鲁山堂藏梓，大正乙卯孟夏刻）。

根据衣笠豪谷本人于《乘槎日记》开篇之交代，其"思乘槎之游久矣"，然而由于其时日本实行海禁，加之自身年少，未能遂其志。后明治日本开国维新，与海外通商，其多年愿望才得以付诸行动。衣笠豪谷于1873年冬起身，经数月辗转到长崎时，不料遭遇"佐贺之乱"和"牡丹社事件"，长崎港为之骚然。衣笠豪谷认为与其在硝烟弹雨中苟且偷生，不如"一苇航海"，于是决定航渡上海。临行前，其所赋留别长崎友人诗曰：

> 流寓方三岁，汗漫又两吴。
> 画禅追辋叟，经术慕邹儒。
> 金紫非我愿，丹青足自娱。
> 素心今日了，喜不负桑弧。

由此可以推知，衣笠豪谷立志赴华游历，主要是因为其自幼受汉学教育，又主修文人书画，对中国及其文化抱有憧憬之心，另与文人画大家中西耕石的感化也不无关系。

现藏于日本东洋文库的《乘槎日记》稿本似自家装订，封面朱签题名《乘槎日记》及卷次，共六卷六册，均无页码标注。其中，第一册合计三十二页，正文为二十九页，正文前有"乘槎日记经历地方总目"；第二册合计三十六页；第三册合计三十七页；第四册合计三十六页，有一页为他人跋语；第五册四十一页；第六册三十一页。

《乘槎日记》稿本以毛笔书写，字体不一，可见非一人誊写，而又时有修改之处，每半页十行，每行有十八至二十字不等。页上方有小标题，中缝标月份，文中有用朱笔或偶用墨笔的句读标点。册内偶夹小纸片，系补充文字或事后征引文献时所添。正文卷次页标注"备中衣笠豪谷著"。

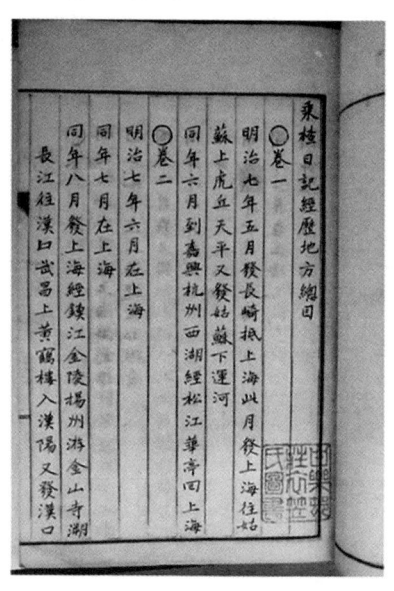

衣笠豪谷《乘槎日记》稿本

关于衣笠豪谷游华的地点、时间、路径和滞留时间等，按时间顺序可排列如下：

1874 年	5—6 月	长崎—上海（上海—苏州—嘉兴—杭州—松江华亭—上海）
	7 月	上海
	8 月	上海—镇江—金陵—扬州—汉口—武昌—汉阳—汉口—上海
	9 月—翌年 5 月	上海
1875 年	6—7 月	上海—烟台—天津—北京—天津—烟台—上海
	8 月	上海—汉口—岳州—汉口—九江—上海
	9 月	上海—宁波—上海
	10—11 月	上海—嘉兴—杭州—湖州—苏州—上海
	11 月下旬	上海—长崎

在前后长达一年半的时间里，衣笠豪谷以上海为据点，四处漫游，足迹遍及京津、苏杭、宁波、镇江、南京、汉口等以及江南部分乡镇。其活动更是多种多样，除结交文墨之士，观赏书画之外，还协助明治政府劝业寮官员从事桑蚕、苗木及鸡鸭人工孵卵技术的调查与引进，为明治政府倡导的殖产兴业尽了一份力。笔者以下主要对衣笠豪谷与海派书画家的交游关系以及观赏、收购字画活动略作考述。

衣笠豪谷在上海结交的书画名家首推王寅（冶梅）、

胡公寿和张子祥。其中就交往密切程度而言，又以王寅为最。以下是笔者基于涉及衣笠豪谷拜访王寅等事项的《乘槎日记》所制作的表格（表内括注为笔者所加）。

表1　《乘槎日记》中衣笠豪谷访王寅情况概览

时间		拜访事项
1874年	5月11日	（一）村泉及王寅至 （二）归路访王寅
	5月12日	午后与村泉过其寓，归路亦访王冶梅寓
	6月21日	（同蒋叶笙）因俱访王冶梅
	7月3日	午后，王冶梅至，小晤。赠画箑一把，其所自写也
	7月28日	夜访王冶梅，不遇
	8月26日	午后访王冶梅，席上有官员一名，金陵人，……
	9月6日	自石路经丹桂戏园前，度三第阁桥，访王寅闲晤
	11月7日	朝访王冶梅，论六法
	11月11日	午时，王寅至
1875年	1月19日	午后天阴。王冶梅、薛仲花（宁波人）、徐敏斋、吴文静等至，茶谈
	1月29日	快晴。访王冶梅，坐上有客
	1月30日	朝访王冶梅
	2月12日	三点访王寅，不逢
	2月14日	又访王寅
	3月16日	归路，访王冶梅，不在
	3月18日	夜归，……叩王寅门，已关矣

续表

时间		拜访事项
1875年	3月22日	三点又访王冶梅，共访胡铁梅
	4月2日	五点入市，登文运街新新酒楼。投票招王冶梅，冶梅速至
	4月17日	归路访王寅，小晤而归
	5月8日	又访王冶梅，小语（晤）
	5月21日	访肇南不遇，访王冶梅亦不逢
	8月10日	下午访王冶梅
	9月27日	下午王冶梅及岛村久、池岛村泉等至

王寅是衣笠豪谷抵沪后最先见到的中国画家，也是其在华期间过往最密的海派画人。仅上表确认的两人会晤就多达十九次，另有多次造访未遇。衣笠豪谷在《乘楂日记》中对王寅的介绍却言简意赅。

寅号冶梅，金陵人，善花卉人物。初粤贼陷金陵，寅亦拒战，面被重创，事平后弃官逃沪，以卖丹青云。

尽管《乘楂日记》中对两人会晤时所谈具体内容少有涉及，但是从其中"论六法"等记述亦可推知，两人交往时谈书论画恐是主要话题。谢赫总结的"六法"乃中国画论之经典，也是日本文人画家崇尚的基本法则。在当时的环境下，两国同行能面对面谈论"六法"，切磋技艺，实属难得。两人的交往可谓近代早期两国画家真正互相交流的实例。

提起早期海派画家，总少不了张熊和胡公寿。衣笠豪谷在沪也与此二人多有交往。张熊是其抵沪后主动拜访的第一位中国画家。在初识王寅的第二天，即5月12日，衣笠豪谷就同其寓沪同胞市川百山一起拜会张熊。

> 同百山访张子祥。子祥，嘉兴秀水人，容貌温雅，美须髯，龄过古稀。画长草卉，其着笔施彩，幽艳如少壮者所描焉。

其后的日记记曰："访张子祥于石路茶叶会馆"（8月28日），"下午，陈子逸至。……访张子祥。前日所嘱画册已写成，因带去"（9月6日），"茶顷，子逸、子敦等至，共傍圆明路戏场后，过头摆渡天津路，访张子祥。坐中有客数名，小话返寓"（10月5日）。

在衣笠豪谷来访的1874年，"容貌温雅、美须髯"的张熊已年满七十一岁，但其绘画纵放秀逸，设色艳丽而不俗，正如衣笠豪谷所评"着笔施彩，幽艳如少壮者所描焉"。这是对张熊绘画极为中肯的评价。

其后，衣笠豪谷多次登门拜访张熊，并求其书画，以为观摩。

当时比张熊年少二十岁的胡公寿在沪上画坛名声尤为显赫。《乘槎日记》中记载衣笠曾十次登门造访，而其中多次得以晤谈。

表2 《乘槎日记》中衣笠豪谷与胡公寿交往情况概览

时间		拜访事项
1874年	5月15日	午后访村泉，共入新北门，访蒋叶笙。去访胡公寿，笔话。公寿云，日前自华亭。盖华亭公寿桑梓地也
	5月17日	午后，同神代、平野、大仓三氏访胡公寿，小谈
	6月20日	午后，与平野祐之、渡部紫岩等访胡公寿。适有过客，舆轿俟门。余等虑费其周旋，期他日而去
	8月28日	去访胡公寿家。家人周伯延曰：公寿晨早出到北城。余即托绫料一页于伯延，且嘱曰：日后可来取，请你为我烦胡翁大笔
	9月3日	际晚，瑞岩至，示胡公寿画数帧
	9月6日	又叩胡公寿。公寿在家，匆匆迎接，移晷辞去
	9月12日	朝来，自黄埔滩，过新太平街，入大东门，访胡公寿。公寿犹在卧房，侍婢为周旋送迎。匆匆辞去
1875年	2月5日	南至西姚家衢，访顾（胡）公寿，叙久别，且嘱挥毫，小晤而去
	2月6日	由四牌坊街，访胡公寿，小晤。观横云砚，颇佳
	3月14日	托手柬于冯鋆转致胡公寿
	6月14日	午后到美华书馆。四点同柳樊圃（石崎次郎太）访胡公寿，不遇。闻到华亭未回
	10月11日	午后进城访顾（胡）公寿

在众多以鬻画为生的沪上书画家中，胡公寿属于较早博得声誉、获得成功的画家。衣笠豪谷造访时所目睹的"舆轿俟门"场面，如实地道出胡公寿于沪上画坛的名声和地位。加之，当时的日本人士尤其是书画家争相慕名求教或求画，使胡公寿画名远在其他画家之上。1868年前后航渡上海的安田老山就曾拜其为师。前述冈田穆访安田夫妇于同茂客栈，并在安田老山的引荐下得以拜会胡公寿。1877年以后，吉嗣拜山、长尾无墨等画家相继来沪，与胡公寿订交。吉嗣拜山的游华诗集《骨笔题咏》曾收录胡公寿为其所作的《骨笔之图》和《骨笔歌》；长尾无墨则于日本编印《张子祥胡公寿两先生画谱》。

从《乘楂日记》来看，衣笠豪谷与胡公寿交往颇深，其去胡宅登门拜访，如同去街坊邻居家串门。两人或笔谈交流，或挥毫作画，近似朋友之间的平等交往。

通过王寅等人的引荐，衣笠豪谷还结识了胡铁梅兄弟。1875年3月22日的《乘楂日记》中记载：

> 三点又访王冶梅，共访胡铁梅。铁梅安徽新安人，与其弟二梅寓二马路古香室。兄弟皆能画山水花鸟。坐（座）上一少年，凭机画仕女小叶，问名，曰陶咏裳，又有一人，曰陶文六，即咏裳胞兄也。竟与王胡陶三子到一壶春吃茶。

胡铁梅（1848—1899），即胡璋，安徽桐城人，诗书画皆善，绘画以山水、人物、花鸟见长。其铁梅之名如同王冶梅，因画梅而得之。1878年，胡铁梅赴日本漫游，并娶日妇为妻，后客死于神户。清末"苏报案"之《苏报》即由胡氏创办。其有不少书画作品藏于日本，在日时的作画落款多为"中华胡铁梅"。

当时胡铁梅在沪上画坛已有一席之地，与其弟胡二梅以"古香室"扇笺店为据点，从事书画创作和经营活动，同时授徒习画。后以仕女画而闻名的陶炳吉（即陶咏裳，名炳吉，江宁人），在《墨林今话》卷三中被描述为"专画仕女，姿容秀丽，意态孤冷，独异于时。并工楷书，喜临《十三行帖》"。当时尚为翩翩少年的陶炳吉，就是在胡氏兄弟的指导下，刻苦习画的。

除王寅、张熊、胡公寿、胡铁梅之外，衣笠豪谷在沪交往的书画家（包括篆刻家）还有梁清（阆斋）、王道（钼圆）、赵遂禾（嘉生）、徐徵（敏斋）等。另外，还与陈子逸、冯鋆（耕三）、蒋叶笙（子敦）、钟肇南（瑞麟）、任宗昉（钧溪）等诸多名士交往甚密。

在沪期间，衣笠豪谷还专程到一粟庵拜访虚谷禅师。遗憾的是禅师回扬州未归，未能谋面。冈田穆日记中也有与钱子琴同访一粟庵和尚的简略记载，但具体情况不详。在20世纪的前二十年，随着明清书画大量流入日本，石涛、八大山人、虚谷等人的作品在日本书画界受到热捧。但从以上日记来看，早在19世纪70年代前期，日本书画家就已开始关注虚谷这位释家画师了。

衣笠豪谷游华期间，不仅观赏到众多名人字画，同时还目睹了日本古董商或好古之士收购、鉴赏中国书画文物等活动。当时如佐野瑞岩、池岛村泉、松浦永寿、野口三次郎、安田莺溪等多名日本书画家和古董商频繁来到上海等地，收购字画古董带回日本。衣笠豪谷不仅见证了这一事实，还亲自参加过他们的收购之旅。

表3 《乘槎日记》中衣笠豪谷访书赏画情况概览

时间		观赏或收购书画古玩等事项
1874年	5月8日	行观市街，偶逢村泉于途，俱到其寓。示近购高凤翰牡丹画幅
	5月16日	午后，村泉又寄书，招饮余及瑞岩诸子。酒间观金士臣山水帖八帧，上有题画御制
	5月17日	村泉示近购昌化石印（鸡血石）、金鱼镇纸，工质共佳，盖珍玩也
	5月20日	十点辞寓，到三松号。以此日余与佐野瑞岩、续木六宜、安田莺溪、蒋叶笙等赴苏杭地方也。逢那须、野口二子于三松号，云昨从扬州归，为说其梗概
	7月3日	瑞岩来示胡公寿画片六帧，太妙
	7月25日	在板垣四郎寓所，见"壁上挂王铎书幅、陈原舒小堂幅及沈宗敬画山水、一泉源梅花画幅，笔彩争辉，难评叔伯，共奇珍也"
	7月28日	抵三松号。瑞（岩）莺（溪）二子皆在，供午食，且示奚铁生山水、子治竹石及钟星楂墨竹等二十六页，不胜羡赏

续表

时间		观赏或收购书画古玩等事项
1874年	7月31日	夜,与瑞(岩)莺(溪)二子及蒋叶笙等赴江南地方也
	8月3日	晨起,贩古玩书画者麇至麇集,喋喋求售,颇烦。午后,与三子出游市街……
	8月4日	此日,三子又出购古玩,府尹差人护卫,以防滋事
	8月8日	此日市上观葛徵奇画山水四帧,李因女史花草图数页,及查士标云山画卷,共有佳致,瑞岩购去
	8月10日	(午后至仙女庙镇)村人导观土豪某姓家,观所藏书画器具
	9月10日	佐野瑞岩归国
	10月5日	二点抵三松号。……遇野口生,缕缕话别后之情
	10月17日	抵三松号。野口生不在,余在楼下小晤
	12月5日	佐野瑞岩到沪,即日来访
1875年	1月2日	午后到田代屋,贺新禧。瑞岩示在扬州所购之书画器玩数品。笪侍御册页、倪元璐之小幅等最为佳
	1月10日	夜访佐野瑞岩,不在。野口生有事还由扬州,相见,谈话半刻。先是访儿岛子于开通洋行,示书画金石古玩册页,中有倪元璐书幅,清湘老人山水、改七芗仿古画册、王铎扇头书,及水晶花瓶等,皆灿灿可赏

续表

时间		观赏或收购书画古玩等事项
1875年	1月16日	此日野口生归由维扬，行李太富。且示所得物，有翡翠水注、白玉小瓶、青铜嵌金银花瓶、红珊瑚笔架等，皆足清赏
	4月5日	夜饭毕，到三松号。……邂逅后藤竹轩。竹轩，大阪府人。坐上示新购清初方士庶（雍正中人）画山水手卷，墨气森润，笔法简易，大有高尚之致
	4月23日	夜，野口生至，云日前还由维扬，途径宜兴太湖等处云
	5月14日	午后同钱子琴、淇东等到大南门外李家，看书画幅
	8月12日	到田代屋。古玩商三次郎者，展观其所购书画数十幅，其中堪赏观者什有一二
	10月1日	（宁波行）四点搭山西轮船，偶见池岛生，其亦回上海也
	10月3日	过田代屋与村泉生一晤

从上表可知，当时葛徵奇、倪元璐、女史李因、王铎等明末清初书画家以及高凤翰、奚冈（铁生）、笪重光（笪侍御）、查士标、改琦（七芗）、石涛（清湘老人）、方士庶等清代书画家的作品已成为这些书画商的囊中之物。

进入19世纪70年代，开始有日本古董商或好古之士奔赴上海，并巡游江南各地，收购字画等文物带回日本贩卖，获利颇丰。但在日本，这一事实直到1880年2月才真正广为人知。传播源是当时广受关注的媒体《朝野新闻》，消息则来自岸田吟香的书简和报道。如其中的《岸田翁书牍续》中写道：

> 每年自日本来上海者，古董商人实多，其中著名者，有长崎佐野瑞岩、野口三次郎等二三人。据说，一年支付给中国的古董款去年凡十八万金。大抵一人所携资金多则二三万，少则三四千。

不过，岸田书简传达的只是赴华书画商的大致收购规模，并未言及这些古董商具体做了什么，尤其是收购品的具体名称。但衣笠豪谷的《乘楂日记》对此有详细记述，为我们了解近代日本来华古董商的具体活动，尤其是考察近代早期中国文物流失日本提供了线索。

结　语

田结庄千里来中国之前，在岸田吟香、高桥由一等游华人士的日记中虽出现过海派书画家的名字，但尚未确认有互相交流的实例。通过笔者以上简略的考察可知，1869年来沪的田结庄千里已有同凌苏生、谢鹏飞、张世准等书画人士亲密交往的经历，成为近代中日书画交流的先驱。19世纪70年代前期，冈田穆、衣笠豪谷渡海来华，在游览名胜、访书赏画的同时，积极开展交流活动，尤其是衣笠豪谷与张熊、胡公寿、王寅等海派画家交往甚密，在近代中日书画交流史上留下了鲜明的足迹。

进入19世纪70年代后期，随着东本愿寺上海别院（1876）、三井洋行上海支店（1877）以及岸田吟香乐善堂（1880）等机构的开设，日本人，尤其是书画家航渡上海的人数开始明显增加。截至19世纪90年代，仅举赴沪书画家之著名者，就有内海吉堂、吉嗣拜山、巨势小石、盐川文鹏、圆山大迁、小山松溪、村濑蓝水、前田默凤、日下部鸣鹤、田口米舫、秋山碧城、河井荃庐、长尾雨山、桑名铁城等。从这一意义上来说，笔者述及的田结庄千里、冈田穆和衣笠豪谷，堪称近代中日书画交流史上的先驱性人物。他们的汉文日记，尤其是其中与中国书画家的交往记录，对研究早期海派书画家及其对外交流活动具有重要意义。

与衣笠豪谷多有交往的笔墨商冯耕三在衣笠离沪前夕，赴横滨传授笔墨制作工艺。书画家王寅、胡铁梅等亦于1877年以后陆续奔赴日本，开展诗书画等文化交流。作为文化使者，他们在近代中日文化交流史上同样占有一席之地。赴日之前，这些文化使者在上海究竟做过什么？状况如何？与日本又有何关系？衣笠豪谷等人的汉文日记对解明这些情况无疑有重要的参考价值。另外，近代早期频繁出入上海的日本古董商的活动亦可由此得到验证。

日本明治维新后，占主导地位的南宗派绘画（亦称南画，或文人画），虽一时呈繁荣之势，但由于缺乏独创性以及徒有虚名的平庸之作泛滥，逐渐陷入衰落之境。因南画饱受讥讽，南画家也多被视为不求变革的庸俗之辈，为世人所诟病。加上明治时代日本社会对欧美文化"一边倒"的风潮，以及费诺罗萨等人对南画的否定论调，世间对南画及南画家的非难甚嚣尘上。不妨说，在近代日本艺术领域，没有比南画及南画家更加遭人非议的了。但事实如何呢？拨开历史迷雾，重新审视和评价南画家及其作品，也是摆在中日学者面前的一大课题。以上涉及的近代早期游华书画家，更是一个不容忽视的群体。

[本文是笔者于浙江工商大学东亚研究院举办的"异域之眼——日本人的汉文游记研究"国际学术研讨会（2015年3月14日至15日于杭州）上的主题讲演稿，本次收入时做了部分删节和修改]

中日合璧文人画论

——陈师曾《中国文人画之研究》考述

陈师曾（1876—1923，名衡恪）虽英年早逝，但仅从梁启超誉之为中国现代美术界可称"第一人"者，即可领略其于美术史上地位之高。陈师曾生前出版的唯一研究专著是《中国文人画之研究》。从严格意义上讲，这是一部著述和译作的结集，即由其专论《文人画之价值》与译作《文人画之复兴》两部分构成，故当时署名"陈衡恪译述"。《中国文人画之研究》由上海中华书局于1922年5月出版，其后多次再版，至1934年4月，已出到第七版。该书是文人画论领域中日合璧之作，也是现代最早的中国文人画论著。不仅于当时颇具反响，而且对后世影响甚大。对于这样一部重要著作，学界迄今已不乏研究，通常也知晓《中国文人画之研究》与日本美术史学者大村西崖（1868—1927）有关，但具体到陈师曾与大村西崖何时相见、何时谈及各自文人画论结集出版等涉及该书编撰及出版的经纬，却不甚了然，甚至出现"陈师曾是受大村西崖影响才撰写文人画论"等臆说。因此，我们有必要根据相关文献，尤其是大村西崖的访华日记等新出资料，对《中国文人画之研究》及其编撰、出版始末等做系统的梳理和考察。

大村西崖的《文人画之复兴》

大村西崖的《文人画之复兴》原是一本日文活字版小册子（纵十八点一厘米，横十点七厘米），竖排线装，封面双边题签"文人画の復興"，扉页印"大村西崖著、文人画の復興、又玄画社印行"，接着是目次和五十四页的正文，全书两万一千余字。版权页显示为"大正十年一月二十五日"（1921年1月25日）印刷，同月"三十一日"发行，发行所为巧艺社。关于该书文稿的撰写时间，大村西崖于书末明确记述："辛酉一月五日晨起稿，七日灯下搁笔。"可知从动笔起草到完成仅用了三天时间。辛酉年即1921年，可以想象在当时的条件下，两万余字的文稿几乎是大村西崖一气呵成，而且完稿后，又立即付诸出版印行。

该书由十四部分构成，具体为："盛衰之回顾""艺术与写真""写实之虚幻""退却自然""阴影骨法之取舍""摆脱色彩""气韵之真价""技巧之弃置与（己意之）发挥""诗书画之关联""题赞之功用""壁龛之挂幅""文人士大夫与专家之本末""作为流派之南宗""吾人之标榜"，借此可大体领略作者的构想或论点。不过遗憾的是，这些类似章节标题的部分，后来被陈师曾在翻译时悉数省略了。

大村西崖从回顾近代日本的文人画由盛至衰的历史写起，围绕艺术与写真、写实上的虚幻无常等问题，着重从美学角度加以考察，重点论述艺术与自然、艺术与写实等诸多关系。大村西崖在肯定写生于绘画的重要性之基础上，提出写生并非艺术之极致。"若以写生为艺术之极致，则对应自然之艺术，自照相法发明以来，绘画即可灭亡，否则亦丧失其势力之领土。然而事实不然，绘画益形重要，何也？盖写生之外，尚有其固有势力之领土故耳。"其实，这与陈师曾所言"文人画不求形似，正是画之进步"可谓一脉相通。然后大村西崖以"气韵生动"等画论为切入点，极力阐明文人画于美术上的真正价值，即"蔑视自然、宗气韵生动之文人画，于画道中最合艺术之真意"，同时对只重写实而无文人意趣的西洋画及其模仿者，给予嘲讽。对于在日本点燃围剿文人画之火的费诺罗萨，大村西崖更是斥之为"全不能领会文人画之雅致"。

在大村西崖看来，"艺术之本质，画道之真意，既知在于己意之发挥，气韵之生动，则如上所述，蔑视写实，离却自然，脱彩色浓缛之束缚，游于水墨疏澹之境，置技巧于度外，可谓得鱼忘筌，得言忘象"。因此，他将不重写实、离却自然而回归美术之本意的文人水墨画看作是"最纯净高洁之美术"。

不过，大村西崖理解的文人画是所谓"有文学人所作之画也"，即近于中国古代文人士大夫之画，"非流派样式之名，盖由作者之身份区分者也"。因此，他不认同日本江户时代起作为流派样式的所谓南宗画。这与泷精一在《文人画概论》（1922）中所区分的广义文人画概念一致。由于这只是基于画家是否文人身份而做出的认定，也未区分画家是职业画家还是业余画家，所以大村西崖理解的只是字面上的广义文人画，与中国传统的文人画概念，即所谓"文人之余技"又不尽一致。但不管怎样，作为日本学者，在近代日本西化大潮汹涌的背景下，大村西崖能够客观地看待中国传统美术，不遗余力地颂扬文人画之精神，倡导文人画之振兴，实在难能可贵，也不愧为中国文人画的海外知音。

余绍宋在《书画书录解题》中指出："大村之文大旨谓绘画必离于自然，始极其妙，而甚诋洋画之写实逼真，持论至为透彻，足为俗学针砭。吾国近者艺术之衰落，其病正与日本十余年前相同，国人乃无起而拯救，以发挥斯义者，展读此篇，曷胜感愧。"［余绍宋：《书画书录解题》卷之三，中华书局（台湾）1968年版］不仅肯定大村西崖此著的意旨，而且对其之于中国的现实意义亦大为赞赏。

陈师曾的《文人画之价值》

陈师曾《文人画之价值》是据此前发表的白话文改

写而成的文言文版本,白话文《文人画的价值》原载《绘学杂志》第二期(1921年1月),撰写时间不详。不过,从该杂志刊发日期(1月1日)及半年一期的编刊周期推测,文稿的完成应不迟于1920年年末,应早于大村西崖撰写《文人画之复兴》之时。《绘学杂志》为蔡元培主持的北京大学画法研究会会刊。该研究会成立于1918年2月,旨在"提倡美育,发扬画法",可谓蔡元培美育思想的具体实践。陈师曾不仅参与了该研究会的成立及其活动,而且担任过研究会的指导导师,当时颇具影响。《绘学杂志》第一期(1920年6月)就刊有陈师曾的文章《绘画源于实用说》和《对于普通教授图画科意见》,以及其绘画论文《清代山水之派别》和《清代花卉之派别》。

陈师曾在《文人画之价值》中开明宗义指出,文人画"即画中带有文人之性质,含有文人之趣味,不在画中考究艺术上之工夫,必须于画外看出许多文人之感想,此之所谓文人画。……殊不知画之为物,是性灵者也,思想者也,活动者也。非机械者也,非单纯者也。否则,有如照相器,千篇一律,人云亦云,何贵乎人邪?何重乎于艺术邪?所贵乎艺术者,即在陶写性灵,发表个性与其感想"。且他强调"文人画首重精神,不贵形式,故形式有所欠缺而精神优美者,仍不失为文人画",即文人画相对于技巧,更重视文人的修养、学识及思想。接着,陈师曾从文人画之鉴赏、文人画之发展历程、文人画与书法的关系、文人画的"形似"与"精神"等方面加以论述,既阐明了文人画"首重精神"、贵在"陶写性灵"的实质,又揭示了"相对于写实,写意则是绘画的更高阶段"这一文人画的内在属性和价值。文章最后他建言:"欲求文人画之普及,先须于其思想品格之陶冶;世人之观念,引之使高,以求接近文人之趣味,则文人之画自能领会,自能享乐。"同时陈师曾总结出文人画抑或文人画家应具备之四大要素,即"第一人品,第二学问,第三才情,第四思想。具此四者,乃能完善"。

由此观之,陈师曾不仅明确了文人画的定义和性质,而且通过梳理文人画的发展历程,以及与书法的关系等,重新阐释了传统文人画首重精神的内在本质,并提炼总结了文人画得以完善的四大要素,从而为维护并复兴中国传统绘画提供了坚实的理论基础。因此,陈师曾也被看作是20世纪初拥护和捍卫文人画的代表人物。《文人画之价值》一文,可以说是陈师曾文人画观的最集中体现和高度概括,堪称文人画复兴运动中的奠基之作。余绍宋在称赞大村西崖《文人画之复兴》一文后,亦接着指出:"师曾之文则发挥其未尽之义,于文人画之研究益无遗蕴,其于谢赫六法别具见解,亦可备一说也。"

两者之关系

陈师曾与大村西崖几乎同时期推出倡导文人画价值的画论,可以说既是巧合,也是两国艺术发展进程中的必然。因中日两国的历史背景,尤其是文人思想不同,故两国文人画各有不同的盛衰境遇,但面对近代的西化风潮,尤其是西洋画的冲击,无论是中国的传统画"衰退论"也好,"美术革命"也罢,还是日本自费诺罗萨以来的"文人画不是绘画"的观点,近代以来两国文人画备受贬斥的境遇却是共通的。因此,两人的文人画论均是对各自国家文人画遭遇的有力回应和反击,包含着为文人画正名的动机。至于两者的关系,有两点应该明确。

一是《文人画之价值》与《文人画之复兴》的发表时间虽然比较接近,但撰写时间有先后,即陈师曾在先,大村西崖在后。也许正因为陈师曾几乎与大村西崖在同时期推出文人画论,致使学界出现陈师曾受大村西崖影响而撰此文的臆断或误解。殊不知,陈师曾对文人画的肯定和拥护,并非始于《文人画之价值》。在发表此文之前,为回应当时甚嚣尘上的中国画"衰退论",陈师曾于北京八校联合举办的学术讲演会上演说时,即表达了其文人画进步观,后以《中国人物画之变迁》为题，发表在《东方杂志》第 18 卷 17 号（1920 年 9 月）。为了进一步阐述当时因讲演所限而未能展开的文人画观，陈师曾后来又特意撰写《中国画是进步的》，刊载于《绘学杂志》第三期（1921 年 11 月）。该文立足于美术史和自然进化论立场，详细论证了中国画非但不落后，而且符合进步原则，旗帜鲜明地对文人画加以肯定和拥护。

二是《文人画之价值》与《文人画之复兴》的旨趣及阐述虽相似，但应承认各有特色。两人的文人画论内容与宗旨虽不乏一致之处，但基于两国不同的历史脉络，尤其是各自的立场和观点，所论故多有异同。仅从对文人画的定义和理解来看，两者就迥然不同。大村西崖仅依据作者身份定义文人画，只把文人所作的才看成是文人画，即使风格近似，只要"非文人所作之画，纵如何似'四王吴恽'之迹，不得谓之真文人画"。对此，陈师曾则明确提出："画中带有文人之性质，含有文人之趣味，不在画中考究艺术上之工夫，必须于画外看出许多文人之感想，此之所谓文人画。"显而易见，这是基于中国传统思想与艺术风格，从更广意义上理解的文人画观，较之大村西崖的观点，其更具包容性，内涵更加丰富。

访华之前的大村西崖及其业绩

陈师曾编译的《中国文人画之研究》一书与大村西崖有关。确切地讲，与大村西崖首次来华访问相关。为更好地理解其访华，笔者先介绍一下大村西崖的生平业绩。

大村西崖在1868年（明治元年）出生于静冈县一佛教法华信者家庭。与年幼八岁的陈师曾相比，大村西崖虽然没有那么好的家学背景，但后天的努力，也使他受到了良好的教育，且和、洋、汉学的素养一应俱全——既有日本及西洋的学问知识，通晓西方美学理论，又有汉学功底，汉诗文水平也颇高，同时业余嗜好书画及佛教典籍。

1889年，时年二十一岁的大村西崖进入官办东京美术学校雕刻科，所学多为雕塑技艺和佛教考古知识。毕业后，他就职于京都美术工艺学校，教学研究之余，遍览京都、奈良古刹之雕像、佛画，后自觉"苟欲以学艺成家，则不居于帝都不可也"。于是，大村西崖在工作两年后毅然辞职，重返东京，于1896年成为母校东京美术学校助教授。因工作关系，他对佛教，尤其是密教典籍抱有极大兴趣，认为"专修美术史，乃以佛教为其羽翼，盖印度、中国、日本古美术关于佛教者最多，故其考证非依佛教，则不能精博也"，故潜心阅读，日夜精研不辍，甚至一时患眼疾。因其专心于佛典研究，后被荐举为"临时全国宝物局鉴查员"，又兼职于"古社寺保存会"，得以遍观多地名刹所存图像，还参与修补工作，获益颇丰。但大村西崖由于跟校长冈仓天心"意气不相投"，遂于1897年秋季辞职。不久，冈仓天心离职，于是他又被聘回学校从事教学和教务工作，讲授美术史、神话等，还与森鸥外共同编刊《审美纲领》《阿育王事迹》等。

1902年，大村西崖晋升为教授，并先后作为事务官和审查官，参与日本国内及万国博览会，不仅得以目睹大量艺术品，而且游历欧美诸国，尤其是携带自身所撰《希腊罗马诸神传》草稿，遍观诸国博物馆所藏古代神、佛图像，将它们参照对比，以资研究。

1905年，大村西崖开始专心从事美术史的教学与研究，同时继续密教考究。1906年，他将多年的讲义增订修改，以《东洋美术小史》之书名公开出版。《东洋美术小史》成为现代早期较系统的以中日两国为主的美术史。同时，他参与创设审美书院，编辑出版了大量以中日两国书画为主的美术图录和典籍，对书画艺术鉴赏和研究起到了极为重要的作用。其中，不少大型图录都由大村西崖撰写解说，尤其是六卷本的正仓院宝物图录《东瀛珠光》凝聚了其大量心血。

除《东洋美术小史》之外，大村西崖还编纂了《禅月大师十六罗汉》（1909）、《日本绘画小史》（1910）、《正仓院志》（1910）、《中国绘画小史》（1910）、《中国美术史：雕塑篇》（1915）、《密教发达志》（全5卷，1918）等，并因《密教发达志》的出色研究而荣获日本学术界最高奖——日本学士院奖。

辛亥革命后，书画等文物界也出现了前所未有的大变局。一方面，清代王室及高官所藏的书画开始大量流散，其中一部分流入日本。另一方面，通过泷精一、内藤湖南、大村西崖等人的介绍以及审美书院、博文堂等出版机构的配合，加之廉泉、罗振玉等藏家的赴日，日本的中国书画鉴藏界也为之一变。大量在过去日本从未被寓目，甚至从不知晓的书画进入日本鉴赏者视野。较之明治时代及其以前，日本人由此对中国书画美术的认识，有了很大提升，甚至可以说不可同日而语。不过，整体而言，仍有一定局限，尤其对文人画的认识仍欠客观公正。

恰在此时，大村西崖与宗星石、田边碧堂等文人墨客创设又玄画社（1919），积极从事文人画创作，并定期举办画展。大村西崖自称"自执牛耳，以唱道文人画振兴"。同时，编著或撰写《论画百绝》《文人画之复兴》，并开始编辑《文人画选》，甚至还四处游历或游说，宣传文人画之精神，倡导文人画之振兴。

以上是大村西崖访华前的主要经历和研究业绩。他通过编撰《东洋美术小史》《中国美术史：雕塑篇》等著述或图录，于中国美术学界早已不陌生，甚至可以说有一定知名度。

大村西崖首次访华及其与陈师曾的交往

大村西崖"怀抱欲游禹域之志久矣"，但直到1921年秋，五十四岁时才得以实现。为解决游华资金问题，大村西崖曾以学术调查名义申请援助，结果未获批准。无奈之下，他只好自筹资金，即通过绘制二十双金屏风，在大阪等地售出，加上出手其他自作书画，得万余元，权作游资。同时，东京美术学校校长正木直彦也给予其幕后支持，即以在华期间考察东方美术为名，保证其旅行带有半公务性质，并希望日本驻华使领馆提供方便。

关于第一次访华，大村西崖曾记述："十月乞于官，得休职之命。廿一日发京，遂有乘槎之行。经朝鲜而入燕京，金北楼、陈衡恪诸人有所斡旋焉。洽得窥收藏家之秘籍，又请前清朝大傅陈宝琛，而览内府所藏宝绘，皆得影写以赍还，大凡七百余枚也。又所购于燕京之古书珍籍，及二百余种。其间探讨明朝十三陵、居庸关、八达岭等名胜古迹，又赴山西大同府，观云冈石佛。既去燕京航上海，一游杭州，赏西湖之景，是禹域第一次之游概略也。"

具体地讲，大村西崖此行自1921年10月21日由东京出发，至1922年1月16日返回，前后近三个月，其中在华时间为1921年10月25日至1922年1月12日。

大村西崖在10月22日离开马关（今日本山口县下关），途经朝鲜半岛，25日抵沈阳，27日晚到达北京，投宿于日本人经营的扶桑馆。翌日下午即"遣栗原访金拱北、陈师曾、贺赐湖，报着京，问访问日时"。"栗原"为栗原诚，毕业于大村西崖执教的东京美术学校西洋画科，当时于北京加藤洋行工作，临时返回日本，并充任大村西崖之翻译。"金拱北"即金绍城（又名金城，字拱北），当晚来会，并受大村西崖之请介绍收藏家及画家。大村西崖来华的目的，用其本人的话讲，即"请介绍收藏家及画家，将广观古名画，而影写之，以及御府之物，且就画家交换所作（闻）小传也"。金绍城给他介绍了京沪地区著名的收藏家和画家，而第一位画家即陈师曾。

陈师曾虽于1902年赴日留学达七年之久，但就目前所知，因其所入学校为弘文书院和东京高等师范学校，所学专业为博物学，与大村西崖及其所在的东京美术学校并无直接关系，他在日期间两人似无交往。不过，陈师曾回国后，尤其是在北京从事书画美术教育期间，恐对大村西崖的名字不会陌生，对其参与出版的美术图集，特别是《中国绘画小史》《中国美术史：雕塑篇》等美术著作应有所了解。另外，通过渡边晨亩访华以及中日绘画联合展览会等活动，大村西崖对当时活跃于北京画坛的陈师曾也早有耳闻，故抵达北京后，即差人通报陈师曾并商约拜访时日。《西崖中国旅行日记》也可证实这一点——正文前有部分中日人士的个人信息，应是大村西崖来华之前就已写上去的，是其事前了解或通过朋友介绍的欲拜访之人士。其中，中方有金绍城、钱稻孙、陈师曾、沈子培、王国维、汪亚尘等，在陈师曾条目中记有"陈衡恪号朽道人字师曾江西义宁人西城报子街西库资胡同"。说明陈师曾是大村西崖来华之前就计划要拜访的人物。

10月28日和29日，陈师曾因故未能跟大村西崖接洽；30日亲自造访其下榻的扶桑馆时，又恰逢大村西崖外出参观，二人未能谋面。大村西崖在次日日记中曰："陈师曾者，三立子，教育部教科书审查官，通金石碑帖，能诗文篆刻，画兼山水花鸟。"

11月1日，陈师曾再次登门造访，"陈衡恪来访，雅谈至夜，乃飨晚餐，且赠密教志及雕塑篇，见诺为又玄社同人。"初次见面，他们似乎十分投机，以至于"雅谈至夜"。大村西崖不仅将自己的著述《密教发达志》和《中国美术史：雕塑篇》赠给陈师曾，而且邀请陈师曾加入其主持的文人画组织"又玄画社"。当天陈师曾给大村西崖推荐的画家有：文画兼长者汤定之、林琴南、吴昌硕、何诗孙；文长画存者宋伯鲁、陈仁先、姚崇光、王晋卿、陈宝琛；画家陈半丁、俞瘦石、王梦白、萧谦中、萧厔泉、沈雪庐、王一亭、程瑶笙、汪鸥客、顾鹤一（逸）、吴岱秋、吴观岱等。（人名均按大村西崖日记记述）

其后，陈师曾为了让大村西崖观赏并拍摄到更多的古代名画，利用各种机会为其引荐京城的收藏家，而且主动介绍画家与大村西崖见面。同时，两人通过频繁的交往和恳谈，形成将各自文人画论合作出版的设想。以下《西崖日记》之摘录便是明证。

观展览会于中央公园。陈衡恪招请，乃赴其家。汤定之、陈半丁亦来会，共午餐。令汤及二陈书其小传，约得其画各二帧又师曾印谱。

（11月7日）

且谓陈汉第少善画，又有收藏，当介绍先生。观齐白石（年六十余），善禽虫。此夜陈携其画册，似予草略粗画不足深赏。

（11月16日夜，颜韵伯与金城招宴上，陈师曾赠西崖画作一幅）

陈师曾来访，予托以绍介收藏家及现代画家。

（11月25日夜）

北京画家陈师曾及其当介绍六家（齐白石、萧厔泉、姚重光、王梦白、汤定之、陈半丁）之外，略如左：陶鉴泉、贺履之、萧谦中、俞涤凡、宋芝田、杨葆益……夜陈师曾书到，报曰：廿九日零时半当访贺履之，卅日午前访徐养吾。

（11月27日）

陈师曾伴陈半丁而来访，赠予其画四帧及齐白石印存,谈画家日本介绍之件,明日约访问。

(11月28日夜)

午前访陈师曾兄,伴到贺履之(良朴)之家,观藏画。所写如左。……

此(日)陈师曾与予访景氏于景氏宅,谈文人画复兴论翻译及《中国绘画史》同著之事。

(11月29日)

朝访陈师曾,得贺履之、齐白石、即佛及师曾之画作并其润例。陈半丁托师曾赠予以石印三颗并其印谱,即佛亦赠以印谱。师曾译予著文人画复兴论,师曾所著有文人画价值论一篇,乃约合为一册,于上海刊行之。师曾曰:其序文当令姚华作之。因共访姚华于其莲花寺内之居,闲话数刻而辞归。

(12月8日,大村西崖自天津返回北京后)

陈师曾介绍当影写左记二家藏品:何芷龄(宣武门外椿树上三条胡同)、梅斐漪(西城内丰盛胡同)。

(12月9日)

转访陈师曾。师曾译文人画复兴论了,乃曰:当净写之,送上海丰阳馆,王梦白、陈半丁等之画亦当送。与师曾访梅斐漪,观其藏画。

(12月12日)

午后陈师曾来访,携萧屋泉之画来赠予。

(12月13日)

其后的12月16日，即大村西崖离京前往上海的前一日，陈师曾来访，并告知明日因事不能相送，故提前来送行。

在北京期间，因陈师曾鼎力相助，大村西崖才得以实现观赏并拍摄大量古代书画、征集画家作品及其小传等心愿，同时因为有陈师曾的四处斡旋和代劳，才可去十三陵、长城以及云冈石窟一游。大村西崖在回国后于母校所做的演讲中，也曾提到为实现访华目的，在北京除金绍城之外，还请陈师曾予以协助，与陈氏"两人乘汽车或马车寻访第一流的收藏家或画家，从而得以观赏名画并获得画家画作与小传等"。

合著的出版

陈师曾与大村西崖首次谈及翻译《文人画之复兴》一事，是两人交往近一个月后的11月29日，地点在"景氏宅"，即当时以收藏大量古代书画精品而著称的完颜景贤之宅邸，而且当时还谈起共同编著"中国绘画史"之事。若对照大村西崖回国后接受记者采访时的报道，此事确切无疑。遗憾的是，由于陈师曾早逝，此宏大计划未能实现。若天假以其年，想必会有一部近代中国绘画史上划时代的巨著问世。

当时大村西崖忙于拜会京城收藏家，观赏并拍摄中国古代书画，接着又南下天津，回京后的12月8日旋即访陈师曾，再次谈及文人画论之事，并约定由陈师曾翻译自己所著的《文人画之复兴》，并与陈著《文人画之价值》合为一册，于上海出版。而且根据陈师曾提议，书之序言当请姚华（茫父）撰写。因此，两人当即造访位于莲花寺内的姚华居所。这可从姚华为该书所作的序言中的词句得到佐证：归堂自东京来游，与师曾联翩见访，意既相同，言必有合。也正是因为有此记述，在《西崖日记》尚未公开之前，学界多是据此推测陈师曾与大村西崖意气相投之关系。

在两人请姚华作序后的第四天，即12月12日，大村西崖去访陈师曾，得知自己两万余字的日文著述《文人画之复兴》已被翻译完毕，并被告知誊写后将送至自己于上海下榻的丰阳馆。从翻译之速可以想见，陈师曾不仅语言功底好，更重要的是对文人画的精通与理解之深。

大村西崖于12月17日离京，18日夜抵达上海，直至翌年1月12日乘船归国。他在沪滞留二十余日，其间还曾赴苏州、杭州游览或会客。在沪期间，大村西崖得到廉泉、王一亭、唐吉生、汪亚尘等人的协助，仍是以观赏和拍摄古代书画，面会或征集画家作品及小传为主，同时交涉刊刻中国图谱珍籍以及计划设立"日本翰墨俱乐部"等事宜，还赴庞莱臣府邸、蒋汝藻密韵楼等处观赏并拍摄到众多名画，另外见到了沈子培、王国维等人。

廉泉为大村西崖故交，早在1914年廉泉初次访日时，两人即相识。当年廉泉及夫人吴芝瑛携所藏中国名画参加日本大正博览会后，又将藏品于东京美术学校展览。大村西崖曾给予大力协助，事后还将其中的部分画作编为《小万柳堂剧迹》刊行。廉泉在《南湖东游草·甲寅篇》（1914）中，有《赠正木直彦、大村西崖》诗：

发篋烂虹光，清芬散瑶席。四座有云山，行歌恣一适。花气疏烦襟，苔痕黏野屐。远瞩迷幻真，披图悟陈迹。刻意竟谁传，奇观快新获。悠悠怀古心，鉴赏防多僻。珍重劫火余，即此款佳客。

对此，大村西崖也有次韵之作，并附说明：

无锡处士南湖廉泉，携所藏书画东游，在麴町客馆。一日与正木直彦共往观之，归后南湖作诗见寄，因次其韵。甲寅夏。

展观肆眼福，品评自前席。揽古溯宋元，卷舒觉神适。砚田庄里珍，秘篋伴游屐。黄鹤与云林，日东始传迹。幸此逢君子，妙绘真难获。翰墨结因缘，云烟医性癖。赏心何以比，谈笑忘主客。

由此可知，两人均有书画之癖，遂由翰墨而缔结因缘。相识后不久，廉泉甚至把欲出手所藏的一千零五十三件扇面画的重任托付给大村西崖，希望其寻得能一次全部买下的适当买主，以防散佚。

其后，廉泉每次东游日本，均与大村西崖保持联系，或展观书画，或书信往来，无形中更加深了彼此间的情谊。大村西崖出版所著《中国美术史：雕塑篇》时，还特请廉泉夫人吴芝瑛题写书名。

大村西崖抵沪后，即向廉泉通报来沪之事。尽管当时廉泉体弱多病，但仍力疾于梵王渡小万柳堂别墅款待，并出示其所藏书画请大村西崖拍摄，后又为其联络沪上收藏家及画家，甚至专赴无锡为其征求吴观岱画作。

在沪迎来1922年元旦之后的1月2日，大村西崖接到陈师曾自北京寄来的《文人画之复兴》中文译稿和其所著《文人画之价值》，以及姚华所撰序言，另外还有王梦白、陈半丁等人的画作。1月3日，大村西崖远道往访廉泉所居之小万柳堂，"托南湖以文人画复兴论译文印行之事"。

至此方令人察知，大村西崖与陈师曾在京时所商议的合著"于上海刊行"之考量用意。若再结合廉泉为两人合著《中国文人画之研究》所作的序言，意图则更加明确：原来是想通过廉泉在上海中华书局刊印。

> 东京美术学校教授大村西崖居士为余八年前旧交，此次来游，先过京师，识陈君师曾，相与论文人画，师曾为译其所著《文人画之复兴》一卷，而附己作于后。陆费君伯鸿以仿宋字体合刻之，名曰

《中国文人画之研究》，率题二首，即送西崖居士东归。廉南湖。

"陆费君伯鸿"即中华书局创始人陆费逵（字伯鸿，1886—1941），"仿宋字体"则指由丁辅之、丁善之兄弟创制的聚珍仿宋版活字。两人曾于上海设立聚珍仿宋印书局。廉泉的《南湖东游草》以及大村西崖的《中国绘画小史》汉译本均是由该聚珍仿宋印书局刊印的。不过，在大村西崖第一次访华的1921年，该印书局已被中华书局并购，故廉泉称两人的《中国文人画之研究》由"陆费君伯鸿以仿宋字体合刻之"。廉泉因与人集资创办文明书局之故，与当时上海的印刷出版界人士，尤其是中华书局的陆费逵等人关系极为密切，只是文明书局因经营不善，已于1920年前并入中华书局。

想必大村西崖对清秀挺拔、古雅别致的仿宋字体十分钟情，故与陈师曾商定，合著交由廉泉，请其斡旋在中华书局刊印。因为在此之前，大村西崖《中国绘画小史》曾由上海聚珍仿宋印书局刊印。后来他还请廉泉对其汉译本加以校改，以备再版。据廉泉致大村西崖书简（1919年7月3日）可知，当时大村西崖的汉译本《中国绘画小史》出版后颇受欢迎，八百部很快销售一空，而求购者仍接连不断。"译本八百部已一散而尽，北京知友来函索取者尚不绝，大著之声价可知矣。"廉泉抱病对汉译本做了仔细阅读和查验，并做了七处校勘修正意见，名曰"汉译中国绘画小史校勘记",附在信中,并说明:"大著译本,今在病床校读一遍,将误字记出,以便再版改正。再改版时拟加圈点,于读者尤便也。"遗憾的是,目前所知,改订再版似乎没有实现。

1922年1月3日,大村西崖将自己与陈师曾两人的文人画论稿托付廉泉斡旋印行,其后不久的1月12日,即乘船离开上海回国。数月后的1922年5月,线装本《中国文人画之研究》由上海中华书局出版发行。

这是一本印制精美的小册子,封面单边印有《中国文人画之研究》书名,扉页有出自廉泉夫人吴芝瑛之手的墨书题签,卷前有姚华撰写的序言以及廉泉的题词。接着是陈衡恪的《文人画之价值》与"大村西崖述、陈衡恪译"的《文人画之复兴》。正文半页十行,每行十八字,无标点。从篇幅来看,陈师曾之文计九页半,约三千三百字,大村西崖译文三十一页半,约一万一千字。版权页显示为"民国十一年五月印刷发行",译述者是陈衡恪,发行和印刷者均为中华书局。当时版权页署名"陈衡恪译述",说明陈师曾不仅胸怀磊落,实事求是,也颇为谦逊,毫无掠人之美的用心。平心而论,署名"陈师曾著译"更为准确。该书出版后,大村西崖所在的东京美术学校也在其校友会月报上以"新刊介绍"的形式做了报道,其中称"陈(师曾)氏为现代中华文人画家之耆宿,两氏的合著堪称东洋文人画复兴运动之急先锋"。

作为当时在中日两国美术界颇具影响的学者,陈师曾与大村西崖面对来势汹汹的西化大潮，以及各自国家的文人画处境，可谓"逆风而起"。他们以自身丰富的学识和文人画实践，几乎在同时期（当然时间上有先后）撰写了掷地有声的文人画论，在各自国家发表或出版。后大村西崖访华，成为促成两者文人画论联合出版的契机。对于合著的出版，陈师曾迅速而又传神的翻译位居首功，同时廉泉也功不可没，另外姚华的欣然作序也为该书增添了光彩。

这部《中国文人画之研究》堪称现代意义上中国文人画论的开山之作，不仅有理有据地肯定文人画之价值，倡导文人画之精神，而且促进了学界对中国传统绘画的再认识和新探索，故出版后很受欢迎，一版再版，甚至在今天讲述或梳理近现代绘画史时也不得不提到它。事实证明，这部合著的出版为两位学者文人画论的传播起到了如虎添翼的效果，其短期内多次再版即明证。试想，双方的文人画论若无合作出版，仍停留在各自的原有状态，恐不会有如此大的影响。

通过以上考察不妨说，陈师曾与大村西崖以微弱的时间差先后发表了基于各自境遇与立场的倡导文人画价值的文人画论。这既是巧合，也是两国艺术发展进程中的必然。《中国文人画之研究》的出版问世是在两人相遇并亲切交往过程中，看似偶然而又近于必然的结果，大而言之，则是中日文化交流的产物。从《中国文人画之研究》的结集出版始末来看，并不存在陈师曾受大村西崖文人画论影响而撰写《文人画之价值》这一现象。

从聚拢到星散

——林熊光及其书画鉴藏

在近现代中日书画鉴藏史上,林熊光是一位不容忽视的人物,其中国古代书画收藏不仅数量大,品种多,而且质量尤高。遗憾的是,对林熊光及其书画鉴藏的考察研究至今仍属空白。笔者管见所及,迄今为止鲜有相关文章,只是由于近年来书画文物拍卖中不断涉及林熊光旧藏品,才开始出现对其人的简单介绍。但介绍文字几乎千篇一律,且间有讹误。有鉴于此,对林熊光其人,尤其是书画鉴藏活动做一系统梳理和考察,实属必要。

一

林熊光(1897—1971),字朗庵,室号磊斋、宝宋室等,系中国台湾板桥林本源家族成员。林家原籍福建龙溪(今漳州),其先祖早在清代乾隆年间移居台湾,后数代艰苦创业,奠定了坚实的物质基础,尤其是林国华、林国芳一代,立足台北枋桥镇(今板桥区),苦心经营,不断壮大家业,并聚合国华之"本记"与国芳之"源记"（家号）而成林本源家族。到了林国华之子林维源、林维让一代，林家已发展成台湾屈指可数的富商豪族，而且在刘铭传督办台湾时，维源兄弟因辅佐有功，而得到嘉奖重用。林家在经商以及协助台湾治理的同时，还大力倡导文化艺术，开办义学，并延聘儒学者或金石书画家吕世宜、谢琯樵等授学传艺。台湾被日本殖民统治后，林家耻于做日本"臣民"，一度退避厦门。林熊光即出生在举家返回厦门后的1897年3月。

林熊光的祖父即林维让，林维源属其叔祖。父亲林尔康英年早逝，母亲陈芷芳系清代宣统皇帝师傅陈宝琛之妹，育有包括林熊光在内的子女五人。林熊光属家中老幺，上有兄、姐各二人。长兄林熊征，为盛宣怀之婿，曾担任汉冶萍公司董事、华南银行总理等职，还一度为中国台湾首富。次兄林熊祥，娶舅父陈宝琛四女为妻，日本留学后返台经商，还曾被荐举为北京图书馆助理研究员，并主持编纂《台湾史通志稿》，能文善书，尤以书法著称。大姐林慕安，嫁给两江总督沈葆桢之孙，二姐林慕兰嫁到严复家，为严复三子严琥之妻。在注重门当户对的林家，林熊光后来虽娶日本人为妻，但选择的也是出身于东京士族之家的女子。

林熊光十岁时返回中国台湾，十六岁负笈东渡日本，先在皇家学校学习院学习，后入东京帝国大学经济学科，1923年毕业。林熊光在学期间，就曾参与创办大成火灾海上保险公司（简称"大成火险"），并担任监察，1925

年后升任常务董事及董事长。而且,他还以分家所得资产创办朝日兴业公司,并出任社长。不过,他一生的主要事业还是经营大成火险公司。

二

或许是受殷实家道、书香门第的影响,林熊光自幼喜读书,同时倾心于书画、古董等文物,逐渐磨炼出一双鉴赏慧眼。早在学生时代,他就在日本的中国书画鉴藏界崭露头角。其收藏的北宋黄庭坚真迹《王史二氏墓志铭稿》(简称《王史墓志铭稿》),于1919年公之于众(《书苑》第10卷第6—10号),令日本鉴藏界大为震惊。书学研究家兼《书苑》杂志主笔黑木安雄(号钦堂)在观赏林熊光的收藏后,特地撰写观感,刊载于《书苑》杂志第10卷6号(1919年10月)。文中称林氏掷万金购得黄山谷真迹即王(长者)与史(诗老)墓志铭稿,爱不释手,并自命其居为"尊山谷室"。

此《王史墓志铭稿》,即黄庭坚为王(长者)、史(诗老)二人起草的墓志铭文稿,后二纸合装为一卷,是一件递藏有序的传世名迹,上有晋府宝书以及陈继儒、项子京、梁清标、曹溶、罗天池、潘健庵、端方等诸家印记,多达七八十处。后有董其昌、孙承泽、杨守敬、罗振玉、郑孝胥等人题跋。日本政治家兼书法家犬养毅曾在1908年获观于金陵端方处，并留下"盖天下第一墨宝"题记，在林熊光入手后，又第二次获观并题跋。

关于此墨宝入手经过，林熊光曾在跋文中披露："大正八年己未五月八日，余以万五千金易得此名迹于东都之文求堂主田中氏，欢喜无量。遂以尊山谷室名余斋，以志喜也。"（富田淳：《宋元书迹题跋辑录》）时年八十四高龄的日本篆刻名家益田香远（1836—1921）特为其操刀刻制"尊山谷室"收藏印。在大正八年即1919年，一万五千日元可谓巨额，刚工作的银行职员或小学教员月工资仅四五十日元，东京都知事的年收入也不过五六千日元。此墨迹在清末时为端方所藏，端方死后，其宏富收藏渐散出，而常年在北京坐地收购古籍和书画的文求堂主人田中庆太郎，于其遗孀处获得一批书迹拓本带回日本，此即其中之一。另有部分书画被中村不折购去，现藏东京都台东区区立书道博物馆。田中庆太郎将此名迹带回日本后，又特请时居京都的罗振玉题跋。

该墨宝除多次现身于书画展览会之外，《书苑》《大东美术》《书道名品图录》《书道全集》等诸多文献中也都有收录或转载，对书法界产生深远影响。西川宁在《开眼之师》（《书品》第116号）一文中，回忆恩师田中丰藏于庆应大学讲授东洋美术史时，曾屡屡盛赞这件黄山谷墨迹。徐邦达先生在《古书画过眼要录》中对该墨迹也有详细考证介绍，可资参考。

后来林熊光将此墨迹出让给大阪的收藏家阿部房次

郎。阿部死后，经其嗣子之手，墨迹转归东京国立博物馆，成为该馆镇馆墨宝之一。

1919年前后，《书苑》杂志还刊载过林熊光所藏明代赵左（文度）《水墨山水画册》（十二开）、王穉登《真迹诗卷》、王虚舟《篆字如南山寿幅》等。《水墨山水画册》后又由西东书房玻璃版影印，而封面篆书题签似出自罗振玉之手。

大村西崖编刊的《文人画选》（丹青社1921—1922年版）收录林熊光藏品四件，分别为王时敏《叠嶂草堂图》、方士庶《松柏同春图》、边寿民《画册》（原十二开，采录其中两页）和奚冈《山水册》（十二开）。王时敏《叠嶂草堂图》为纸本水墨，高四尺五分，阔一尺七寸。从款识知，此图作于康熙五年，作者时年七十五，为仿黄大痴法之佳作。方士庶《松柏同春图》同为纸本水墨，高三尺八寸，阔一尺一寸五分，作于乾隆十四年（1749），为仿元代陆广之作，大村西崖评曰"笔墨温藉浑厚，盖现其人之气韵"（《文人画选·解说》第1辑第1册）。

当时日本的中国书画收藏界，东京有大仓喜八郎、根津嘉一郎、菊池惺堂、山本悌二郎等财政界巨头，京阪地区则有小川为次郎、藤井善助、上野理一、黑川幸七等商界大亨。没想到年纪轻轻的林熊光异军突起，不得不令人刮目相看。

三

　　林熊光留学日本时，正值辛亥革命推翻清王朝之后，清室、王府等秘藏的书画文物开始不断流出。日本国内，出于经济等原因，旧大名家祖传宝物，尤其是来自中国的书画古董，也陆续入市拍卖。受传统茶道及鉴赏趣味的影响，日本人对当时入市的中国书画，仍重宋元，尤其是梁楷、"马夏画派"等院体画及禅宗画，售价一直居高不下。相反，明清书画尚未受到应有重视，价格低廉。而林熊光身在日本，同时又有中国渠道，可便捷获取日本与中国两地入市或散出的书画。尤其在1919年前后，随欧洲战争的终结，作为生产基地的日本，经济由战时的景气一下子陷入恶化状态，美术市场也一度出现了低迷。这从罗振玉致王国维的书信（长春市政协文史和学习委员会编《罗振玉王国维往来书信》，东方出版社2000年版）中亦可窥知一斑。恰好罗氏于1918年年末决定离日回国，为筹措举家返国费用，又变卖了不少家藏文物，但其书画等藏品已不像欧战时期那么容易出手，且价格也不如以前理想。

　　尽管美术市场低迷，但对有经济头脑的林熊光来说，倒是千载难逢的好机会。他正是抓住了这一机遇，短期内收藏了大量书画、钵印等文物。加之，他能把握中国美术史主脉，古代书画无论宋元的，还是明清的，兼而收之；同时旁及钵印、古砚、陶瓷器等。截至1923年9月关东大地震时，林熊光收藏的中国书画等文物已达相当规模。不承想，这次震灾使其东京的住所连同所藏宝物，瞬间化为灰烬。另外，在林氏收藏中，另有百余件珍贵书画，当时曾寄存在田中氏文求堂仓库。不幸的是，文求堂店铺及仓库均毁于震灾大火，唯有宋张即之书《李伯嘉墓志铭稿》幸存。此墨迹是1244年（淳祐四年）五十八岁时逝去的南宋官僚李氏的墓志铭，全文长达一千二百余字，堪称超大书法作品。与前述黄庭坚二草稿合卷一样，书中时有订正文字，亦属草稿，但在遗存下来的张即之书迹中，可谓代表作之一。就在关东大地震爆发前夕，文求堂堂主之弟将此墨宝借往关西地区，才使其幸免于难。后此墨宝为藤井善助所得，现藏藤井有邻馆，且被日本政府认定为"重要文化财"。

关东大地震后，国华俱乐部曾委托文人画家相见香雨，对震灾中损失的书画等美术品进行调查，事后编辑出版了《罹灾美术品目录》（国华俱乐部1933年版）。书中虽有文求堂整体罹灾及个别重点文物的简要记述，但只字未提林熊光寄存于其仓库的书画。因此，这批书画几乎鲜为人知，但也就这样悄无声息地消失了。有鉴于此，对震灾前日本相关书刊转载过的林熊光所藏书画不应忽视，从研究角度来讲，其同样具有很大价值。

震灾后，林熊光在书画古董收藏上仍热情不减，加之有舅父陈宝琛这棵"大树",还有沪上鉴藏大家李拔可、黄霭农等相助,故又陆续获得不少精品佳作。其尝因得南宋赵伯驹《海天落照图》、金李平甫《江乡落照图》、明李日华《夕照归鸦图》及王履《渔村夕照图》,而将其堂室命名为"四照堂",后又因喜获宋徐熙《蝉蝶图》、米友仁《江上图》、李公麟《春宴图》以及燕文贵《夏山行旅图》,而将其易名为"宝宋室"。其一生尤喜用此堂号,并先后请篆刻家小林斗盦、松丸东鱼、吴昌硕、曾绍杰等为其制印或题额。其收藏书画上也多钤有此印。

美术史学者原田尾山在日本外务省文化事业部的援助下,于1928年开始,花费三年时间,对日本所存中国名画进行初步调查,后在此基础上编辑出版了《日本现在中国名画目录》(大冢巧艺社1938年版)。当然,该目录只是作者所能看到的部分中国画,未被调查的或调查中遗漏的也为数不少。该目录收有林熊光藏画六件,分别为夏昶《潇湘风雨图卷》,杨文聪《山水卷》,石涛《纪游图咏册》(十二开)、《山水精品册》(十二开),朱耷《书画合璧卷》以及徐扬(云亭)《御题临大痴山水卷》。

明末清初画僧石涛(道济)及八大山人(朱耷)的书画当时在日本尤为流行,当然赝作也层出不穷,但林熊光所藏则受到鉴藏界好评。除因为其鉴赏力有定评之外,还缘于其所藏书画多有来历,流传有序。上述石涛

《山水精品册》（纸本、水墨或淡彩、高七寸六分、阔五寸八分），各幅均有石涛自题，如其一曰："岚气尽成云，松涛半似雨。石径野人归，步步随云起。狂来发长啸，声闻拟千里。达者自心知，拂袖从谁语。瞎尊者写此乐极。"钤"原济""石涛"二印。后有徐恕、熹儒、汪洋度、程京萼、吴肃公、韦华、黄白山、李国宋诸人题跋。此山水册原为黄研旅之旧藏，经刘铨福、徐恕等递藏后，流入日本，为林熊光所得。民国时期商务印书馆出版的《石涛山水精品》，即根据林氏藏本复制。《国华》杂志（第520号、第560号）曾将其中《金龙山图》《桃源图》《行舟图》三幅以木版套色或玻璃版影印出来，供读者欣赏。此画册后出让给酷爱道济和八大山人画作的住友宽一。住友氏将其收录于《石涛与八大山人》（1952）、《明末三和尚》（1954）及《二石八大》（1956）等图录中。《中国南画大成》续集对此亦有收录。另外，《大东美术》收录过林氏收藏的明徐渭《花果鱼蟹图卷》（第1辑第10册，1927年）。《国华》杂志（第500号，1932年7月）还曾以玻璃版影印其所藏元四大家之一吴镇笔《嘉禾八景图卷》，并刊载泷精一撰写的《关于吴镇嘉禾八景图卷》一文。《嘉禾八景图卷》长达"二十一尺有余"，为吴镇代表作之一，《郁氏书画题跋记》《六研斋笔记》及《墨缘汇观》等均对其有著录，后被日本认定为重要美术品，也有意见认为此幅非真品。

现藏于大阪市立美术馆的王翚《仿李营邱江山雪霁

图卷》，也来自林熊光旧藏。《江山雪霁图》本是唐代王维的传承作品，其后被诸多山水画家先后临摹。本图则是王翚据北宋李成的摹本所做的摹写，卷末款识："右丞江山雪霁图，李咸熙曾仿之。余由李溯王，亦行远必自迩也。质之梅溪老先生为如何。王翚"。这幅近八米长的巨幅画卷，气势磅礴，宏伟壮观，而且从研究角度来讲，对探讨近年来颇有争议的王维《江山雪霁图》也不乏参考价值。1994年，在纪念大阪市与上海市结成友好城市二十周年而举办的中国书画名品展上，该画卷曾被展出。

四

就在林熊光书画等文物收藏日益精进之时，其主导的保险公司事业却节外生枝。1934年3月，日本北部港口城市函馆突发大火，造成两千余人死亡，两万余户房屋被毁，损失规模仅次于关东大地震。当时尚无现行的所谓再保险制度，林熊光主导的大成火险公司不得不支付巨额赔偿。在日本，大成火险公司（注册资本五百万日元）亦属知名大企业，本社设在台北，而东京、大阪、神户、札幌、福冈等城市均有分社。面对巨额保险赔付，各大保险公司均难以及时支付。为筹措赔偿资金，更是出于道义，林熊光毅然决定放手所藏书画等私财。京都美术俱乐部曾有过一次明清书画专场拍卖，是由古董商江藤涛雄的长安庄（东京）和田中王城的寸红堂（京都）联合举办的，其拍卖书画即来自林熊光之收藏。从当时印制的《宝宋室藏明清书画便面展观目录》可知，各类书画达二百余件，其中明清名家扇面八十七面、画册类三十册、画卷类四十卷、画轴类四十八轴。虽名为明清书画，但也附带部分宋元名人作品，如梁楷《寒山拾得图》、吕东莱《诰敕卷》、李唐《平堤散牧卷》和《著色翎毛卷》等。2015年北京匡时春拍会上以两千五百万元落槌的《南宋吕祖谦告身》，恐为当时这件吕东莱《诰敕卷》。

对酷爱收藏的林熊光来说，其收藏人生可谓命运多舛。"二战"末期，林氏位于东京麴町的私宅又毁于战火，其苦心收集的书画、钵印等藏品多半化为乌有。其在《林朗庵乙酉劫后所用印留影》序中称："余历年请诸友刻藏用印百余颗，乙酉东京寓居受炸毁，殆全部损失。是后求知友所刻及烬余之印，钤成壹册，以资记录。"林熊光一生尤好印章和古钵印，曾得罗振玉（赫连泉馆）以及黄宾虹等人藏印，收藏甚丰，而且在篆刻、印谱鉴赏研究方面也造诣颇深，同时还与河井荃庐、小林斗盦、松丸东鱼、中村兰台、吴昌硕、钱瘦铁、王壮为、曾绍杰等中日篆刻名家交往密切。林熊光在去世前两年，还亲自为小林斗盦编辑的印谱作序。除上述《林朗庵乙酉劫后所用印留影》之外，还曾辑刊《磊斋钵印选存》（1931年钤制，另有1934年盐谷寿石重钤本）等印谱。

因此，可以说，在述及近代中日篆刻印谱史时，林熊光也是不可忽视的人物。其收藏的中国古印和自用印等，除毁于战火的之外，一部分转让给中村不折、小林斗盦等人（松丸东鱼：《古钵印收藏家及其印谱》，收入《东鱼文集》白红社 1977 年版）。顺便订正一下，国内拍卖图录关于林熊光的简介中，所谓"琅庵"之号，与林熊光无关，应为稻垣氏之琅庵，误解源于篆刻家稻垣重厚所辑《琅庵藏印》。对此，林熊光堂弟林宗毅曾通过松丸东鱼之子加以确认，具体情况见《板桥林氏叔侄藏印选辑三种》所收林宗毅跋文。

毁于战火的书画究竟有多少，现已无法详知，只能从"二战"结束前转载过其藏品的杂志等文献中略知一二。据笔者调查，《书菀》（三省堂）杂志自 1938 年 7 月至 1943 年 2 月四年多时间里，刊登过其十八件书画藏品。

表 4 "二战"结束前《书菀》刊林熊光藏品概览

序号	藏品	刊载卷次期号	日期
1	李世倬《墨笔山水》	第 2 卷 7 号	1938 年 7 月
2	李日华《墨笔山水轴》	第 2 卷 9 号	1938 年 9 月
3	钱维城《墨笔山水立轴》	第 2 卷 10 号	1938 年 10 月
4	祝允明《草书诗卷》	第 3 卷 3 号（文中插图）	1939 年 3 月
5	郑燮《书画合璧轴》	第 3 卷 11 号	1939 年 11 月
6	梅清《山水立轴》	第 3 卷 12 号	1939 年 12 月
7	冒襄《画梅立轴》	第 4 卷 2 号	1940 年 2 月
8	陈潮《篆书立轴》	第 4 卷 3 号	1940 年 3 月

续表

序号	藏品	刊载卷次期号	日期
9	郭诩《画张子房小景图轴》	第4卷4号	1940年4月
10	高凤翰《水墨松泉图立轴》	第4卷5号	1940年5月
11	伊秉绶《行书七言绝句立轴》		
12	黄慎《人物立轴》	第4卷12号	1940年12月
13	王穉登《草书五言绝句立轴》	第5卷12号	1941年12月
14	蓝瑛《淡彩霜柏文禽立轴》		
15	笪重光《书张燕公诗立轴》	第6卷3号	1942年3月
16	陆治《着色牡丹直幅》	第6卷4号	1942年4月
17	罗清《狗儿园立轴》	第6卷6号	1942年6月
18	程鸣《山水立轴》	第7卷2号	1943年2月

这些明清书画均有一定代表性，堪称佳作。如清初四大书家之一笪重光的《书张燕公诗立轴》，为高四尺八寸七分、阔一尺七寸的绫本大轴。书录唐代张说《游》诗句："湖上奇峰积，山中芳树春。何知超世境，来遇赏心人。清蒨岩前乐，呦鸣鸟兽驯。静言观听里，万法自成轮。"款识："唐燕公集，为惟德亲翁书，笪重光"。书法潇洒，妙趣横生。

近代以来，日本人对集书画篆刻于一身的赵之谦尤为推崇。在号称为纪念其逝世六十周年，书画界人士特于东京举办的赵之谦先生遗作展览会（时间实为1942年秋冬之交）上展出的众多书画篆刻作品中，也有七八件来自林氏藏品（《书菀》第6卷12号）。它们分别是《读书便佳》（行书额）、《晴窗赏古图题咏》（光绪三年，书幅）、《异鱼图》（咸丰辛酉，画卷）、《芙蓉》（光绪八年，纨扇画）、《九楳（梅）书屋》（篆书额）、《意可园》（隶书额）、《琴心花韵之轩》（楷书额）、《抱朴子逸文》（己巳正月，楷书幅）。其中《异鱼图》，曾现身于西泠印社2011年秋拍会，后以一千一百五十万元成交。

林熊光精于鉴藏，当然与他阅历丰富，尤其是读书多、见识广有关。从其所撰《日本现存唐宋名家墨迹举知》（《书菀》第6卷1号）一文，便可大体领略。他在文中列举了日本所藏唐宋墨迹二十四件，从主要著录、递藏，到名家品评、书体书风等一一加以评介，简明扼要，点评到位。因为这些赫赫名迹他大多都曾寓目，有的还经手或收藏过。例如，唐代褚遂良《兰亭叙绢本》，林熊光年少时曾于福州亲眼所见；唐代张旭《草书帖》，由上海金颂清于关东大地震前携往日本，林熊光也曾寓目；唐代《响拓右军哀祸·孔侍中二帖》《临右军二帖》，他也分别曾在其恩师冈田正之家和博文堂把玩欣赏；宋代苏轼《寒食帖》，由北京的颜世清携往日本，于公使馆展出时，林氏每日均前往观摩，并于此书卷侧几近"坐卧不能去"，后被菊池惺堂重金购去后，又不免惋惜。除前述宋代张即之书《李伯嘉墓志铭稿》、黄庭坚书《王史墓志铭稿》之外，苏轼书《李太白诗》、宋代《司马温公告身》等也都一度为林熊光所藏。宋代黄庭坚《太白忆游诗》也曾在林氏家中存放过数日，后被出让他人。

五

林熊光富收藏，精鉴赏，而且胸怀磊落，不仅对所藏书画从不以为私密，而且以普及共享为己任，故其曾无私出借不少藏品，用以转载或复制，如遇知音恳求则忍痛割爱。同时，林熊光在台湾与其堂兄弟一起创办如水社及大观书社，大力倡导和推广书画艺术，尤其对后学极为关照。张允中先生走上书画收藏之路并成为此领域大家，即与林氏的指导和提携分不开。另外，为彰显中国台湾金石学奠基者吕世宜等人业绩，林熊光曾于东京自费重刊吕氏著作《爱吾庐题跋》，编辑出版《吕世宜、谢琯樵、叶化成三先生遗墨》（1926），并撰写长文《为台湾导入金石学的吕西村先生》(《书菀》第6卷9号)。就此而言，其对中国书画的弘扬与普及不无贡献。不过，同时也应看到，林熊光的收藏人生，有近半又与日本占据台湾，进而发动全面侵华战争的时期重合。因有日本殖民统治台湾的协助者这种特殊身份，使其能在中日交恶的复杂环境下，于中日间尤其是鉴藏界"左右逢源"。

林熊光收藏书画终生不辍，直至晚年，还请台湾篆刻名家王壮为为其刻制"朗庵七十以后所得"藏印，钤于新收书画之上。林熊光于1971年去世，葬于东京吉祥寺，书法家西川宁为其撰写碑文。夫人林文子，本姓石原，出身于东京士族之家，亦爱好艺术。两人育有三子一女。

林氏家族以收藏家著称者还有林柏寿和林宗毅。前者系林熊光叔父，其"兰山千馆"收藏甚丰，尤以中国古书画、陶瓷器、古砚等知名。其中部分藏品已移交台北故宫博物院。"兰山千馆"之名，源于其藏唐代褚遂良临《黄绢本兰亭卷》（前文《兰亭序绢本》）和怀素《小草千字文卷》，前者即"二战"后经林熊光之手获得的镇馆之宝。林宗毅为林熊光之堂弟，亦是收藏大家，尤以其"定静堂"所藏明清书画闻名于世。其收藏书画后分别捐赠给东京国立博物馆、台北故宫博物院以及和泉市久保惣纪念美术馆，相关图录也均已出版。

相比之下，林熊光的收藏则显得"有始无终"。其丰富藏品有的毁于震灾，有的毁于战火，从此人间绝迹；残留下来的或后来陆续新收的，最终也未能集于一堂，而是四处星散。也正因为如此，近年国内拍卖市场才不断有林氏旧藏品露面。

幸与不幸，已无须多言，但有一点可以肯定，即近现代中日书画鉴藏史上，林熊光这个名字不容忽视。

（原题为《林熊光及其书画鉴藏》，缩略版载《读书》2020年第3期）

京都流寓，书学传古
——罗振玉及其书法文物鉴藏

若述及近代中日学术文化交流史，罗振玉是无论如何也绕不开的人物。在诸多学术领域，他不仅留下丰硕业绩，而且多有开创之功，对中日两国学术文化均有重大且深远的影响。对于罗振玉一生之学术贡献，论者多援引董作宾所做的概括：（一）保存内阁大库明清史料；（二）考订与传播甲骨文字；（三）整理敦煌文卷；（四）研究汉晋木简；（五）倡导古明器研究。（董作宾：《罗雪堂先生传略》，原载《中国文字》第8期，后收入文华出版公司1968年版《罗雪堂先生全集》初编第1册）。稍留意一下就会发现，这五大贡献除第一项与日本无关涉之外，其余四项均是在日本完成的。同时，应该指出的是，以上五项仅仅是罗氏于"传古"方面的显著功绩，而且这种概括仍有失全面，至少应该补充两项，即考订并传布金石文字，辑录刊印散佚古籍。另外，于日本鉴赏与传播书画文物，无疑也是罗振玉学术贡献的一个组成部分，尤其是对日本的书道文物鉴藏及书学进步贡献非凡。在述及日本近代书法史时，罗振玉与明治前期赴日的杨守敬一样，是值得大书特书的人物。

有鉴于此，笔者根据目前所掌握的相关文献资料，结合多年之实物调查，对罗振玉与日本的中国书法文物鉴藏试做初步考察和梳理，以期能借此窥得全貌，阐明实像。

京都避难

辛亥革命爆发之后，罗振玉举家东渡日本，在京都寓居七八年时间。罗氏一生的重大学术成就基本上都与这段时间有关。

关于罗氏京都避难之原委，其本人在《集蓼编》中有交代，亦基本符合事实。即1911年武昌起义发生后，罗振玉意识到自身处境艰险，在思量进退之时，恰遇大谷光瑞委派驻京本愿寺僧前来劝说东渡，并许以神户六甲山二乐庄为寓。罗振玉当时因与大谷氏不熟，故难做决断，此时又有京都大学内藤湖南、狩野直喜等旧识，亦来函力劝其退避京都，并允其将藏书寄存大学图书馆。于是，罗振玉与好友藤田丰八相商，最后决定远走日本。同年11月末，罗振玉偕王国维及女婿刘大绅共三家计二十余口，由天津乘船至神户，再由藤田丰八等人迎入京都田中村。当时文求堂店主田中庆太郎及狩野直喜夫人等均对罗氏一行悉心照料。

初至日本时，三家同寓于田中村，后因住处狭窄，王、刘两家于1912年1月移居田中村旁之百万遍。一年后，罗氏借藤田丰八名义，"于净土寺町购地数百坪，建楼四楹"，并自命新宅院为"永慕园"。后为移转寄存于京都大学图书馆之藏书，增建书库一栋，因自藏北朝写本《大云无想经》，而名之为"大云书库"。这样，居所安定又宽敞，且其本人不必像以往那样往返大学图书馆检书，起居生活与研究著述均大为便利。从此，罗氏得以安心"著述遣日"。当然，其代价之高也不难想象。对毫无俸禄、形同寓公的罗振玉来说，既要购地造房，又要负担三家生活等经济支出，只能依赖带往日本的书画等藏品。

正如世间所知，罗振玉流亡日本时，其多年搜集的大量文物被一同运抵京都。"图书长物百余箧，运之逾月乃竟，又弃其重大不易致者。既至海东，无所仰给。此古器者，稍稍出以易米。"［罗振玉：《梦䧟草堂吉金图序》，收入《雪堂校刊群书叙录》上卷。此处引自罗继祖主编《罗振玉学术论著集》（以下简称《论著集》）第9集，上海古籍出版社2013年版］这里所谓古器物，主要指青铜器等吉金文物。运了一个多月才算运完的罗氏藏书及其他文物藏品，恐远远不止百余箧。日文《风俗画报》曾以《罗振玉氏携珍籍避乱于本邦》为题，对罗氏及其家眷等一行登陆日本作了报道，其中有罗氏对记者所言："此次携来书籍一百一十多件（箱），其数约五万册。另外还有不少书画、金石器、奇骨等。因这些有罹本国兵燹之虞。"(《风俗画报》第428期,1912年1月)在《海宁王忠悫公传》中,罗振玉也流露,当时运抵京都的"大云书库藏书三十万卷,古器物铭识拓本数千通,古彝器及他古器物千余品"(罗振玉:《碑传集三编 海宁王忠悫公传》,收入《论著集》第10集)。当然还有甲骨两三万片,可惜在运输过程中五六成遭损毁。至于书画,虽无具体数目,不过,根据罗振玉1918年初步编定的《宸翰楼所藏书画录》可知,尽管此前有大量书画陆续售出,但当时仍藏有各类书画一千五百余件。就目前掌握的资料综合来看,罗振玉初到京都及其后购地造房等,所需费用基本都是靠变卖书画、碑帖拓本及玉器、古鉥印等所得,而且这些文物多是一次性大规模出售的。如传世法书拓本等精品数十件、三代以来鉥印五百余枚出让给赞岐富豪大西见山,名人墨迹售于广岛富豪久野元吉,诸多书画作品转让给斋藤悦藏、小川为次郎、山本悌二郎等,一批古玉器及书画卖给上野理一,大量古鉥印售于大谷莹诚、藤井善助等。后以此为基础,在日本形成数家较著名的中国文物特藏,如大西见山帖祖斋的中国法书收藏、斋藤董庵的中国书画收藏、上野有竹斋的中国书画收藏、山本澄怀堂的中国书画收藏、藤井有邻馆的中国文物收藏等,只是随时代变迁,有的收藏未能传承下来而已。不过,这些文物藏品后多以图录或著录形式公诸于世,如《董庵藏书画谱》四卷(斋藤悦藏,1928)、《梅华堂印谱》(大谷莹诚藏,1924)、《有竹斋藏古玉谱》（浜田耕作编，1925）、《有邻大观》六册（1929—1942）、《澄怀堂书画目录》十二卷（澄怀堂，1932）等，即其中之代表。

藏品出展

首先让我们来看看罗振玉参与的几次与中国书画有关的雅集或展览，由此亦可略知其与日本的中国书法文物鉴藏关系。罗氏寓居京都后，所藏书画首次亮相且引起轰动的是大正癸丑兰亭会。

"永和九年，岁在癸丑，暮春之初，会于会稽山阴之兰亭，修禊事也。群贤毕至，少长咸集。……"此王羲之《兰亭集序》在中国早已脍炙人口。晋唐以来，绍兴等地屡有兰亭盛会，兰亭及兰亭会也与群贤聚首、儒雅风流联系在一起。此风也为同属汉字文化圈的东邻日本所继承。罗振玉定居京都后的1913年，正值王羲之等兰亭雅会之后的第二十六次癸丑之年，关西地区二十八名文雅之士联名倡议，并主办了京都大正癸丑兰亭会。此雅会于当年4月12日和13日在京都府立图书馆和南禅寺天授庵举行，时居上海的长尾甲（号雨山）还特地自绍兴汲回兰亭水，供于王羲之神位前。会上展出众多与王羲之有关的书画名迹、碑帖拓本等，如各种版本《兰亭序》、旧摹右军书迹、集王书碑、临抚王书名迹，以及集帖、右军故事画迹等。对此次雅会，《大阪朝日新闻》《大阪每日新闻》等媒体均作了报道，《朝日新闻》还刊载了主要展品的图片，并附加解说。从当时的报道来看，这次雅会盛况空前。相关介绍，另可参见须羽源一《关于大正癸丑的京都兰亭会》(《大正癸丑の京都蘭亭会について》,《书论》第 3 号)、杉村邦彦《大正癸丑的京都兰亭会及其历史意义》(《大正癸丑の蘭亭会とその歴史の意義》,《书论》第 39 号) 和陶德民编《对大正癸丑兰亭会的怀古与继承：以关西大学图书馆内藤文库所藏藏品为中心》(《大正蘭亭会への懷古と継承：関西大学図書館内藤文庫所藏品を中心に》, 关西大学出版部 2013 年版) 等。

罗振玉从自家藏品中精选十六种参展，包括以《游丞相旧藏宋拓定武本》《开皇本》为主的六种《兰亭序》、以《元朱晋临兰亭序册》《明董其昌临圣教序册》为主的五种王书临抚名迹和《宋拓越州石氏帖》《南宋拓圣教序》等集帖或集书碑，另有《明画兰亭图卷》等。其中，《游丞相旧藏宋拓定武本》（罗氏自称为"传世《定武兰亭》第一"）和《开皇本》尤为醒目，与犬养毅、内藤湖南分别出展的《宋拓定武本》和《神龙本》一起，成为此展最具魅力的《兰亭序》四大名帖。这四种《兰亭序》后来分别由博文堂复制出版，且均有罗振玉的精心题跋。这些考证颇详的鉴定题跋成为当时人们鉴赏《兰亭序》的参考或指南。

有"天下第一行书"之誉的王羲之《兰亭序》，自宋代以来被书家奉为圭臬，珍重备至。罗氏出展的多种版本的《兰亭序》，令当时的日本民众大饱眼福。其实，当时内藤湖南出展的《神龙本》，本来也是罗振玉旧藏品，罗氏来日后将其出让给广岛富豪久野元吉（号锦浦），后由久野氏转归内藤湖南。此帖末尾少缺，为王澍（虚舟）补写，因帖内"神龙"钤印分离（前后边处各有印章之半），故又有"神龙半印本"之称。平凡社《书道全集》第四卷收录的《神龙半印本》图版即根据此帖影印。此外，该展览会上还有一些重要展品，如《大唐三藏圣教序》（上野理一藏）、《姜西溟本唐拓十七帖》（上野理一藏）和《原拓澄清堂帖》（大西见山藏）等，原本亦属罗振玉旧藏。

　　同年4月3日，东京以法书会会刊《书苑》及其同人为主导，也举办了兰亭会，但因为缺少像罗振玉这样重量级人物的藏品出展，所以无论是展品规模，还是展品精度，都逊色于京都的兰亭会。

　　日本此前虽有《兰亭序》帖流传，但多为明清劣质集帖的翻刻。至此，始有真正的古拓善本。这在日本书道鉴藏史上尤其值得一提，当然，其原因不能不归于罗振玉。

　　继兰亭会之后，书法家山本竟山又在京都举办了"和汉法书展览会"。罗振玉、内藤湖南及博文堂主人等鼎力相助，并精选自家藏品出展，使展览会得以圆满成功。展览会后，山本编辑出版了《和汉法书展览会纪念帖》，卷首有罗振玉隶书题词"书苑众芳"四大字，内收其所藏宋元明清名人墨迹多达十五件，其中包括《宋孝宗书赞册》《宋朱文公（熹）册》《元饶醉樵（介）蕉池积雪诗卷》《元顾善夫（信）经卷》《元赵子昂夫人管仲姬条幅》《明姚云东（公绶）册》《明沈民则（度）卷》《明董玄宰（其昌）堂幅》等。编者在后记中曾明言："斯会之设得罗叔言翁、内藤湖南翁……诸君子之助为多。"（山本竟山编《和汉法书展览会纪念帖》，油谷博文堂1914年版）

  1915年8月，内藤湖南于京都大学夏季讲演会做"清朝史通论"的系列讲座，为配合讲座，同时举办了"清朝书画展"，后编辑出版了《清朝书画谱》（博文堂，1916）。书中共收录清代各种书画一百七十余件，内有罗振玉宸翰楼所藏书画十四件，其中王文治、宋葆淳、陈鸿寿、桂馥等书家墨迹六件，释髡残、龚贤、陈洪绶、焦秉贞等画家真迹八件（册）。罗振玉出借的展品具体为《王文治卷》《宋葆淳卷》《钱伯坰卷》《桂馥卷》《陈鸿寿轴》《杨守敬简牍》（以上为书迹）、《释髡残画轴》《陈洪绶画轴》《龚贤画册》《焦秉贞画卷》《边寿民画轴》《姜实节画轴》《陈枚画轴》《陈书画册》（以上为画作）。内藤湖南这次讲演及其展出的书画，对当时及其后的鉴藏界影响甚大，某种程度上推动或促进了其后日本对清代书画的收藏及鉴赏。尤其是收藏家上野理一，可以说是在内藤湖南的鼓励和指导下，才在短期内系统地搜集到"四王吴恽"为主的众多清代书画（包括罗氏藏品），并由其子编辑出版了《有竹斋藏清六大家画谱》（上野精一编辑兼发行，1921年私家版）。当然，罗振玉与此也关系密切。

唐宋八大家之一的苏轼在日本一直很受欢迎，其诗文墨迹也备受珍视。为纪念这位诗书画皆精的文人大家，在其诞辰之日，日本文墨之士还曾举办寿苏会，即祝冥寿。发起人是长尾甲（雨山）和富冈谦藏，而且自1916年起，此类展会曾举办过多次。罗振玉居京都期间，接连三次出席并出借展品，还亲自为事后出版的《寿苏录》题字。

第一次大正乙卯寿苏会（1916年1月23日），罗振玉携子罗福苌及同在京都的王国维出席。其出展的藏品共十件，主要有《苏文忠公行书真迹诗卷》《北宋拓醉翁亭记》《宋刻明拓坡仙帖》《旧拓齐州真相院释迦舍利塔铭》《原石初出土本表忠观碑》等。

第二次大正丙辰寿苏会（1917年1月12日），罗氏父子出席，并出借展品四件，为《宋米元章画山水长卷》《明刘完庵、祝枝山合璧赤壁图赋卷》《明文五峰、文去盈合璧赤壁图赋册》。

第三次大正丁巳寿苏会（1918年1月31日），罗氏父子参加，并出借展品三件，即《明朱兰嵎之蕃临李伯时画东坡笠屐像》《清罗两峰画东坡药玉船图》和《清张叔未摹勾冯星实梦草堂图诗册》。

第四次寿苏会，因主办者之一富冈谦藏突然病逝，推迟一年，即1920年举办，其时罗振玉已归国。不过，在此之前，即1918年8月，富冈谦藏于京都大学夏季讲演会上的讲演及其使用的书画幻灯片，也与罗振玉及其藏品有关。

这次讲演题为"论清初画家"，使用的幻灯片是富冈谦藏根据其自身所藏和以罗振玉为主的诸家藏品摄制而成，计六十三张。这些绘画还计划于同年10月12日的圆山清风阁雅会上展出，但由于富冈氏不幸罹病，且于同年年末去世，计划未果。富冈谦藏去世后，在内藤湖南、长尾雨山等人的协助下，这些资料被编刊成大型图录《四王吴恽》（著作权人为富冈谦藏继承人富冈益太郎，博文堂1919年版）。罗振玉为此题写"吴会薪传"四大字。

罗振玉为《四王吴恽》题字

该书收录清六大家五十二件书画,其中罗振玉旧藏品占十件。这十件罗氏旧藏品分别是:《王时敏笔仿李营邱雪霁图》《王鉴仿王右丞冬景山水》《王翚笔仿董北苑山水》《王翚笔云山图卷》《王原祁笔仿高尚书山水》《吴历笔南岳松云图》《恽寿平笔秋景山水图卷》《恽寿平笔菜根图》《恽寿平笔东篱佳色图》《恽寿平笔蒲塘真趣图》。

以上文墨活动,尤其是兰亭会、寿苏会及夏季讲演会展览等,在当时及其后的日本均有很大影响。其中罗振玉的参与及诸多收藏精品的出展,不仅为之增色,而且极大地丰富了展品种类,对扩大鉴藏者视野,提高鉴赏水准,起到了重要作用。

辑录或刊印

从书法史来看,敦煌遗书、殷墟甲骨以及汉晋木简的发现和出土,堪称是具有划时代意义的大发现。这些发现不但改写了书法史记述,而且对考察书体沿革、书风传承,甚至于书法实践等,均有重要意义。相对于发现和出土之地的中国,东邻日本却成了最早受益的国度,因为早期有关这些大发现的实物考释、辑录及出版,绝大多数都是由罗振玉于日本完成的。如《鸣沙石室佚书》及续编、《殷虚书契》前后编及考释、《流沙坠简》等,即其代表。王国维在《雪堂校刊群书叙录》序中曾明确指出："先生之书其有功于学术最大者，曰《殷虚书契前后编》，曰《流沙坠简》，曰《鸣沙石室古佚书》及《鸣沙石室古籍丛残》，此三者之一，已足敌孔壁、汲冢之所出。"（《论著集》第9集）。其实，这话也同样适用于罗振玉对日本书法学界的影响。

罗振玉于1913年刊印的《鸣沙石室佚书》，共收录久佚于世的敦煌文献十八种，四年后又补编影印了《鸣沙石室佚书续编》，收《姚秦写本大云无想经》（卷九）、《唐写本老子化胡经》（卷一及卷十）、《唐写本摩尼教规残卷》和《唐写景教三威蒙度赞》。其中《姚秦写本大云无想经》为罗氏自藏，曾出借给松本文三郎，并转载于京都大学《艺文》杂志，后被收录到日本刊《续大藏经》。从书法史角度来讲，这是价值极高的早期写经，罗氏在题跋中也指出："矧大云经为姚秦初写，实当晋世。我邦旧传写经，殆无先于李唐者，即论书迹，亦应影写流传。"（《鸣沙石室佚书续编》，上虞罗氏印1917年版）同年还编刊了《鸣沙石室古籍丛残》（六册），收录贵重经卷文献三十件，分"群经丛残"和"群书丛残"两大类。这些文献不仅有助于敦煌经籍研究，而且是书法及书法史研究上的重要资料。

另外，罗振玉还于1916年影印了《墨林星凤》，收录唐太宗《温泉铭》、欧阳询《化度寺舍利塔铭残本》（简称《化度寺铭》）和柳公权《金刚经》三种敦煌墨本。这在书法学界也引起很大震动，因为按照明清金石学家通说，最古的拓本乃是宋拓善本，世间所谓唐拓不足凭信，但是《墨林星凤》所收拓本实为敦煌唐拓，这就从根本上颠覆了以往的通说。尤其是敦煌本《化度寺铭》一出，对学界历来争论不休的现存拓本的断代鉴定起到了决定性作用。影印后的《墨林星凤》以及罗振玉的长篇序言，在当时的日本书法学界也受到了极大关注。

罗氏流寓京都，一同带去了数以万计的甲骨实物，后又设法多方采集，不仅所藏量大，而且其本人又亲自施墨以拓，并加以考释研究，先后刊印《殷虚书契前编》《殷虚书契菁华》《殷虚书契后编》及续编等文献，开启了甲骨学研究的大门。为鉴赏及传播起见，罗振玉还将所藏甲骨予以转让或赠送，当年京都大学文学部陈列室就有罗氏寄赠的甲骨等殷墟遗物（滨田耕作编《京都帝国大学文学部陈列馆考古图录》1930年增订第3版，目录第14—17页以及第42图）。这些甲骨实物以及图录、考释等资料对日本的书法研究及实践均起到了先导作用。因此，"甲骨四堂"之首的"雪堂"罗振玉在日本也被尊称为"甲骨学恩人"（下中邦彦编《书道全集·中国1》，平凡社1965年版）。

另外，罗振玉不仅注重甲骨文在书法研究上的作用，而且身体力行，积极探索，或临摹或创作，将甲骨文字导入书法中。现日本公私文博机构或民间仍收藏着部分罗氏创作的仿甲骨文墨迹。其编选的《集殷虚文字楹联》

等，至今仍为书法界人士喜爱。

如果说甲骨文主要还是刻字（契刻体）的话，那么汉晋木简则是汉晋时代的书写墨迹了。1913年年末，罗振玉得到沙畹提供的简牍图版后，遂与王国维通力合作，编订考释，很快于翌年年初自行刊印了《流沙坠简》，使迄今从未寓目的汉晋墨迹大显于世，在当时的书法学者看来，可以说没有比这更令人振奋的了。因为现存古人墨迹多为碑版法帖，而此类碑版法帖的真赝或优劣鉴定等，又一直是困扰学界的一大问题。汉晋木简的出现，不仅可以使人领略距今一两千年的古人墨迹，而且也令以往书法史上的几多疑团得以冰释，如汉代有无章草、波磔等问题，借此均可迎刃而解。当然，罗振玉更是率先意识到这些木简在书法史上的意义和价值，正如其在《流沙坠简》序中所言："字体别构，拾洪丞相之遗；书迹递迁，证许泲长之说。"（罗振玉、王国维：《流沙坠简》卷一，上虞罗氏宸翰楼印1914年版）也就是说，从字体或书迹来看，无论是开金石学最善体例的洪适，还是著《说文解字》的许慎，对于他们的著述或学说，这些木简都能起到拾遗补阙或参证互补的作用。另在《简牍遗文》序中，罗振玉又特地强调了简牍文字对了解书体沿革的重要性，即"然藉以知书体之变迁，窥简牍之体式，其裨益固亦甚巨"（《流沙坠简》考释卷三）。

《流沙坠简》在日本出版后，深受欢迎。罗振玉在致缪荃孙书简中也稍有涉及，"拓本三册，即遵定价，俟下月东京《流沙坠简》售书款寄到（此书东京行销甚畅），即汇寄，断不延误。"［顾廷龙校阅《艺风堂友朋书札》（下），上海古籍出版社1981年版］当时罗氏不惜亏本，用珂罗版精心印制了百部《流沙坠简》。书因很快销售殆尽，故有"东京行销甚畅"之语。1915年4月25日，法书会会刊《书苑》于上野开设书道讲座，并附带举办墨宝展览，其展品中就有罗氏《流沙坠简》（三册，黑木钦堂出展）。可见，此书当时已被书法界视为重要参考资料。另从《书苑》杂志中据此判定日人所藏写经年代等具体事例也可窥知，当时《流沙坠简》已成书学研究者的案头必备。（《关于龙沙开宝》，《书苑》第7卷第1号）

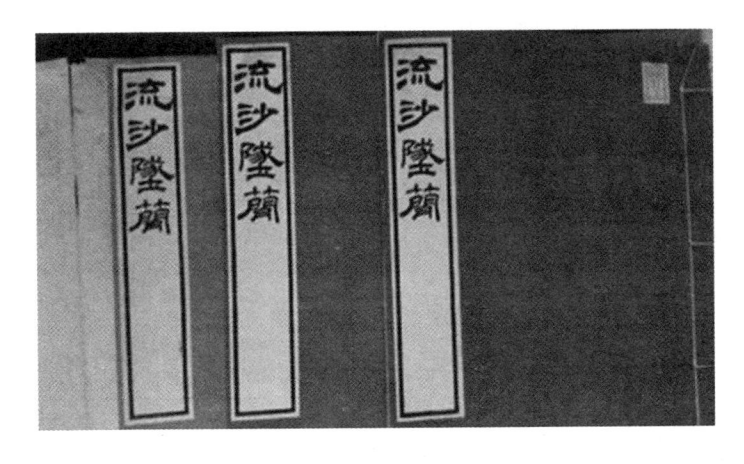

罗振玉于日本刊印的《流沙坠简》（三册）

前述平凡社版《书道全集》第三册重点收录了汉晋木简，其概说中还插入罗振玉肖像，对罗氏在汉晋木简传播及考释上的业绩加以肯定和彰显。书法研究家藤原楚水在《关于〈流沙坠简〉》一文中，更是盛赞罗氏此书"作为书道研究材料无出其右者，弥足珍贵"。

后来，罗振玉又辑录并刊印了《汉晋书影》，内收汉简十七片，晋时经卷古书等残纸九种。该书纸张精良，影印清晰，在罗氏刊书中属上乘之作，为书学人士珍视。罗氏于"宣统戊午二月"所撰序言，也被看作是书法研究上的重要言论。其中指出："中土旧传晋人墨迹，多出唐抚，当时写本人间罕存，若汉两京人手迹，则舍碑版外，只字不得而见矣。西陲古简今归英伦，余曩既影印为《流沙坠简》，然恐流传尚寡，因选其具年号者得十简，无年月而文字尤精者得七简，更影写精印。其有年号诸简中，若建武永平诸简，书体已为行草，知旧传章帝始为草书，殆未可信，而许祭酒汉兴有草书之说，信有征矣。神爵一简虽尚是隶体，然已简省，急就殆为草书之先河，泫长所云殆推此种。至晋人诸迹，乃东邦大谷光瑞伯所藏，其书体皆古肥，乃钟张之绪余。自右军以后，钟张遗矩世无复存，逾岁二千，乃得于荒裔绝漠，可谓考古者之幸事。然中土人士至今未得寓目，乃选以诒当世之考书法沿革者。"（罗振玉：《汉晋书影·序》，上虞罗振玉刊印 1918 年版）

结合上述《流沙坠简》序言等可知，罗振玉不仅重视这些简牍、甲骨及写经在经史学方面的价值，而且较早意识到其书法价值或书法史意义，认为这些材料本身首先是书法，是考察书法流变的第一手资料。影印这些资料，其中最大目的就在于书学传古，同时使人能借此详察书体沿革。

罗振玉在日期间辑录刊印的书学文献还有：《西陲石刻录》《唐风楼秦汉瓦当文字》《齐鲁封泥集存》《蒿里遗珍》《历代符牌图录》《古镜图录》《金泥石屑》《隋唐以来官印集存》《集古图录》《梦郼草堂吉金图》《六朝墓志菁华》《南宗衣钵跋尾》《吉石庵丛书》等，均为嘉惠书法艺林的好材料。如《吉石庵丛书》第三集中《魏三字石经尚书残石》《蜀石经春秋谷梁传残石》《北宋嘉祐石经周礼礼记残石》《叶石林模急就章》，第四集中《北宋二体石经礼记檀弓残石初出土拓本》等，对日本书法人士来说，更是难得一见，堪称至宝。

另外，罗振玉还自行刊印了不少著名法书墨迹及金石拓本，较著名者有：

《真草千文》，有罗振玉隶书题签"智永真草千文真迹"和"宣统戊午二月既望"题跋，"民国七年用京都简斋小川氏藏智永真迹本景印本"。

《祝京兆法书》，即祝允明五种法书并诸家题跋，包括小楷《黄庭经》、小行楷《越台诸游序》、小楷诗翰、小行楷《三畅咏》和行草诗翰。

《元八家法书》（1918年刊印），即冯子振、龚璛、百野兼善、顾善夫、李孝光、沈石、杨维桢和饶介八家手迹，其中尤以杨维桢书《张氏通波阡表》著名。杨维桢、饶介等元代书法家为日本艺林所亲近或喜爱，与罗氏此类法书墨迹的推介和转让有很大关系。

《明吴门四君子法书》（东山学社校刊本），收沈周、唐寅、陈淳及文彭所谓四君子书。

《昭代经师手简》《昭代经师手简续编》，前者收乾嘉学派大家王念孙与钱大昕、孙星衍、汪中、段玉裁等十二家论学书札二十六通。后者收嘉道间十六家学者致王文简手札四十三通。

《秦泰山残字明拓本》（何绍基旧藏），有罗氏"宣统癸丑十二月仇亭老民罗振玉记于东山侨舍之云窗"跋。

《秦金石刻辞》（三卷），有罗氏"宣统甲寅九月朔上虞罗振玉书于东山寓所之秦虎符斋"跋两页。卷一收符牌、量权等金属器拓片四十三件，卷二收《琅琊台刻石》《泰山刻石残字》《会稽刻石》石刻拓本三件，卷三收陶制量权残片三十六件、瓦当六件。

《宋拓郎官厅壁记》（1918年刊），别名《张旭郎官石柱记》，罗氏题签。有"草圣"之称的张旭，同时也善楷书，此石柱记即传世之明证。原石早亡佚，拓本亦罕见，据传仅存王世贞旧藏宋拓本。此孤本后历经递藏，最后落入端方之手。端方死后，此孤本也去向不明。幸亏罗振玉于北京时影写，带入日本，以玻璃版刊出。可以说，当时要窥知张旭楷书之真面目，只有依赖罗氏的这一复制本。

这些法书墨迹或图录文献等作为书法学习与研究的范本或指南，为日本书学界所利用、吸收和传承，成为促进书学繁荣与进步的重要资源。

赠售让购及复制题跋

前面已提到，罗振玉寓居京都后，为购地造房及生活所需，变卖了大量书画等文物。尤其是刚到京都的前两年，以及其后为筹集赈灾款，出手转让了无数名人墨迹、碑帖拓本等。与此同时，还复制出版或题跋推介了不少书学名品，对日本的书道文物鉴藏及书学进步产生了巨大影响。

现藏东京都台东区区立书道博物馆的东晋王献之《地黄汤帖》，就是罗振玉来日后不久即出手转让的墨宝之一。该墨宝是现存极为罕见的王献之墨迹，内有文彭、德宝、成亲王等人的跋语。据书道博物馆研究员锅岛稻子介绍，此件为中村不折于1911年12月3日经文求堂斡旋而获得的（书道博物馆复制本《东晋王献之地黄汤帖》解说及释文）。

从罗振玉手中获得法书精品最多的日本人，是赞岐富豪大西见山。他曾一次就得到罗氏旧藏碑帖法书数十件，并将堂室命名为"帖祖斋"。对此，内藤湖南在为其题跋《景印宋拓甲秀堂帖》时称，"赞岐大西见山雅慕其名，又闻其富于收藏，介予敦请，尽获其行箧所携《南唐澄清堂》以下旧拓碑帖数十种，三古以来钵印五百余枚，因命其斋曰帖祖，以志其喜。"另在《南唐拓澄清堂帖》跋文中，内藤湖南亦明言："旧藏清国罗叔言处，后归赞岐大西氏。大西氏帖祖斋所由获名也。"内藤湖南所言《南唐拓澄清堂帖》，是罗氏于北京期间从收藏家李芝陔处购得的，为存世稀见古法帖。该法帖影印出版时，其书讯广告甚至称"洵为本邦法帖第一精本"（《书苑》第2卷第2号附录"清国罗振玉先生跋文，京都帝国大学文科大学教授、文学博士内藤湖南先生跋文《南唐拓澄清堂帖》"发行广告）。

对于出售珍藏之碑帖拓本一事，罗振玉一向不愿公开，只是在复制出版之际，受出版方恳请题跋时，才多少予以披露。在四页篇幅的《宋拓甲秀堂帖》跋文中，罗氏坦言："东友大西君爱古刻至笃，癖嗜殆过于予。由内藤湖南博士为介，尽以箧中宋拓诸碑归之，此帖亦其一。今大西君将精印，以广其传。予既喜宋拓诸碑之得贤主人，又嘉大西君之不私也。爰录旧跋于册尾，以识斯帖之源流，以告世之言帖学者。在壬子正月，上虞罗振玉记。"（罗振玉：《宋拓甲秀堂帖·跋》，博文堂1912年版）从题跋时间"壬子"（1912）可知，包括此帖在内的诸多碑帖拓本早在罗振玉来日后不久即售出。

除上述《南唐拓澄清堂帖》《宋拓甲秀堂帖》等法书精品之外，《隋丁道护书启法寺碑》也是大西见山从罗氏手中获得的墨宝。此碑堪称楷书宗匠，原石早佚，宋拓孤本幸存，清时传至临川李宗瀚之手，为其所谓"临川四宝"之一，另三宝为《孔子庙堂碑》《孟法师碑》和《善才寺碑》。罗氏流亡日本时一并携来，最后售予大西见山。这件天下孤本后被日本认定为"重要文化财"。据称这也是唯一流出海外的隋代碑迹。应罗振玉之请，博文堂于1924年复制发行珂罗版印本。为此，罗振玉还特地题写跋文，其中曰："予意自东晋至隋唐，中间二百余年，楷法实以渐进步，逮隋而大成。初唐之欧、虞、褚、薛皆生于隋代，丁道护与诸贤同为楷法宗匠，必以丁欧为北派，伯施为南派，殆非通论矣。丁道护书名烜赫当时，而宋时著录谨《启法寺》一碑，而此碑拓本自贾相藏后，屡经世变，孤本幸存，若有鬼神诃护。予故不惜远道邮寄海东，选工精印，视原本不殊铢黍，以传之艺林，并记楷法至于隋唐而始大成，书法非因南北而有同异，以订正文达之说，并愿与寓内宏达共论定之。甲子仲夏。"[《论著集》第10集（上）]"甲子"即1924年，说明当时该孤本已不在罗振玉之手。

另一位获得罗氏所藏碑帖拓本较多的是上野理一。上野理一，雅号"有竹"，为早期朝日新闻社社长，同时兴趣广泛，尤其嗜好书画古董，其丰富的有竹斋藏品后经其嗣子捐赠给京都国立博物馆。前述之《大唐三藏圣教序》早在罗氏流亡日本之前就经内藤湖南斡旋而入上野理一之手。在其后上野理一获得的名品中，最引人注目的当属《唐拓十七帖》。此帖曾为清代姜宸英（号西溟）旧藏，故名为《姜西溟本唐拓十七帖》。罗振玉跋称，曾珍藏十五年，最终出让给上野氏。"予曩在沪既得北宋官帖残卷甲秀初本，不逾岁，得姜西溟世藏十七帖唐模本，在京师复于涿州李氏得澄清堂帖，皆一时难遘之瑰宝。十五年间，先后归予巾笥中，尝以自诩为平生与翠墨有宿缘。乃不逾两霜，先后皆以易米。此本既归有竹先生，愿不以自秘，精印以流传之。澄清、甲秀两刻亦由大西见山君印行于艺林。予虽如楚人失弓，然可以感慨，而有竹、见山之不自私，尤足以风当世也。"（罗振玉：《唐拓十七帖·跋》，博文堂1913年版）该帖现藏京都国立博物馆，在日本通称《上野本十七帖》，被誉为现存《唐拓十七帖》中之精善本，内有康熙、乾隆年间四十余家题跋，仅这些墨迹就弥足珍贵。在日本早有博文堂影印本，而且被《书道全集》《书苑》《书品》等书法丛刊或杂志转载，可以说，在日本书法界是知名度最高的法帖之一。内藤湖南跋称："上野有竹君曩得此本于罗叔言参事，叔言跋语颇有恋恋之意。有竹因亟景印，既以贻叔言，并颁同好，叔言之喜于是乎可知也。"

据神田喜一郎等人的回忆可知，上野理一的中国书画收藏与流寓京都的罗振玉有密切关系（神田喜一郎：《〈清六大家画谱〉与〈王勃集〉》，收入朝日新闻社史编修室编《上野理一传》朝日新闻社1959年版）。上野氏收集中国书画，始于1911年年初内藤湖南自北京调查敦煌遗物归来之后。鉴于当时中日两国书画收藏上的差异，内藤湖南向上野理一透露了自己对日本收藏界的看法和不满，即藏品过于偏颇，缺乏正统文人书画。对此，上野理一亦抱有同感，于是，在内藤湖南的指导下，他开始收藏中国书画，直至1919年去世。在上野理一倾力收集中国书画等文物的十年中，有近八年时间适逢罗振玉寓居京都。因此，上野理一不仅有机会与罗氏交往，而且有幸得到不少罗氏藏品，而书画、古玉等即其中之代表。

在上野理一获得的罗氏旧藏名人墨迹中，《先朝宝翰》尤值得关注。《先朝宝翰》，即明代及清初包括宣宗皇帝在内的五十一家名人简牍书迹之集成。其中作品出自明太祖、宣宗、宋濂、张三丰、沈度、杨溥、李东阳、文徵明、祝允明、沈周、吴宽、顾炎武、吴伟业、黄宗羲、傅山、龚贤、王原祁、王时敏、王翚、王鉴、吴历等，因祝允明、王时敏等人作品有两件或以上，故墨宝总计五十五件。原装为一帖，后改装成三卷，卷首有林则徐"名人墨妙"、何绍基"墨妙亭图"之题字，卷末有李兆洛跋文及李佐贤、齐学裘、徐渭仁、冯桂芬等人之观记，最后为罗振玉题跋。据罗氏跋语可知，此墨宝本为苏州收藏大家顾沅（号湘舟）艺海楼之旧物，其府邸建有"墨妙亭"，专门贮藏明代名人肖像和书迹。后顾氏收藏的书籍、字画等不幸罹灾，大多亡佚，唯书迹偶存人间，部分流入吴云之手。吴氏死后，罗振玉从其遗族手中购得诸多书画，《先朝宝翰》即其中之一。辛亥年冬，罗振玉将此一同携往日本，并出让给广岛县富豪久野元吉（号锦浦）。久野氏得手后亦仿效顾沅，将墨宝收藏处命名为"墨妙亭"，并请王国维做《墨妙亭记》以记之。

后来久野氏又通过博文堂将此墨宝转售给上野理一，时间应在1916年年初。内藤湖南在同年1月19日致上野氏书简中曾言及，"据博文堂言，君欲购墨妙亭旧藏明清名人书册。该帖为小生所见同类品中最精良者。其书法之妙，及作为历史参考品之价值，均远在犬养氏旧藏明贤尺牍之上。特别是明太祖、宣宗名臣三杨之墨迹，宋景濂小楷书（是殊妙绝），三丰道人书，顾炎武、黄宗羲二大学者及"四王吴恽"之书（其中黄氏书此外殆不可见、吴历致王石谷尺牍实知其为天主教徒之确证，堪称最珍者）等自不待言。即便是极普通之祝枝山、文徵明、沈石田书，亦远比他处所见者优，特于祝枝山尺牍，可称所有祝书中第一。祈购下，将来作为各方面之参考，小生亦大得裨益。"并同封附带对部分书家或旧藏者之说明。函中"犬养氏旧藏明贤尺牍"，是指犬养毅于1913年游上海时购回的明代名人书札，后精选出数十件，以《明贤尺牍》之名影印出版，罗振玉特为此题"明贤尺牍"四大字。另外，从这封私信也不难看出，当时在如同顾问的内藤湖南"指导"下，上野理一是如何不断从罗振玉处获得其藏品的。现存的上野有竹斋藏品中，附罗振玉题跋的法书墨迹尚有《欧阳询九成宫醴泉铭》《米芾评纸帖》《东阳本定武兰亭序》《国学本定武兰亭序》

《傅寿元书李白古风五十九首》等十余种（《上野有竹斋搜集中国书画图录》，京都国立博物馆1966年版）。

　　罗振玉流寓京都短短几年时间，经手转让了大量名人墨迹、传世法书等。其中这些书学文物的相继复制出版，对书法界人士震动甚大。这一阶段可谓日本书学界获取传世墨宝，并从中汲取营养的时期。如果说出售珍藏墨宝是罗氏不得已而为之，是出于私利，那么将心爱之物提供给出版社复制，以公之于众，则体现了藏家的无私情怀。对此，罗振玉在题跋中亦时有流露，如在1912年2月《颜鲁公墨迹》跋中称："此册归予于今十有四年，宝之如护头目。去岁赤县崩沦，仓皇避地，亲携渡海，幸未如赵德父静治堂中诸物之一时顿尽。东渡以来，所藏多售诸同好，以充薇蕨之资，惟此册当白头相守。然又不敢自私，乃付博文堂主人精印，以公当世。略考其源流，以质方雅。"（《颜鲁公墨迹》，博文堂1912年版。另外，1920年于天津刊刻的《雪堂书画跋尾》之《颜文忠公墨迹》跋，内容亦与之大体相同）从题跋时间和表述可知，寄寓京都后尚不足半年，罗氏所藏已"多售诸同好"，对这件坚守下来的墨迹他也不愿私藏，而是付诸精印，以广其传。

　　对罗振玉来说，文物或文献一经到手，旋即付诸复制刊行，目的在于使其有益于书法鉴赏或书学研究，如曾于京沪等地所得《宋朱子书易系》《瘗鹤铭》《化度寺碑》《定武兰亭五字未损本》《砖塔铭》《熹平石经》《石鼓文》等墨迹碑帖，在日期间均提供给博文堂及时复制，公之于众，嘉惠艺林。

对于罗振玉及大西见山等藏家之此举，内藤湖南曾不无感慨地予以称赞。"嗟夫！使天下孤本一朝流传于世，临池之家获昕夕把玩于几案间，洵叔言、见山二君之惠，而博文堂主人与有劳焉。"（内藤湖南：《景印宋拓甲秀堂帖·跋》，收入《内藤湖南全集》第14卷）

罗振玉宏富的收藏，源于其多年的广泛收集和积累，主要来源则集中于南方各省。他曾披露，在沪期间"时南中故家，若两罍轩吴氏、鲽砚斋沈氏，窓斋吴氏、南汇沈氏、上海徐氏、嘉兴唐氏，所藏书画、碑版、古器，充斥沪上。时流于书画但重王翚、宋元明人真迹，及古器罕过问者，予乃稍稍收集。及备员京曹，当潘文勤、王文敏之后，流风已沫，古泉币、古彝鼎亦购藏者少。退食之暇，每流览厂肆，间遇珍本书籍，于是吴中、上海售屋之价，太半用之于此。及居海东，无所得食，渐出以易米"。（罗振玉：《集蓼编》，收入存萃学社编《罗振玉传记汇编》大东图书公司1978年版）从以上所述南方故家，再结合其收藏特点，我们可以推断：罗氏所获各种文物中，书迹碑版类应是精良品居多。像两罍轩吴氏之吴云，继有号称"一百三十有三兰亭室"的吴荣光之后，收藏《兰亭序》达二百种，故有"二百兰亭斋"之号。前述京都兰亭会上，罗振玉之所以能出展诸多藏本的《兰亭序》，令观众刮目相看，其个中缘由，于此也就不难想象了。

另外，罗振玉在日期间一方面出手所藏书画，另一方面又通过各种渠道从京沪等地购回不少金石书画等文物。有关其书画交易活动，罗振玉与王国维往来书信倒是给我们留下了一些具体资料。书信中有不少涉及书画及其买卖的内容，从一个侧面给我们展示了罗氏从事书画经营的细节。

如1916年罗氏致王国维的书信中，4月14日函："今年更拟将《殷文存》编印（七条恺），合以《书契后编》二百部，它两书各百部，须印费纸费三千元。今年但能卖画，不能买画矣。"尽管罗振玉声称因印书所迫，"今年但能卖画，不能买画"，但他在几天后，4月20日给王国维的信中还是让王国维从陆树藩处购得董文敏和钱罩溪画幅，并转请胞弟罗振常用油纸层层包好，速寄京都寓所。"……知陆画已付款，二画已取来，至感至感。此画乞交与子敬（勿交范），托渠店中用油纸数层包固（先将画卷紧），两挂号付东邮（请属子敬，愈速愈妙），上写画二幅，价九元。如此尚无麻烦也。"可见罗氏深谙此道，对如何包裹免受潮，如何处理避关税等，皆一一指示。

6月7日致王国维函："近购天津古印钵四百余枚（大约可成，然到此尚不知在何时），价至一千五百元。现因印书，故将雪林山水（即有沈董题字者）、饶介之书卷售去，得价二千有奇，然但可印书，买印之款，尚无着，即此二千元者，亦尚未到手。"这里出售的所谓"雪林山水"应是元末四大家之一的倪瓒山水画作，饶介书卷疑为售于山本澄怀堂的草书《蕉池积雪诗卷》（饶介书《蕉池积雪诗卷》，纸本，高一尺一寸五分，长五尺九寸二分，见《澄怀堂书画目录》卷二。另外，《大东美术》第9册也有收录）。此后又售去明拓精本《张猛龙碑》，得款二百余元，才算偿付印书之资。但为购买天津古钵印以及陈介祺《十钟山房印举》，又须出售所藏书画。"恐上半年为印书期，下半年为筹款期矣。"（1916年6月15日罗振玉致王国维函）不过，从书信来看，为筹措资金，罗氏下半年不但没有停止收买书画，反而越发频繁。罗氏一方面与程冰泉汲修斋交易书画，同时又让王国维尽力购入黄彭年旧藏大宗书画。后在王国维的努力下，几经周折，终于购得二十余件佳作。原来王国维从沈曾植（子培）处得知黄彭年旧藏大宗书画出售之消息，并及时告知罗振玉。关于此次购买黄家旧藏书画一事，自1916年8月29日至1917年1月13日，罗、王往来书信中多有涉及，因当时康有为、刘惠之等人亦欲得之，故其间几经波折，连王国维也感慨："买卖书画诚不易，不独画之精否真赝难以骤决，即于价之操纵亦非易事。"（1916年12月24日王国维致罗振玉书简）具体书画目录见1916年12月17日罗振玉致王国维书简。

8月16日函："弟近以印书故，售去佳画不少（皆前不忍售者），弟以为中国地大物博，宝物甚多，但恨力不能有，不过日益昂贵耳。筐中所储，尽可自娱矣。"尽管售出不少书画，但通过各种渠道，尤其是从沪上购回的部分也相当可观，故有"昨检点藏画，尚得六百余帧，较未售以前所藏，有过之无不及，其尤精者三分一，尚得二百帧，足以娱老矣"。（1916年10月1日罗振玉致王国维函）

10月21日函："弟近得吾家两峰道人《雨中蒙山图卷》，精能之极。此今年所得名迹中之佳者，恨不得与公共赏之。景叔之唐卷及宋仲温字，若公不欲留者，乞代弟购之。"11月16日函："今年虽未返国，购画仍不少。明年定撰定书画录。"

1916年可谓罗氏学术生涯中最为充实的一年，除刊印《六朝写本礼记子本疏义》等九种珍籍之外，还完成了多达十余种的著述，正月以后，几乎每月都有一到三种新著问世。据《永丰乡人行年录》可知，1916年3月，罗振玉自绍兴展墓归来后，先后编著出版《古器物范图录》《金泥石屑》《历代符牌后录》（以上均为3月）、《殷虚古器物图录》（4月）、《殷虚书契待问编》（5月）、《高昌壁画菁华》《南宗衣钵跋尾》（以上均为6月）、《石鼓文考释》（7月）、《邺下冢墓遗文》《古镜图录》（8月）、《墨林星凤》《隋唐以来官印集存》（以上均为9月）等。这些珍籍或著述的刊印出版，无疑需要庞大资金才能完成。罗氏正是通过出手旧藏，以及收购和转卖书画来予以补贴。从这一意义上来讲，他走的不外是一条"以书（书画）养书（学术书）"的路子，即以书画运营所得来资助学术书籍的出版。

当然，大多情况下，书画都是依赖亲朋好友或书画商来购买的。如上海汲修斋程冰泉、程金生兄弟，陆心源之子陆树藩（纯伯），中国书店金兴祥（颂清），胞弟罗振常（子敬）及其妻弟范兆经（纬君）等，均为其购买书画的协助者。而1916年年初返回上海谋事的王国维尽力最大。王国维不仅为其传递资讯，查验书画，而且还负责包装邮寄、汇兑付款等事宜。从罗、王往来书信中，即可窥知王国维曾为罗氏物色或购买书画文物耗费大量精力。

1916年前后，为筹措书籍刊印资金，罗振玉又售出不少名人字画和碑帖拓本。除在京都等关西地区出手之外，还曾委托东京的书肆文求堂主人田中庆太郎于东京销售。

《书苑》杂志曾刊载过"古碑帖展览"的消息。"清国硕学罗叔言，遭遇国变，避乱本邦，侨居京都，专事著述，待刻之书颇多。故欲割爱所藏之精拓碑帖复本，以资刻书，嘱文求堂主人谋此事。为此，一月十五、十六两日，于上野公园韵松亭开展览会展出，供都下同好随意采购。"（《书苑》第6卷第2号）当时出展的古碑帖多被中村不折购去，成为书道博物馆系列藏品之一。而且，此展览会前后，由田中庆太郎斡旋，中村不折还从罗氏手中购得一些碑帖精品。如嵩山三阙之一、号称"最古中州碑版"之《汉少室石阙铭》《琅琊台刻石》等明拓本，以及《颜鲁公大字麻姑仙坛记》等，即其中之代表。

罗氏书法文物藏品大多通过博文堂影印后而广为传播，不少精品为日本藏家或书法爱好者袭藏。当时博文堂复制出版的书画，也多是经罗振玉、内藤湖南或长尾雨山题跋后，由博文堂钤上"博文堂审定精印记"之印而发售的。此印即代表着值得信赖的中国书画精品，并因此而受到收藏者青睐。

除前述自行刊印的书法文物之外，笔者迄今调查掌握的罗振玉于日本题跋、出让或复制的书迹、拓本等，主要还有以下五十余种。限于篇幅，罗氏题跋等具体内容，这里恕不展开，拟另找机会详论。下表列出罗振玉于日本题跋、出让或复制的书迹、拓本信息。

表5 罗振玉于日本题跋、出让或复制的书迹、拓本概览

序号	件名	出版时间（年）	出版社	备注
1	大唐三藏圣教序	1911	博文堂	罗振玉旧藏，后多次再版
2	宋拓十七帖	1913	博文堂	当时称"唐拓"，或称《姜西溟本唐拓十七帖》。罗振玉题签并两跋
3	南唐拓澄清堂帖	1912	博文堂	后多称《原拓澄清堂帖》，有罗氏篆书"山阴真相"和长达七页半的跋文

续表

序号	件名	出版时间（年）	出版社	备注
4	宋拓甲秀堂帖	1912	博文堂	罗氏旧藏，并跋
5	宋拓神龙本兰亭序	1913	博文堂	罗氏旧藏，后归内藤湖南
6	宋拓定武本兰亭序	1913	博文堂	罗氏题签"宋拓定武本兰亭序木堂先生珍秘"。犬养毅藏，有罗氏长跋
7	宋拓开皇兰亭叙	1913	博文堂	原为陆氏松下清斋旧藏。内藤湖南题签，罗氏两跋其后
8	游丞相本定武兰亭序	1913	博文堂	罗氏自称"传世《定武兰亭》第一"
9	定武兰亭五字未损本：宋拓定武本	1913	博文堂	有罗氏三跋
10	隋丁道护书启法寺碑	1924	博文堂	售于大西见山
11	颜鲁公墨迹	1912	博文堂	有"颜鲁公墨迹四种上虞罗氏宝颜堂秘藏振玉篆书"题签和四页长跋。四墨迹为《送刘太冲叙》《蔡明远帖》《文殊帖》《春田诗帖》。李眉生旧藏，罗氏光绪己亥得自沪上

续表

序号	件名	出版时间（年）	出版社	备注
12	宋朱子书易系	1912	博文堂	即朱熹书《易系辞》，有罗氏篆书题签和两页跋文
13	颜鲁公大字麻姑仙坛记			售于中村不折，《书苑》第10卷第1号有介绍
14	宋拓南城真本小字麻姑仙坛记			售于山本悌二郎，《书苑》第6卷第2号有介绍。曾为张廷济收藏，有其题记"宋拓小字麻姑仙坛记清仪阁所藏南城真本之二"
15	北宋拓丰乐亭记			罗氏旧藏。1905年夏得自吴中，遂将其堂室命名为"丰乐堂"，并自诩此本为"堂中石墨第一"。来日本后出手转让。有正书局曾据罗氏藏本，影印出版《丰乐亭记北宋刻拓本》
16	北宋拓皇甫明公碑	1913	博文堂	罗氏跋
17	北宋拓集王圣教序	1913	博文堂	黑川古文化研究所藏，罗氏跋
18	宋拓熹平石经	1913	博文堂	罗氏旧藏，有其篆书题签"宋拓熹平石经"，另有两页跋文
19	宋拓石鼓文	1913	博文堂	罗氏篆书题签，另有两跋

续表

序号	件名	出版时间（年）	出版社	备注
20	魏崔敬邕墓志	1913	博文堂	罗氏篆书题签"崔敬邕墓名初拓本",并跋
21	王居士砖铭初出土本	1913	博文堂	又名《王居士砖塔铭》,罗氏题签并跋
22	宋拓罗池庙碑	1913	博文堂	罗氏篆书题签,并跋
23	米南宫评纸帖	1912	博文堂	另称"宋纸宋墨明拓精本"。上野理一藏,罗氏跋
24	地黄汤帖			售于中村不折,现藏东京都台东区区立书道博物馆
25	宋拓越州石氏本晋唐小楷			罗氏旧藏,《书苑》第6卷转载
26	北宋拓化度寺碑	1913	博文堂	罗氏篆书题签,并跋。因内有诸多历代名家题跋,故同时另行出版《宋拓化度寺碑来去原委各札》
27	安刻书谱初拓本	1914	博文堂	孙过庭书,安岐刻,罗氏题签并跋
28	陈子文书谱释文	1914	博文堂	罗氏题签。另有罗氏释文与拓本两册合刊的《陈子文书谱释文》(1920)

续表

序号	件名	出版时间（年）	出版社	备注
29	司马使君墓铭	1913	博文堂	罗氏跋称"此志石佚亡久，传世皆重刻本"，原拓仅端方藏本与此本
30	宋拓曹娥碑洛神赋合册	1914	博文堂	罗氏隶书题签，并两跋
31	宋蝉翼拓黄庭经	1914	博文堂	吴云两罍轩旧藏，罗氏跋。后售于山本悌二郎，见《澄怀堂书画目》卷3
32	唐抚宋拓黄庭经	1914	博文堂	罗氏旧藏，有其题签和跋文
33	阳明先生家书	1913	博文堂	罗氏旧藏，并长跋
34	王阳明先生若耶帖墨妙	1913	博文堂	罗氏篆书题词并跋
35	明水拓本鹤铭	1913	博文堂	罗氏旧藏，篆书题签并跋。《墨美》（246号）转载
36	鸿宝四绝	1918	博文堂	为倪文正公诗书画七开。有罗氏隶书"四绝"，并跋
37	明拓张猛龙碑			罗氏旧藏，1916年售出
38	明拓琅琊台刻石			罗氏旧藏，售于中村不折

续表

序号	件名	出版时间（年）	出版社	备注
39	明拓李北海楷书少林寺戒坛铭			罗氏旧藏，售于中村不折
40	明拓集王右军书半截碑	1912	博文堂	罗氏旧藏，并两跋其后
41	文徵明草书千字文	1912	博文堂	罗氏跋
42	董文敏临诸家书册			（受山本竟山所嘱）罗氏题跋
43	饶介书卷			罗氏旧藏，1916年售出
44	明方正学书册			罗氏旧藏，后归植田氏
45	赵魏公书麻姑传	1912	博文堂	罗氏旧藏，楷书题签并跋
46	王履吉正书琴操	1912	博文堂	罗氏旧藏并跋
47	祝枝山行书铁龙帖	1912	博文堂	罗氏旧藏并跋
48	祝枝山正书离骚经	1913	博文堂	罗氏旧藏并跋。后归山本澄怀堂
49	明贤尺牍	1914	博文堂	犬养毅藏，罗氏题签
50	先朝宝翰			罗氏旧藏并跋。售于久野元吉，又转归上野有竹斋

续表

序号	件名	出版时间（年）	出版社	备注
51	平定州修石路记			罗氏旧藏，后归黑川古文化研究所
52	苏东坡尺牍			藤井有邻馆藏，罗氏题跋
53	蔡襄楷书谢赐御书诗表卷			罗氏题签并跋
54	黄庭坚王史二氏墓志铭稿卷			罗氏题跋。端方旧藏，后归林熊光，又转归阿部房次郎，现藏东京国立博物馆
55	张栻行书文语卷			罗氏旧藏，有其"宋大儒张南轩先生墨迹意园旧藏今归雪堂"之题签和长跋
56	康里子山草书诗书卷			罗氏旧藏，有其"元康里文献公书翰卷"题签和题跋

此表所及也只是目前为止所调查掌握的部分与罗振玉有关的书迹、拓本等书学资料，笔者尚未调查到的，尤其是民间秘藏的墨迹法书等恐亦不少。如数年前，大野修作编辑的罗振玉旧藏《文徵明草书诗卷》，就是罗氏于1912年前后售出的，一直为著名百货店高岛屋家族所秘藏。该墨迹为文徵明行草所书自作七言诗四首，字体秀拔，前有罗氏"晋唐遗宝"四大篆书题字，后有其四行跋文，其后还有内藤湖南1912年12月的题跋（大野

修作编《文徵明草书诗卷——清国罗叔言旧藏内藤虎署：长眠民间的名品》，艺术生活社2013年版）。

以上墨迹或碑帖拓本多为难得之精品，有的甚至属孤本。从种类来看，也是丰富多彩，既有历代名人墨迹，又有六朝墓志、熹平石经、古写经等。由此拓宽了书学鉴藏与研究的范围，如《魏崔敬邕墓志》《司马使君墓铭》等至今仍为日本书道界所推崇。日本最为普及的大型书法丛刊《中国法书选》（二玄社1989年初版）收录的《崔敬邕墓志铭》和《司马昞墓志铭》，即是从博文堂影印的罗振玉藏本转印的。

另外，据笔者调查，《书苑》第1卷至第6卷刊载的中国墨宝中，其中也有罗振玉藏品十二件。除克鼎铭（第1卷第3号）、毛公鼎铭（第6卷第3号）、善夫克鼎铭二种（第6卷第5号）等多种铭文拓本之外，还有明文三桥真迹《一城徐公形状》（第6卷第9号、第10号）、明姚云东真迹《诗翰》（第6卷第5号），以及清桂未谷真迹《国朝隶品》（第6卷第6号）等。

这些墨宝，尤其是器皿文字，对书法学者大有裨益，在金石文字导入书法这一新的书学形式兴起阶段，可谓有先导之作用。

结　语

罗振玉是近代学术史上的一位巨人，平生好古，喜爱收集各种文物及资料，所藏宏富。其在敦煌遗书、殷墟甲骨、汉晋简牍、金石铭刻以及典籍等诸多领域的文献收集、研究和刊行方面都留下了丰硕业绩。正如王国维所言："先生独以学术为性命，以此古器、古籍为性命所寄之躯体，视所以寿其躯体者，与常人之视养其口腹无以异。辛亥以后，流寓海外，鬻长物以自给，而殷虚（墟）甲骨与敦煌古简佚书先后印行。国家与群力之所不能为者，竟以一流人之力成之。他所印书籍，亦略称是。旅食八年，印书之费，以巨万计。家无旬月之蓄，而先生安之。自编次、校写、选工、监役，下至装潢之款式，纸墨之料量，诸凌杂烦辱之事，为古学人所不屑为者，而先生亲之。举力之所及，而惟传古之是务。"（王国维：《〈雪堂校刊群书叙录〉序》，收入《论著集》第9集）

而在传古方面，流寓京都的罗振玉对日本书学界影响尤大。前述甲骨文字、敦煌经卷、汉晋简牍等新发现材料的辑录、研究和刊印，首先影响的就是日本书学界。同时罗氏所藏历代法书墨迹的出展、转让、复制等，也对日本的中国书法鉴藏影响深远。罗氏之前，虽有杨守敬携来不少碑版法帖，但多流入私人秘箧，而少有公开（杨守敬所携碑帖拓本多售于三井家，且被秘藏起来，直到"二战"后，西川宁等协助寻找到这批旧拓本，其中一部分由二玄社复制刊出）。首先将宋拓《兰亭序》等碑帖善本带到日本并公开出来的是罗振玉，后来一些在书法史上占有重要地位的碑帖拓本及墨迹，大多也都是通过罗氏之手传入日本的。

寓居京都期间，罗振玉著书立说，竭力传古，在引领时代学术风潮的同时，积极传播和弘扬中国书法文化，通过兰亭会、寿苏会等形式的展览，以及出让、题跋、复制等方式，向日本学界展现大量书学文物或资料，对日本的中国书法鉴藏界产生重大且深远的影响。如果说杨守敬及其所携碑帖拓本开启了近代中日书法交流大门的话，那么真正丰富近代日本书法鉴藏、促进其书学进步的，则是罗振玉及其经手的书法文物及文献。

本文撰写过程中，有关罗振玉著述，笔者主要参考了罗振玉著《罗雪堂先生全集》（初编至七编全一百四十册，文华出版公司及大通书局1968—1976年版）和罗继祖主编《罗振玉学术论著集》（全十六册，上海古籍出版社2013年版）两种文献。为方便起见，引用时统一为后者，即《罗振玉学术论著集》。

［本文部分内容曾于香港浸会大学饶宗颐国学院举办的"国学·国故·国粹"国际学术研讨会（2016年11月4日至5日）上发表，后经修改收入华学诚编《文献语言学》（第四辑）中华书局2017年版］

近现代日本作家与京剧

日本近现代作家中，不乏与京剧有关系者。

早在明治时期，如二叶亭四迷（1864—1909），就是那位以一部《浮云》开日本近代写实小说先河的小说家，在写完《浮云》后，不知是笔力枯竭，还是自动放弃，长时期陷入沉默状态。1902年，他竟流落到哈尔滨，成为当地日本某商社的食客；后经人介绍，辗转到北京，进入旧友川岛浪速执掌的北京警务学堂，当上了学堂提调，总算解决了饭碗问题。他在北京常出入琉璃厂书肆，为日本剧界研究大家坪内逍遥收集戏曲唱本，同时还到茶园剧场，看戏消遣。在写给坪内逍遥的信中，他曾绘制了剧场略图，对京剧舞台加以说明。不过，这位四迷先生似乎不习惯京剧"喧闹的乐曲"以及"眼花缭乱的空翻动作"，终究未能入道。

到了大正时代，随着"大正浪漫"吹起的"中国趣味"之风，不少日本文人也把眼光转向中国，佐藤春夫、谷崎润一郎、芥川龙之介、田山花袋等知名作家纷纷登陆中国，除佐藤春夫外，其他涉足北京者都曾观赏过京剧。

大正初期，在华工作的木下杢太郎（1885—1945）也曾是一个京戏迷。他本是皮肤科医生，同时又在小说、戏剧、诗歌以及佛教美术等研究领域颇为知名。这位集作家、评论家及学者于一身的多面手，曾经对京剧情有独钟。他在1916年奉职于"南满医学堂"，翌年正月初游北京，在访古探胜、猎书赏画的同时，还频频出入剧场，悉心观摩，并撰写《中国剧》一文，刊载于《大阪朝日新闻》，为日本人了解京戏上了一堂"启蒙课"。中国学家神田喜一郎就是看了他的这篇文章后，才决意要看梅兰芳1919年初次访日演出的。

木下杢太郎在旅居北京的日本超级戏迷辻听花的家里，还遇到过京城名角儿吴彩霞、吴少霞及王少芳，并承蒙招待。他不仅吃到美味的烤羊肉，而且欣赏了诸位名角儿的现场表演。当闻知有"日本菊五郎（六世）"之誉的梅兰芳将出场的消息后，他当晚即赶赴骡马市街的第一舞台，观看了梅兰芳主演的《女起解》、王凤卿主演的《战城都》、杨小楼主演的《桃花车》等剧目。

木下杢太郎为《女起解》中扮演苏三的梅兰芳所感动，认为梅氏扮演的柔弱女子形神兼备，尤其是那用手帕掩面而泣的场面，十分传神，内有一种深奥的、不可思议的技巧。用他的话来说，即"那哭泣的瞬间，眼睛里业已充满了微笑"。由此他联想到日本天平时期的一些雕刻佛像（奈良博物馆所藏），而那些佛像给人的感觉是，既像在冥想又像在微笑，两种表情同时并存。他认为，把彼此相当冲突的两种表情同时表现在一张脸上，这在西洋雕刻中很难见到。西方美术雕刻自古希腊直至19世纪，风格均以清澈澄明为主，但其相貌仅有某种单方面之感。即使罗丹的雕像，虽于形态上细致入微，但其相貌整体也只能给人以"动"的感觉。于是，他推想东方佛像这种特殊的相貌亦必有其传承，甚至还试图对这样一种造型艺术进行心理解剖。木下杢太郎由观赏梅氏演出而获得的艺术断想，别具一格。他观剧视角之独特、观察之细腻，远非一般戏迷可比。

除《女起解》之外，木下杢太郎还观看了梅兰芳主演的《黛玉葬花》《牢狱鸳鸯》《一缕麻》等，并亲手绘制了梅兰芳的舞台素描。另外，他还有一首即兴诗《梅伶唱苏三》，笔者试译如下：

> 中国的梅兰芳，
> 好一个漂亮青衣。
> 观其演苏三哭，
> 连我这异域人亦不得不抽泣。
> 北京西珠市口第一舞台，
> 邻座那年轻的好男子，
> 你的哭泣亦合情合理，
> 我同情你。

可以想见，木下杢太郎初到北京看戏，就被梅兰芳的舞台艺术所倾倒。

后来,他曾多次去北京,每有余暇,必出入流连于茶园剧场,有时竟日逐夜地观看,乐此不疲。当时他在京城有名的舞台,如第一舞台、广和楼、广德楼、中和园、三庆园等,都曾留下足迹。具体的观剧与评戏内容详见其《中国南北记》(改造社 1926 年版)等书,笔者在此不赘。

唯美派作家谷崎润一郎(1886—1965),曾两度游华。他在 1918 年初次来华时,在北京前后滞留十日,还在旅京的日本戏迷辻听花、村田孜郎等人的引导下,"每日必逛一两家剧场",一时成了京城戏园子的常客。谷崎润一郎对梅兰芳及其搭档王凤卿的演技,颇为赞赏。当时他曾听辻听花讲,眼下梅兰芳已没有两三年前那么有人气,其容貌也因面颊消瘦而不如以前俊美,嗓音也多少有点不如意,而梅氏的后辈尚小云前途无量,将来会成为与梅氏匹敌的名角儿。可谷崎润一郎在《中国剧观赏记》中认为:

> 我看了尚小云的《孝义节》,但总觉得没有梅兰芳演得那么动人。梅氏不仅嗓音好,而且表情、动作俱佳,也容易为我们这样的外行所理解。

当时尚小云已崭露头角,加上其与辻听花的个人关系——辻氏曾一再宣称尚小云为其义子,辻听花力挺他也在情理之中。而谷崎润一郎朴素的观感，倒证明他自己京戏的鉴赏力并不低。陪同谷崎润一郎看戏的村田孜郎在《中国剧与梅兰芳》中曾回忆写道：

> 一日伴谷崎氏于广德楼看梅戏，曲目为《御碑亭》。梅氏的配角为名优王凤卿。谷崎氏始终仔细观看，戏终后说，"在北京到处看戏，但今天看到了真正称得起戏的演出。梅氏的眉目表情，尤其是嗓音等均十分完美"。对梅兰芳称赞不已。

后来谷崎润一郎又在东京观看了梅兰芳主演的《御碑亭》。尽管梅氏的表演很精彩，但由于少了搭档王凤卿，不免使谷崎润一郎感到多少有点美中不足。

继谷崎润一郎之后，有"鬼才"作家之称的芥川龙之介（1892—1927）作为大阪每日新闻社的特派员，于1921年3月至7月在华考察，事后写下见闻录《中国游记》（改造社1925年）。其中记述：

> 于上海仅有两三次观剧的机会。我成为速成的（中国）戏通，是去北京之后的事。

芥川龙之介在北京待了一个月左右，论收获，最大的莫过于看戏了。在给友人的信中，他写道："我每天穿着中式长袍，到处去听戏。"笔者十余年前，曾在东洋文库查阅过《顺天时报》，并对照了芥川龙之介的日记等文献，可以确认他在北京观赏京剧、昆曲时的足迹，而其出入剧场之频繁、赏戏能力之高，令人叹羡。在北京期间，芥川龙之介曾购买过《戏考》（三十册）等资料，对戏曲研究也表现出浓厚的兴趣。他在京观赏过的戏曲不下四五十出，其中看得最多的是梅兰芳、尚小云、杨小楼、余叔岩、贯大元等诸名家的演出。在时居北京并与梨园界关系密切的波多野乾一的斡旋下，芥川龙之介还曾于瑞记饭店与尚小云、郝寿臣、贯大元三位名优同席欢谈，彼此喜结"风雅之缘"。

芥川龙之介对梅兰芳的演出十分欣赏，《芥川龙之介全集》中曾多次提到梅氏的名字。如在他后期作品《侏儒的话》中有"看《虹霓关》"一节，其中有这样的记述：

> 不是男的猎获女的，而是女的猎获男的——萧伯纳在《人与超人》中将这一事实戏剧化。然而，将其戏剧化的并非始于萧伯纳。我看了梅兰芳的《虹霓关》，才知道中国也早已有注意到这一事实的戏剧家存在。

由此，不禁联想到芥川龙之介在晚年的小说《河童》中那"雌河童追猎雄河童"的故事设定。可以说，在北京的观剧体验，尤其是观看梅兰芳主演的《虹霓关》等剧目，被芥川龙之介有意或是无意地投射到他的创作之中。

1924年，梅兰芳第二次访日演出时，芥川龙之介还出席了《演剧新潮》杂志为梅氏举办的谈话会。席上，芥川龙之介曾问梅兰芳，"您认为中国的旦角中，哪位好呢？"梅兰芳回答："我的弟子中有两人，虽自己觉得好，不过作为我来说不便开口。但如果实事求是地说，我认为这两个弟子不错。另外，尚小云也很好。"尽管当时梅兰芳没有提名，不过他说的两个弟子应该是指程艳秋（此时尚未改名为"砚秋"）和徐碧云。在场的波多野乾一打趣似地问芥川龙之介："芥川君，你认为谁的演出最好？"芥川龙之介当即回答"还是梅氏的"。结果引起哄堂大笑。

另外，值得一提的是，芥川龙之介在北京还曾与胡适讨论过戏园改良问题，并提出四点具体建议："（一）背景宜用素色，不可用红绿色缎。（二）地毯也宜用素色。（三）乐工应坐幕中。（四）台上助手应穿一律素色的衣服，不可乱跑"以及"旧戏不必布景"等。芥川龙之介提出的这些改良意见，不失为远见卓识，日后京戏舞台的发展进程竟与他的期待基本一致。

或许为芥川龙之介等人对京剧的热心所感动，那位京城的超级戏迷兼剧评家辻听花，专门撰写了一篇长文《中国剧与日本人》，其中写道：

自去年以来，日人来华观其演剧者，遽然增加。迄乎最近，此事益盛。各剧园中，必有二三日人之足迹，甚至有五六人或七八人，联袂入座，细心观剧，以悦心目，且稍为研究。而文学家、绘画家入场观剧，关于优伶所着之衣饰及脸谱，欲仔细研究者，亦往往有之。又观剧之际，有画其景况以资研究者。日人对于华剧之态度，渐次浓厚，且乐为研究，非昔日之比可知也。

该文中虽未指名道姓，但不难看出其中有作家芥川龙之介、木下杢太郎、地质学者兼画家福地信世等人的影子，尤其从文章撰写于1921年6月底这一时间来看，芥川龙之介的影子最为浓厚。因为当时正是他在京盘桓剧场、醉心京剧的时期。

与京剧有关的近现代日本作家，还有田山花袋（1871—1930）和村松梢风（1889—1961）等人。田山花袋于1907年发表小说《棉被》，决定了日本自然主义文学的发展方向。他在1923年经朝鲜半岛入华，巡游中国东北后抵北京，于扶桑馆住了数日，然后去长城游览。在京短短的几日，他曾接待过周作人的来访，还观看过梅兰芳的演出。这位日本文坛大家对梅兰芳的演剧表示欣赏，认为其演艺"非常柔和可取"。

村松梢风是与中国关系密切的日本作家，也是曾经给上海打上"魔都"烙印的主要人物。他的活动地点主要在中国南方。1925年，沪上名伶绿牡丹（黄玉麟）率团赴日的公演，就是由村松梢风出面斡旋组织并陪同其一行出国赴日的。绿牡丹一行在日公演获得好评，成为继梅兰芳两次公演之后的又一次成功之举。村松梢风也因此备受关注，并多次被邀请做有关京剧的讲演。

京剧作为中国传统戏曲之代表，不仅为国人所喜爱，也受到日本人士的青睐。上述日本作家与中国京剧的结缘，也从一个侧面展示了京剧在中外文化交流史上的位置。

（原载《日本新华侨报》2009年3月18日和28日，此次收录前稍做修改）

旧北京的日本戏迷

民国初期,在旅居北京的日本人圈子里,私下流传着某某"博士"的称谓。例如,古钱"博士"(胜山东方)、戏曲"博士"(辻听花)、城墙"博士"(中野江汉)、书画古董"博士"(林新支那),等等。当然,这种称谓并非指真正取得博士学位者,而是一种绰号,暗指对当时中国某一领域或某方面较为精通的人。换个说法,近乎"土专家"。

在这些"博士"中,作为戏曲"博士"的辻听花,知名度最高。他的大名,不仅在日本家喻户晓,而且在当时整个京城梨园界,亦几近无人不知。作家芥川龙之介曾在其《中国游记》中记述:

> 先生是戏通中的戏通,即使中国的名伶,也有不少拜先生为父者。扬州的盐务官高洲太吉氏,自称外国人于扬州做官者,前有马可·波罗,后有高洲太吉,气焰煞是嚣张。然而,外国人中在北京能称得起戏通的,无论前后,也只有听花散人一人而已。

曾醉心于中国戏曲,且自称是"速成的戏通"的芥川龙之介,把辻听花看作是这种"前无古人,后无来者"的真正的中国戏通,恐怕不全是夸张。

辻听花(1868—1931),原名辻武雄,号剑堂。"听花"是其赴北京后写剧评等文章时的笔名,又称"听花散人"。据称,因其嗜戏如命,故取"听戏"的"听"和"花旦"的"花"字为名。他的家乡在日本熊本县,一个曾经"大陆浪人"辈出的地方。他年少时曾受过系统的汉学教育,后就学于福泽谕吉的庆应义塾,和、汉、洋学知识兼而有之。毕业后,进入开发社,主要从事《教育时论》杂志的编辑工作,后成为该社副社长兼《教育时论》编辑主任。早在1898年9月,他就曾短期赴华考察教育,巡游北京、天津、上海、苏州、杭州等城市,并于京、津两地首次观看了戏曲。1905年春,日俄战争硝烟未泯,他再次赴华,于上海协助罗振玉编辑《教育报》,之后转赴江南,先后担任江苏师范学堂、江南实业学堂的教习,辛亥革命后一度回国。其间,他养成了看戏的习惯,曾欣赏过不少地方戏,而且还尝试着写过一出《兰花记》短剧。

不过,他真正成为一个地道的戏迷,是在民国元年的1912年踏上北京的土地之后。当时,他刚经历了丧妻之痛,把幼小的孩子托付给健在的父母,孑然一身抵达北京,进入日本人主办的《顺天时报》担任记者。当时的北京,堪称中国戏曲文化的中心,科班、戏园众多,高手名角云集,加之旧宫廷赏戏的影响,民间嗜戏的气氛也十分浓厚。

落脚北京后,辻听花看戏的嗜好越发不可收拾。对他来说,听戏已成为生活中不可缺少的一部分。无论酷夏寒冬,也不管刮风下雨,京城有名的茶园剧场,总少不了他的身影。而且,凭借记者身份及对戏曲的狂爱,他还与包括众多名伶在内的京城梨园界建立了密切关系,甚至有呼风唤雨之势。据资料显示,他当时位于西城东拴马桩的寓所门前,一度车水马龙,经常有中日两国人士出入,有些名角也随叫随到。当时游北京看戏的日本人,大多都受过他的关照,其中一些人在他的寓所欣赏过名角的现场表演。

辻听花除了为《顺天时报》撰写社会报道及杂论外,还经常写一些剧评和应酬诗文,尤其是他主持的"壁上偶评"等戏曲栏目及呼吁演剧改良的文章,在社会上反响强烈。他本人也成为当时京城剧评界执牛耳的人物。他还仿照日本相扑力士排名次的做法,给名伶排出等级表。如早在1913年年末,他在《顺天时报》上,假借"正桌燕菜全席"之名,开列出名优等级单。

四鲜	梅兰芳	贾璧云	王惠芳	九阵风
四干	田桂凤	杨小朵	余玉琴	胡素山
八冷荤	余小琴	杨韵芳	贾洪林	田雨农
	谢宝云	张宝昆	陈文启	姚佩秋

果羹	杨小楼
燕菜	谭鑫培
红烧翅子	刘鸿升

另外,他还私撰过"中国梨园榜"等,对京沪名伶分等排序。当然,如此大胆地开单分等,不免失之偏颇。不过,这种不无调侃性质的做法,倒也迎合了一般读者的趣味。

辻听花评戏,有刻意调侃的一面。不过,对于演员及其表演,他也的确有很高的赏识能力,甚至说有一双慧眼。他曾力挺尚未成年的尚小云,认为其"前途无量,将来会成为与梅兰芳匹敌的名角"。另外,当声名显赫的孙菊仙由沪返京时,他不顾虚弱的病体,连日造访孙氏的寓所,并欲竭力促成其与谭鑫培联袂演出,一时传为梨园佳话。他当时在梨园及戏曲评论界的影响力也由此可窥见一斑。

1919年4月,梅兰芳首次访日演出,而陪同其来日的村田孜郎不失时机,赶在梅氏一行公演之前,出版了《中国剧与梅兰芳》一书。在给该书所写的序言中,辻听花盛赞梅兰芳为"中国戏曲界的凤毛麟角",而且"资性聪颖,姿态婀娜,家学深厚",其"歌舞及悲喜剧均能使全场的男女观众倾倒,绝非偶然"。另外,他还特地编制了《梅兰芳上演曲本梗概》,1919年5月由日本帝国剧场发行。

在听戏、评戏的同时，辻听花还不忘钻研戏曲理论与知识，撰写戏曲专著。1920年4月，顺天时报社出版了他的《中国剧》（中文版）一书，内容包括：戏曲发展史，戏剧之种类、戏曲角色、服饰等特色及脚本，优伶，剧场，演出情况，剧评及梨园逸闻掌故等。书中另附"戏目类别一览表""近世名伶一览表""南北都会剧场表"以及已故或当时"名伶拿手戏目"等。而且，更值得一提的是，书里有熊希龄、章炳麟、陈宝琛、严修、易顺鼎、姚茫父、曹汝霖、梁士诒、廉泉、穆辰公、欧阳予倩及坪内逍遥、宗方小太郎、有贺长雄等五十余位中日人士的序言或题跋，充溢着对其人其著的赞誉及推奖之词。

当然，以今人之眼光看，该书内容有些庞杂，史料及论述亦不免有粗浅或失误之处，但它采用了新的戏曲史记述方式，大体勾勒出中国戏曲的发展及演变轮廓，同时记载了作者基于反复观察体验后所得的剧界状况，在当时不失为一部理论兼及实践的全新戏曲史著。另外，他的记述，反而成了今天研究清末民初戏曲实状难得的史料。可以说，它是出自日本人之手的第一部较系统的中国戏曲史著，其先驱性地位与意义不应被忽视。实际上，后来波多野乾一等人撰述中国戏曲专著时，也都明显借鉴过听花散人的这部著作。

该书问世仅一个星期即加印，一个半月内竟加印了五次，一时成了"抢手货"。后经改订，易名为《中国戏曲》，于1925年11月推出，一年内又加印两次，其受欢迎之程度可想而知。当然，该书的出版，更加提高了辻听花作为戏迷兼戏曲专家的知名度，甚至于当时的梨园界有句话叫"不知民国大总统为何人，却无不知有听花散人者"。该书的日文版于1923年年底问世，由中野江汉主持的中国风物研究会推出。本来作者还打算出版英文版，但愿望未果。

《中国剧》封面（左）与辻听花自题《中国戏曲》封面（右）

自《中国剧》出版之后，直到20世纪20年代末，可以说是辻听花最为得意的时期。不仅有更多的京城名优聚集到他的周围，而且登门请教或者求其陪同观剧的日本人更是络绎不绝。作家芥川龙之介、木下杢太郎、中国剧研究领域当时的"后起之秀"青木正儿等，在北京观剧时，都曾得到过辻听花的引导或指点。或许是为芥川龙之介等人的热心所感动，辻听花还专门撰写了题为《中国剧与日本人》的长文，连载于《顺天时报》"歌舞场"专栏，介绍当时来华日本人观剧的情况。

在《顺天时报》上，辻听花还相继开设了"梨云录""秋庐杂缀""东栏雪""缥蒂花"等戏曲栏目，发表了众多的剧评文章，在评论界发挥着广泛而强烈的影响。据说，《顺天时报》曾最早发起的"六大名旦"以及"五大名伶新剧选"等公众投票活动，均由辻听花策划和参与。由此可见，他当时俨然成了京城的"梨园大拿"或伶界的"二大爷"。1927年夏季发起的"五大名伶新剧选"活动，可以说也是后来得以固化的"四大名旦"一词之肇始。该活动列出梅（兰芳）、程（艳秋）、荀（慧生）、尚（小云）、徐（碧云）五大名旦，让读者以投票方式选出各名伶代表剧目。后因五人中徐碧云退出，"四大名旦"一词遂成定说。

不过，20世纪20年代末，随着近代反日浪潮进一步高涨，尤其是在1928年国民革命军进入北京，结束了《顺天时报》在京城的新闻垄断局面，各界人士也纷纷加入抵制该报的活动，使其销量骤减并于1930年3月自动停刊。

就在《顺天时报》停刊的第二年，即1931年8月18日，辻听花于北京西城半壁街的一间阴暗的房屋内，静静地离开了人世。据说他死后，在京的日本人居留民会只是照例送去一口粗糙的白色棺木，而尚小云、梅兰芳、马连良等梨园界人士却捐赠了一口上等的中国式棺木。这也许是对这位老戏迷的最好的一种悼念。

（原载《博览群书》2009年第8期）

坂东玉三郎与梅兰芳的因缘

日本歌舞伎大师坂东玉三郎荣获日本2009年度的菊池宽奖。颁奖理由是"其不仅于传统歌舞伎领域成绩卓著,而且在近代剧、影像、中国昆曲等领域十分活跃"。尤其在弘扬昆曲艺术方面,其不懈的努力受到世人肯定。

坂东玉三郎年近花甲时多次出入"昆曲之乡"的苏州,拜昆曲名家张继青等为师,以惊人的毅力勤学苦练,最终克服语言障碍,用近乎地道的苏州话,与苏州昆剧院合作,将古典名剧《牡丹亭》搬上了舞台,先后于苏州、北京、东京、京都等地公演,盛况空前。其后制作的《牡丹亭》高清晰影像,自2009年5月以来,在日本各地巡回上映,使更多的日本民众有机会欣赏到号称"百剧之王"的昆曲。坂东玉三郎扮演的杜丽娘,极富东方女性的神韵,几乎把观众带入亦梦亦幻的世界。可以说,由坂东玉三郎领衔打造的国际版《牡丹亭》的问世,不仅使中国人重新认识和思考昆曲的价值,同时也在日本掀起了一股不小的昆曲热。笔者不禁思忖:对于这样一位弘扬中华传统艺术的国际大师,我们国家为何不授予他一项大奖呢?

坂东玉三郎主演《牡丹亭》的海报

作为一名外国演剧家，坂东玉三郎为何钟情于昆曲，并致力于其演出和传播呢？他本人曾坦言，这是源于对梅兰芳的崇拜。他通过欣赏梅兰芳的《游园惊梦》等剧目，得知这位名旦曾受到昆曲的影响，于是下决心挑战昆曲。说起坂东玉三郎与梅兰芳的因缘，这还得从其祖父辈谈起。坂东玉三郎的祖父是著名歌舞伎演员守田勘弥（通称十三世，1885—1932）。

顺便提一下，在传统的日本歌舞伎界，一直延续着"袭名制"，即继承师傅艺名的传统。但这种袭名制，并不见得非有血缘关系不可。外人通过努力，获得师傅认可，亦可继承其艺名。"守田勘弥"这个艺名，传到十四世后，便暂无人承袭，而"坂东玉三郎"也是守田家族中的艺名之一。

梅兰芳在1919年首次访日时，结识了守田勘弥等歌舞伎名优，并与他在帝国剧场同台献艺。1924年，梅兰芳再度访日，两人又同台演出，并通过相互交流和观摩，彼此留下了美好印象。梅兰芳两度访日演出，不仅成为京剧走向世界的破天荒之举，而且开启了中日演剧界交流的大门。

在梅兰芳的影响下，1924年，歌舞伎名优市川左团次来华交流，1925年沪上名优绿牡丹（黄玉麟）率团访日演出。1926年，北京坤伶十三旦一行与沪上小杨月楼剧团相继访日公演，同年，守田勘弥与村田嘉久子率大型歌舞伎团访华演出。

守田勘弥一行抵京之前，曾派剧团组织者先期来京与梅兰芳接洽，并两度呈交邀他赴日演出的大仓财阀主兼帝国剧场总经理大仓喜八郎的介绍信，冀望能与梅兰芳在京同台演出。梅兰芳获知旧友守田勘弥等将来京的消息后，毅然决定推迟赴外地公演的时日，欣然应诺同台献艺以示赞助。起初日方组织者建议营业收入按对半或四六分成，但梅兰芳坚决不肯，认为这样的话，对有五十来号人的日方剧团来说，恐不敷开支，自己只是尽赞助义务，分文不取。最后双方议定除营业收入的两成半用于剧场开支外，其余悉归日方剧团。对此，日方演职员无不感激称赞。

守田勘弥一行于朝鲜半岛及我国东北地区巡演之后，

于当年 8 月 20 日晚 7 点半抵达北京东站。梅兰芳携夫人及尚小云等梨园界同人数十人，专程至车站迎接，并以鲜花相赠。梅夫人还接村田嘉久子等女优到家中用夜餐。次日下午 4 点，梅兰芳为欢迎守田一行，借大方家胡同李释戡宅举办茶话会，与会者多达二百余人。当晚梅兰芳与守田勘弥等在开明戏院联袂出演，一连合作三天。为了烘托日方的表演气氛，确保合演取得更高的效益，梅兰芳一方面动员挚友及各路人马前往观看，另一方面亲自精选三出戏助阵：第一晚与王凤卿、刘景然演《战蒲关》，第二晚与朱桂芳合作《金山寺》，第三晚与老旦泰斗龚云甫合演《六月雪》。守田等上演了《镰仓三代记》《连狮子》（第一晚）、《大藏卿》《道成寺》（第二晚）和《宫岛默斗》《六歌仙》（第三晚）等剧目。日方每次演出前，梅兰芳及其挚友等都赠送花篮，陈列在台前。首演之后，梅兰芳等在中央公园水榭举行茶话会，慰问日方演职员，还将二十把绘有各种花卉的折扇分赠给守田等人。最后一日，"梅党"骨干冯耿光等特地在北京饭店设午宴，招待守田一行，并庆贺其演出成功。接着守田一行为表谢意，于当日下午 4 点在中央公园来今雨轩开茶话会，回请梅兰芳及中日有关人员，守田在致辞中一再感谢梅氏的深情厚谊。

因当时日本歌舞伎来北京演出尚属首次，加上该团在朝鲜半岛及我国东北地区的巡演收入并不理想，故演出前日方组织者及演职人员均担心能否演出成功。没想到在梅兰芳的慷慨助演及多方关照下，演出场场爆满，取得惊人的成功，三天的票房收入达万余元。日方感激之至，离京前从中拿出五百元，托梅兰芳转赠慈善团体。同时还以守田勘弥等人的名义，借《顺天时报》连续两天（8月25日和26日）刊载申谢启事。在守田勘弥等人离京前，梅兰芳特让夫人福芝芳带裁缝为客人量体裁衣，给每人彻夜赶制出一套中国服装相赠。临行时，梅兰芳又携京城梨园界人士前往车站送行。当他看到客人身着中国服装，兴高采烈地离京而去时，也深感宽慰。这些东瀛来客直到返回东京时，还穿着中式衣服，着实让前来迎接的日本人惊呆了。事后，梅兰芳又以谦恭的态度，致函帝国剧场总经理大仓男爵和山本专务，通报接待情况。

守田一行回国后，逢人便讲梅兰芳如何关照他们，如何慷慨助演等，使日本人再次领略了这位国际艺术大师的风范。

1930年冬，梅兰芳在访美途中路经日本，当他到达东京车站时，看到守田勘弥等人也效仿自己当年的做法，手持鲜花前来迎接。在东京，两人得以重温旧谊。后来，由于人人皆知的原因，中日间的艺术交流被迫中断。直到1956年，梅兰芳第三次踏入日本。可惜的是，守田勘弥这位老友早已离开人世。梅兰芳只见到他的养子——十四世守田勘弥，即当今坂东玉三郎的养父。

或许，正是因为其祖父与梅兰芳有这样一种不同寻常的因缘，坂东玉三郎才立志要成为梅兰芳式的艺术大家，为中日艺术交流做出贡献。

（原载《北京青年报·历史纵横》2010年1月11日）

观《梅兰芳》，话"梅"中不足

星期天傍晚，笔者偶知《梅兰芳》在影院上映，于是放下手中在看的书，匆忙赶赴新宿的影院。还好，赶上当日晚7点开演的最后一场。只是拥有近三百张席位的影视厅，仅坐了几十个人，显得冷冷清清。

实事求是地讲，我很佩服陈凯歌导演的勇气，真的把活生生的一代艺术大师搬上银幕。这可不是拍虚构的《霸王别姬》，有道是"画鬼容易画人难"！

在看《梅兰芳》之前，我早已从无数史料中"认识"了这位现实中的绝代名伶，尤其对他与日本的关系更为熟知。笔者写的《旧北京的日本戏迷》等稿子，也都与他有关。说实话，内心里，我不敢对电影《梅兰芳》抱太多的期待。

不过，观看影片时，还是有不少令我感动的场面。陈导演不愧是大手笔，删繁就简，把梅氏的一生裁成四段，分别截取其中最闪光的故事，组合成一部辉煌的人物传记。按时间顺序，梅兰芳的四大故事依次为：与十三燕打擂、与孟小冬的恋情、出洋访美与反抗日军侵华。显而易见，这些都是梅兰芳一生中的亮点，通过影片再现出来也值得称道。

总的来说，影片前半部分有分量，有看头，尤其是开头梅兰芳与十三燕打擂的一节最为精彩。余少群扮演的少年梅兰芳、王学圻扮演的十三燕都很到位。他们的台词、动作惟妙惟肖，感人至深。而且，画面上那老北京的茶园剧场、梨园界实况等也都活灵活现，给人以难忘的印象。

影片中有些台词也触及人心。譬如，十三燕说的"输不丢人，怕才丢人"；福芝芳对孟小冬直言的"他（梅兰芳）不是你的，也不是我的，他是座儿的"。我想，陈凯歌在执导这部影片时，时时刻刻都会有这样一种压力，即能否把梅兰芳塑造成"座儿"们认同的角色。

老实说，影片后半部分，显得拉杂。梅、福婚后，故事平铺直叙，缺乏张力，节奏有些欠佳。尤其像梅、孟之恋，本是人们熟知的故事，但影片只是稍勾起人们的悲悯而已，最终未能给人以更深的感动。邱如白与福芝芳的反目也显得唐突。按理说，梅兰芳的魅力在于他的演技，是舞台上所谓"一笑万古春，一啼万古愁"者。当年，其绝妙的扮相和凄婉的唱腔不知倾倒过多少人。可影片中，对梅氏的拿手戏片段再现不足，这一点令人不无遗憾。

日本侵华期间，梅兰芳蓄须明志、舍身反抗的故事，曾感动过无数爱国人士，甚至连日本人也不乏对此肃然起敬者。影片花在这一部分的时间较多，也有一定的感染力，但笔者仍觉得力度还远远不够。尤其是黎明扮演的梅氏多少缺乏些灵气和深度，倒是配角如邱如山等，形象显得更加真实。

影片播出前，报刊对黎明多有报道，赞誉之词不绝。但笔者看完影片，平心而论，恐怕黎明饰演的成年梅兰芳难以令人认同。这不是说黎明的演技不好，而是由于人物形象相差悬殊。现实中的成年梅兰芳不但英俊，有灵气，而且气度非凡；黎明已到雍容富态之年，且神情有些木讷，让他出演，也真是勉为其难了。

走出影院，重新回到嘈杂的大街，笔者心里又想：在当时的审查情境之下，还面对着梅家后人，陈凯歌能把《梅兰芳》拍到这种程度，已经不容易了。只是笔者心里仍有一个很大的遗憾，即梅兰芳三次访日及其为中日文化交流做出的巨大贡献，在影片中几乎毫无涉及。在近现代中日文化交流史上，可以说，没有比梅兰芳影响更大的艺术家了。可在《梅兰芳》一片中，却找不到这样的影子。

梅兰芳这一生，可真是与日本有切不断的因缘。首先，帮助他成名并走向辉煌的智囊团，即人们所说的"梅党"，其主要成员中如冯耿光（影片中的冯六爷）、李释戡、许伯明、吴震修、舒石父、陈师曾等，均为近代留日归国的秀才，其中冯、李、许三人号称"梅党三巨头"。尤其是毕业于日本陆军士官学校的冯耿光，曾长期担任中国银行总裁，一生协助梅兰芳，不仅是其最要好的朋友，而且还是其财政后盾。梅兰芳身后的这些清末"留日族"，每个人都有说不完的故事。

其次，梅兰芳首次走出国门，踏入的国家就是日本。在1919年4月至5月，应日本财阀同时兼帝国剧场总裁大仓喜八郎的邀请，梅兰芳在东京、大阪、神户等地公演，引起轰动，成为中国京剧走向世界的标志性事件。同时，通过观摩"能"及歌舞伎的演出，梅兰芳在艺术上获得诸多灵感，为日后改革京剧及其舞台，起到了参考作用。京剧爱好者村田孜郎为梅兰芳的此次访日编刊了《中国剧与梅兰芳》（1919）一书。不仅如此，以京都帝国大学为主阵地的关西学者还特地撰写并出版了《品梅记》，把梅兰芳和中国京剧推向日本学界和研究殿堂。

当闻知1923年9月的关东大地震灾情后，梅兰芳联合在京的同好，举办多场义演，将约合一万日元的收益全部捐给日本红十字会。1924年，为协助帝国剧场修复后的公演，同时为大仓男爵祝贺八十八岁寿辰，梅兰芳再次率团赴日演出，于各地受到空前欢迎。日本有关方面还为他灌制了唱片，拍摄了演剧片段。

梅兰芳两次赴日公演均获得巨大成功，不仅将京剧艺术传播到日本，而且开启了中日艺术交流的大门。在他的影响下，1924年，歌舞伎名优市川左团次赴华考察交流；1925年，沪上名优绿牡丹（黄玉麟）率团访日公演。1926年，守田勘弥和村田嘉久子率歌舞伎团访华演出，梅兰芳不仅热情招待，而且登台助演，不取分文，使日方演职员感动不已。

1956年,应朝日新闻社之邀,梅兰芳第三次赴日公演,为封冻多年的中日文化交流重新开启了大门,而且事后还撰写了访日观感,在报上连载,并辑录成《东游记》一书出版。这本书当时在日本也很快出版了冈崎俊夫的日译本。

梅兰芳著《东游记》日文版封面(左)与扉页(右)

梅兰芳与日本友人平等交往,在国难当头时,又不失民族气节,表现出铮铮铁骨,其高尚人格也赢得了日本人士的尊敬。这从其第三次访日时所到之处受到的欢迎程度即可窥知。

关于梅兰芳与日本,话题还有很多,笔者暂且打住。在一定意义上,不妨说,一个"日本"成全了他,由于多次相邀,给了他弘扬祖国艺术文化、切磋技艺及磨砺自己的机会或空间；另一个"日本"却害了他，迫使他蓄须明志，远离舞台多年。但现实中的日本只有一个。

2009年3月8日观看电影，翌日草就

传播京剧知识的海外先驱

在《梅飞色舞》(凤凰出版社2009年版)中,陈凯歌导演曾讲道:

> 在我开始做电影《梅兰芳》之前,我看到一本书,非常吃惊。1925年出版的,竖版的,很厚,叫《京剧二百年》,作者居然是个日本人,叫波多野乾一。我反复看书的序言,我以为是中国人写的书,然后波多野乾一给他写个序言,后来发现完全不是,是日本人写的。他对于当时所有的名角的出身、来历、成就、结局都做了一番描述,不得了。

这本让陈导演"吃惊"的书,准确地说,名叫《京剧二百年历史》,由鹿原学人编译,1926年9月初版发行。日文原著《中国剧及其名优》出版于1925年3月,是波多野乾一撰写的第二部中国戏曲著作。因我书架上早就购藏有波多野乾一的这类日文原著,故对此较为熟悉。

毫不夸张地说,无论是谈及日本人与京剧,还是聊起梅兰芳访日,都绕不开波多野乾一(1890—1963)这个人。再往大处讲，研究民国后的近代中日关系，他也是一个不容忽视的人。

关于波多野乾一其人，梅兰芳的介绍尤其值得参考：

> 波多野乾一先生是老北京，说得一口流利的北京话。我第一二次到日本，都出力帮过忙，他现在《产经新闻》撰写有关中国方面的社论。
>
> 这位老先生是中国戏迷，而且是行家。他听过许多北京名演员的好戏，像杨小楼、龚云甫、郝寿臣几位老先生的表演，至今他谈起来还是眉飞色舞，津津乐道的。

这是梅兰芳1956年第三次访日公演后所著《东游记》中的文字。梅氏一行抵达东京的第二天上午，时年六十七岁的波多野乾一即亲自造访他们下榻的帝国饭店，看望梅兰芳。当时，他说曾读了梅氏的《舞台生活四十年》，并问第三集什么时候能出版，最后还把自著《中国剧大观》送给梅兰芳，以示纪念。

波多野乾一，又名榛原茂树，1912年毕业于东亚同文书院（上海），专业为政治。基于此，加上他汉语流利，毕业后第二年被大阪朝日新闻社录用。1915年，他作为《大阪每日新闻》特派员进驻北京，一年后被召回日本。1920年他重返北京，直到1929年。其间，波多野乾一曾主编过《北京新闻》，担任过《时事新报》北京特派员等职，是相当活跃的新闻界人物。他回到日本后，一度被日本外务省特别聘用，后长期供职于《产经新闻》，担任论说委员等。波多野乾一一生著述丰富，仅其著、译过的书就不下二三十部。另外，他兴趣广泛，尤以酷爱京剧和麻将而知名。日本麻将规则的确立和普及与他密不可分。

早在1915年赴任北京时，在新闻界同行、彼时有戏曲"博士"之称的超级戏迷辻听花的影响下，波多野乾一就频频出入茶园剧场，观看了众多京城名角儿的演出。自1920年起，长达九年的北京驻留生活，使他真正成为一个地道的戏迷和戏曲研究者。在当时游华的日本人所留下的游记等资料里，常有他陪伴看戏的记录。例如，在芥川龙之介的《中国游记》中，有一篇题为《蝴蝶梦》的短文，记述作者与波多野乾一及辻听花一起看昆曲《蝴蝶梦》时的情景。作者以"左手边为辻听花，右手边为波多野乾一"的这种座次感到无比自豪，认为"即使不拿那两帙《缀白裘》，今天也具备了半个戏通的资格"。另外，芥川龙之介在1921年6月中旬至7月上旬滞留北京期间，经波多野乾一斡旋，还曾于瑞记饭店与尚小云、郝寿臣、贯大元三位名优同席畅谈，彼此喜结"风雅之缘"。当时波多野乾一与京城梨园界关系之密切，由此亦可窥知一二。

他与梅兰芳的关系更不一般。梅氏所述"第一二次到日本"时，波多野乾一"都出力帮过忙"，这的确是事实。1919年，梅兰芳首次迈出国门访日演出。邀其赴日的，当然主要是财阀大仓喜八郎，不过背后也有龙居赖三、福地信世、波多野乾一等人的助力，其赴日前后又蒙波多野乾一于报纸上宣传造势。1924年，梅兰芳再度访日时，则由波多野乾一亲自陪同。为便于日本观众理解京剧和梅氏一行的演出剧目，波多野乾一还与福地信世一起，特意编制了《中国剧解说及其梗概》（帝国剧场发行）、《梅兰芳一行中国剧解说及其梗概》（《宝冢画报》特辑）等。在《演剧新潮》为梅兰芳举办的谈话会上，波多野乾一多次为梅兰芳的谈话及其艺术做补充，而且提到梅氏化妆所用的胭脂膏为日本所制，名字叫"都花白粉"。结果这引起在座的久米正雄等剧作家的担心。因为该制品可能含铅，日本曾有个别演员疑铅中毒而死。在当时中国的梨园界尚不清楚铅毒一说，梅兰芳使用该制品好像也有七八年历史，听后不免吃惊地说："自己以前没有听说过，如果'都花白粉'铅毒很厉害，我就停止使用。"对梅兰芳来说，波多野乾一无意中提起的这一话题，倒成为一条有益于健康的重要信息，而在当时的中国演员中，是否有因使用日本这一化妆品而铅中毒者，至今也是个谜。

另外，在《中国剧大观》一书中，波多野乾一曾坦言，他所喜欢的中国名优"老生是贾洪林、郭宝臣，旦角是梅兰芳、王瑶卿、龚云甫，小生是朱素云，武生是杨小楼，净角是郝寿臣"。可见，他对梅兰芳是非常推崇的。

波多野乾一不仅是梅兰芳所说的喜欢或欣赏京剧的"老戏迷",还是一位研究有素的学者,同时在传播京剧知识方面,也是一位功绩卓著的先驱者。早在1922年7月,波多野乾一就出版了厚达五百一十二页的《中国剧五百番》,辑录历史上较有名的剧目约五百出,简述其梗概及出处,并对京剧的舞台、角色、歌调、观赏、参考书等做了概述和介绍,为日本人欣赏京剧提供重要参考。在述及众多的以京剧为主的戏曲剧目梗概方面,这是最早的一部日文指南书。该书于1927年出版增订版,扩充为七百零六页,收录剧目达六百出,并增加"梅党"主要成员齐如山调查拟定的《剧名一览》等。后来,波多野乾一根据该书改写的《中国剧大观》于1940年10月出版,不到一年就加印四次,1943年改订后,又多次加印。笔者手头有一部1944年4月的所谓"第六版"。由此可知,当时该书是如何之畅销。

继《中国剧五百番》(1922年初版)之后,波多野乾一推出了那部令陈凯歌导演为之感叹的《中国剧及其名优》(1925年由新作社发行,中文译名为《京剧二百年历史》)。该书在概述皮黄纪元、京剧创成及四大徽班的基础上,按照老生、小生、武生、青衣、花旦、老旦、武旦、正净、副净、武净、丑之分类,对其中诸多优伶生平、事迹、艺术特征及传承门派等详加介绍或叙述。目次前还附杨小楼、余叔岩、金少梅的名片,中国剧乐器、各种舞台发型，以及马连良、郝寿臣、刘鸿升、杨小楼、谭鑫培、梅兰芳、尚小云等近二十位名角的剧照，其中以梅兰芳剧照为多。《中国剧及其名优》是一部较为完整的演剧史著作，对了解和研究京剧发展史具有重要参考价值。

波多野乾一在自序（引自中文版，标点为笔者所加）中称：

> 本书为余关于中国剧中第二之述作。现代流行于中国之戏，所谓由京剧创成时代，至于今约二百年间，几多名伶先后继起，名重一时，余则分门别类记其事迹。所取材料，以中国人断片的著述记录，及辻、井上、村田、黑根四氏之国文著书为主。对于诸前辈表相当敬意。又以余久住北京之关系，复将一己见闻阅历所得者参加其内，惟书中于坤伶各节，语焉不详，抱憾良多，此则不能不请读者谅解也。

以笔者管见所及，波多野乾一参考的日文著作应该是辻听花《中国剧》（日文版，1924年），井上红梅《中国风俗》（1921），村田孜郎《中国剧与梅兰芳》（1919）以及黑根祥作《现代中国剧》（1919）、《中国剧精通》（1921）等；虽然没有说明参考的中文著述，但不少资料应取自《鞠部丛刊》（1918）等。不过，从书中对百余年间曾经活跃过的或当时走红的诸多优伶分门别类地进行概观、论评或介绍这一点来看,不仅在上述日文著作中无出其右者,而且在同时代的中国著述中,《中国剧及其名优》也属出类拔萃之作。当然,该书在取材及记述方面,存在因缺乏严密考订而导致的以讹传讹现象,不过不能因此而忽视全书的价值。仅就其中的参考材料而言,也不能不佩服作者在整理、归纳、取舍及叙述等方面的功绩。何况书中还有一些来自作者自身的第一手材料。譬如,在第四章"青衣"门类中,作者特设"剧坛明星梅兰芳"一节,用十二页的篇幅对梅氏做了尤为详细的介绍和评述。其中有"兰芳为人,温婉而谦和,每与人接谈,则两颊潮红。一经化妆而出现于舞台时,则有使人不辨其为'雌雄'者。日本小幡公使,曾因我国方面招待,观梅兰芳演剧,归而叹曰:美哉女伶也。留此一笑柄"。

该书与前述的《中国剧五百番》及其改订版《中国剧大观》一起,为中国京剧艺术与知识在日本的传播普及,同时促进日本人对京剧的鉴赏及研究,发挥了巨大作用。称波多野乾一为日本传播京剧知识的先驱,应是理所当然。

《中国剧及其名优》出版后不久,即被鹿原学人编译成中文,改名为《京剧二百年历史》。尽管没有得到原作者的授权,但编译者却对原文,尤其是坤伶部分做了不少增补,且在书后增设《剧话》《菊部拾遗》《京班规则》和《后台术语注解》作为附录。有意思的是,这部多少有点"山寨版"之嫌的中文书,在 1926 年(民国十五年)9 月初版发行后,仅过一个月即加印,说明它在中国也赢得了众多读者的欢迎和喜爱。

据波多野乾一《中国剧及其名优》编译而成的《京剧二百年历史》

电影《梅兰芳》播出后有评论者称,影片中为保护梅氏而自杀的日本军官田中隆一,其原型"多少有些日本戏剧学家波多野乾一的影子"。实际上并不存在这样的人物,这固然是误解所致。对此,旅人学者靳飞先生也曾予以否认。不过,根据本文引用的陈凯歌导演的话,又不能不令人猜测:在拍摄这部影片过程中,陈凯歌本人的脑海中会不会总有波多野乾一这个人浮现呢?

2009 年 3 月 5 日草就

浮世绘西渐，世博会搭桥

"墙内开花墙外香"

浮世绘为日本江户时代兴盛的一种世俗画，是诉诸日本平民感官的民间通俗艺术。其形式以木版画为主，同时也有少量手绘作品。浮世绘题材丰富，包括美人画、戏剧人物画、春画、风景画、花鸟图绘、历史故事、讽刺画等，其中尤以美人画、风景画居多。但是，由于它反映的是平民生活，表现的是江户普通民众的"日常"，又主要流通于下层社会，曾被贬为江湖艺人为迎合百姓口味而粗制滥造的"低俗画"，在日本长期遭受歧视、冷遇。

出乎意料的是，随着近代日本的开国、维新，浮世绘得以走出日本国门，旋即受到欧美士人的青睐。于是乎，其形象为之大变——从昔日不登大雅之堂的"低俗画"，一跃而成为西方绅士推崇的珍贵艺术品。尤其在"艺术之都"巴黎，浮世绘异常"受宠"，不仅为艺术家、文学家争购收藏，甚至对后期印象派的聚合及其画风也产生了较大影响。浮世绘可谓日本艺术"墙内开花墙外香"的典型例证。对此，周作人先生在《日本之浮世绘》中曾指出：

> 日本昔慕汉风，以浮世绘为俚俗，不为士大夫所重。逮开关后，欧土艺术家来日者，始见而赏之，研究之者日盛。

传入西方的日本浮世绘版画之一，铃木春信《座敷八景　手帕归帆》

"日本趣味"的引爆剂

浮世绘是如何走出日本国门，并为西方社会所接受的呢？

关于浮世绘与西方的最早接触，长期以来流传着这样一种说法，即法国铜版画家布拉克蒙在1856年偶然得到一本葛饰北斋的漫画册，是其友人从进口的陶瓷器包装上发现的。布拉克蒙为其描绘之巧妙、构图之大胆所感动，并到处示人宣扬，从而使不少人获知在遥远的"东方小岛"上存在着这样一种版画艺术。不过，这种说法只是根据个人回忆或传说演绎而来，其真伪仍难以判断。准确地讲，浮世绘广为一般西方人所见识，源于1867年的巴黎世博会。

目前公认的最早的世博会，是1851年在伦敦举办的所谓"万国工业博览会"，但当时的日本尚处于锁国状态，对此几乎一无所知。日本人最早涉足的世博会是1862年的伦敦"万国工业博览会"，当时也实属偶然。因为在前一年，由幕府选派的遣欧使节团一行巡游英国时，巧遇筹办中的世博会，其部分成员得以参观。会上虽有打着日本旗号的物品参展，但多是旅居横滨的英国人收集的工艺品而已。

日本首次正式出展的是1867年的巴黎世博会。当时日本正值历史转折关头，幕藩体制崩溃在即，国家正处于维新前夜。尽管如此，幕府和佐贺、萨摩两藩均选送了展品，并派出代表，形成了"一国三头"同时参展的异常局面。幕府运去一百八十七箱展品，主要是陶瓷器、服饰、丝绸织物、金属制品、漆器、雕刻、和纸、字画等。字画中包括一百幅浮世绘作品，美人画和江户名胜图各五十幅，是幕府特命一流浮世绘师精制的，芳艳、芳几、芳年、国辉、国周、国贞、贞秀等名画师的画作均名列其中。画作采用结实美观的绢纸，绘制时配以鲜艳的多重色彩，展出后深受欢迎，尤其受到巴黎的艺术家竞相观摩品评。

另外，这次博览会上还有一位普通的江户商人，名叫清水卯三郎。他不仅自费参展，而且别出心裁，在展区内搭建了一个日本茶室，让三名身着长袖和服的日本艺伎坐镇，以日本酒茶招待来客。艺伎们还不时向观众展示一幕幕日式的日常情景。譬如，她们手持细长的烟袋，熟练地装填烟叶并点火，然后口衔烟嘴，喷云吐雾，最后磕掉残留烟灰。艺伎的一举一动，着实令西方绅士大饱眼福。他们再瞧瞧那浮世绘美人画，不由得为这东方岛国的女性及浮世绘的写实艺术发出惊叹，从而生发出对异国日本的好奇和憧憬。可以说，日本这次参展巴黎世博会，对 19 世纪后期以后法国等西方国家的所谓"日本趣味"风潮的兴起，起到了引爆的作用。此次博览会后，浮世绘作品开始源源不断地流向西方国家。

在日本毁誉参半的林忠正

明治新政府诞生后,日本首次参加的是1873年的维也纳世博会。以此为契机,日本还成立了名叫"起立工商会社"的国策公司,专门从事展品的贩卖和美术工艺品的出口。该公司的成立以及1878年的巴黎世博会,催生了一位卓越美术商,这就是在日本长期以来毁誉参半的林忠正(1856—1906)。正是他,在日本与西方之间架起一座美术交流的桥梁,不仅将十余万件浮世绘名作输出欧美,而且将印象派以后的西方绘画引入日本。

林忠正再有半年即可从东京大学毕业时,偶然被起立工商会社雇为法语翻译,参加1878年的巴黎世博会。结束后,他毅然放弃学业,成为该公司驻法国的职员。后来,他在巴黎大街开设了一家美术店,专营日本工艺美术品。其间,他将大量日本文物经横滨港等运往法国销售,其中仅浮世绘版画就达十五万六千余幅,内有不少在今天看来十分珍贵的浮世绘初期作品,以及全盛期的名家名作。因此,他被日本国粹主义者指责为民族罪人。但是,平心而论,当时浮世绘在日本并不为人所重视,其价格也等同纸屑。如果没有林忠正,恐怕浮世绘还不会那么快地走向世界,大部分日本人也不可能及时意识到浮世绘的艺术价值。不妨说,林忠正是使浮世绘走向世界,并使其身价倍增的成功策划者。

当然,林忠正并非单纯的商人,也是一位美术造诣极高的学者和评论家。他曾协助作家冈克尔出版《歌麿传》和《北斋传》,参与法文《艺术之日本》杂志工作,并推出日本特辑,为浮世绘等日本文化在法国的传播作出重要贡献。通过浮世绘,他结识了莫奈、德加等一大批画家。由于这些画家当时经济拮据,他得以用浮世绘与他们交换作品,从而收集了众多法国油画。同时,他又将这些西方作品介绍到日本,使日本画家有机会及时欣赏和借鉴同时代的西方美术。至于梵高等印象派画家多受浮世绘影响一事,可谓众所周知,笔者不再赘述。因其出色表现,在1889年巴黎世博会和1893年芝加哥世博会时,林忠正分别被任命为审查官和评议员;在1900年巴黎世博会时,又被破格提拔为事务总长,之后还被法国政府授予文化勋章。

由此可见,当时在日本长时期受冷落的浮世绘艺术,正是以世博会等为契机,传入西方,并风靡世界的。

其实,我们中国也不乏"浮世绘样式"的艺术,如杨柳青年画、苏州版画等,但还是缺乏走向世界的契机和艺术使者。

(原载《北京青年报·历史纵横》2010年6月21日)

鲁迅旧藏第一书房版《浮世绘版画名作集》

在鲁迅生前所藏十余种浮世绘版画及书籍中,可以说,第一书房版《浮世绘版画名作集》(第二期)最有价值。顺便补充一下,关于鲁迅所藏十余种浮世绘版画及书籍,可参见北京鲁迅博物馆编《鲁迅手迹和藏书目录(内部资料)》(1956)中的日文书部分,以及江小惠"从鲁迅藏书看鲁迅——鲁迅与日本浮世绘"的系列文章(《鲁迅研究动态》1988年第3—4期)等文献资料。这套浮世绘在日本早已绝版,而且目前在日本的国立国会图书馆及各大学图书馆也鲜有收藏。仅就此而言,其珍贵程度可见一斑。况且,这套浮世绘版画并非以普通工艺印刷而成,而是根据"远治遗版"手工复制的。

那么,"远治遗版"是怎么回事呢?

简单地讲,高见泽远治(1890—1927)是一位浮世绘修复与复制的高手,甚或说是天才,主要活跃于大正时代(1912—1926),可惜英年早逝。"遗版"则是指其去世后遗留下来的浮世绘复制木版。

高见泽远治是一个传奇人物,但如果没有高见泽鹰子多年走访调查撰写的《一浮世绘师的遗产——高见泽远治纪略》(东京书籍株式会社1978年版)一书，那么，我们还可能对他所知甚少。该书作者为高见泽远治三弟高见泽忠雄之女，即高见泽远治的侄女，毕业于早稻田大学文学部，从事编辑等工作之后转为自由撰稿人。当然，不可否认，书中夹杂着一些感情成分，但不管怎么说，这本书把一个与浮世绘相关的人物活生生地呈现了出来。

高见泽远治生于东京的一个棉织品商家庭，在兄弟五人中排行第二，原本家庭圆满。但不幸的是，十五岁时远治丧母，十九岁时又丧父，兄弟几人不得不早早独立。远治幼年和少年时期，一直在福泽谕吉主导的庆应义塾接受教育。从普通部毕业后，他不顾父亲的反对，学习油画，并立志成为洋画家。然而，父亲正值其借宿在外、努力学画期间病逝，令其被迫放弃成为画家之梦想。后来，高见泽远治热衷于收集浮世绘古版画，并在与浮世绘商的交往中，对修复残破版画产生兴趣，其复原技艺也在实践中日趋成熟。在二十三岁那年（1913）结婚成家后，他就主要靠修复浮世绘版画为生。

作为表现日常生活与情趣的艺术形式，浮世绘始终受到日本普通民众的喜爱。在浮世绘兴盛的江户时代（1603—1867），其价格极为低廉，买一张浮世绘等同于吃一碗荞麦面。明治维新后，浮世绘得到欧美人士，尤其是印象派画家青睐后，身价倍增，而且被源源不断地从日本输出海外。受此影响，近代日本国内也出现了收藏热。及至明治末期与大正初期，日本市面上的浮世绘古版画已越来越少，甚至有人惊呼近于告罄。剩余的多为保存状况极差的次品，有的被老鼠啃咬，有的遭水浸渍，已不能作为商品看待。这种状况，催生了浮世绘修复业，并维持了其景气。高见泽远治正是这一行业的能工巧匠。他天资聪颖，又肯钻研，尤其在纸质的选择以及着色与拼接等方面，极为讲究，甚至连粘贴用的糨糊都要亲自熬制。一幅幅破烂不堪的古版画，经其修整后，犹如死而复生，有的甚至比原画还要精彩。他的修复技术堪称一绝，也得到了浮世绘商的认可。上门求助者络绎不绝。

对于酷爱浮世绘鉴藏的高见泽远治来说，修复浮世绘版画既是其所好，又是其赖以谋生的手段，能一举两得，再好不过。然而，高见泽远治的实际生活却不尽如人意。由于他生来固执任性，金钱意识淡薄，又嗜好饮酒与歌舞伎，常随兴之所至而挥霍无度，结婚仅三四年的时间，妻子就抛弃他和年幼的儿子与人私奔了。因此，他生活的狼狈状态便不难推知。而且，就在此时，他最投入的事业也遇到了打击。一天高见泽远治外出时，两名警察突然到家里搜查，理由是他涉嫌伪造浮世绘版画。后来，高见泽远治也被司法当局传唤，而这次事件起因于浮世绘收藏大家赖特的控告。赖特（Frank Lloyd Wright，1867—1959）是美国 20 世纪著名的建筑家，自 1905 年起多次出入日本，尤以东京帝国饭店的建筑设计而著称。赖特同时还是地道的浮世绘爱好者，曾收集过数量惊人的浮世绘版画。现在波士顿美术馆等的馆藏浮世绘多与他有关。赖特发现自己所购的浮世绘中的伪作，来自一向信赖的浮世绘商林某，于是将林某带入饭店的房间，反锁房门，用手枪威逼其说出真相。结果，在林某供出的相关人员中，有高见泽远治的名字。原来，奸商林某出于牟利目的，或通过高见泽远治的亲朋好友，或以直接的方式，频繁地将有问题的版画送到高见泽远治那里，请求修复或改装，然后将这些画事先存放在地方寺院或故家之中，再带赖特前去，以貌似发现新的古版画的方式，引诱赖特购买。赖特得知真相后，一怒之下，将高见泽远治等相关人员一并控告。

后来，虽查明此事件与高见泽远治无直接关系，他只是被浮世绘商人恶意利用而已，但伪造的恶名却时时伴随。事实上，当时流入市场的一些浮世绘改造之作，确实与高见泽远治不无关系。由于当时普通浮世绘价格一路飙升，而大胆露骨的所谓"春画"（类似于春宫画）却不太受欢迎，即便是裸露乳房之类的画作，在市场上也多被"敬而远之"。当时春画的价格低廉，基本上只有普通浮世绘的十分之一。高见泽远治凭借高超而熟练的技术，结合对每位浮世绘师绘画特点的感悟，不时改造这类春画，或消去露骨部分，或给裸女重新着装，或将艳情场面中的男性移离。最后，近乎猥亵的春画竟变成了艳丽动人的美人画。关于日本近代春画的改造问题，

《艺术新潮》杂志曾于1994年6月号上有过相关特辑。

围绕高见泽远治的浮世绘修复改造问题，在当时的浮世绘协会中出现了今后不予承认或加以抵制的强硬论调，当然也有为他辩护的。但无论怎么辩护，这种将春画改造成普通美人画的行为，终究也摆脱不了伪造之嫌。

由于赖特事件及春画改造等问题造成的不良影响，高见泽远治深陷令人质疑的境地。1918年，在其弟上村益郎（由高见泽家转为上村家养子）和吉田幸三郎的建议下，他毅然决定关门停业，不再做修复，转而从事浮世绘版画的复制工作。

经过多年修复工作的磨炼，高见泽远治积累了丰富的版画鉴赏和再现知识，加上他曾学过油画，画得一手好水彩，对图案、色彩、颜料、画具等十分敏锐，为复制浮世绘提供了有利条件。他比照自身收集的浮世绘原画，在着色拓印上刻苦钻研，反复操练，精益求精，终于找到了可神奇再现古版画的拓印方法。他复制的浮世绘版画极为逼真，有的甚至比原画还精美。他的复制技术得到了日本美术院的一些画家的首肯，如小林古径、前田青邨、安田靫彦等著名画家。他们主动与高见泽远治来往，有时还出入其作坊观摩学习。

复制技术的地位确立后，高见泽远治与其弟上村益郎等便筹划成立了浮世绘保存刊行会（以下简称刊行会）。弟弟负责外联，他则专注于复制。刊行会实行会员制，限定一百五十名会员，会费先期支付者为每年九十日元，分期缴纳者则为每月八日元。刊行会从江户锦绘中精选代表作，每月复制两幅为一回（辑），定期发给会员。当时的赞助会员中有泉镜花、永井荷风、前田青邨、小林古径、野口米次郎、安田靫彦、冈田三郎助等著名人物。刊行会的宗旨书就出自永井荷风之手。

虽说是复制的画作，但除画师手绘部分之外，制作工序与江户时代基本相同，即由雕版师依据原画雕刻木板，再由拓印师根据雕版层层刷印。高见泽远治家有常驻雕版师，也有拓印工。他除亲自拓印之外，还负责全盘监督和指导工作。

当时的复制有两种形式，一种是再现原画刚拓印后的色彩，另一种则是按照有不同程度褪色的原画的现实状况，如实地再现。江户时代的浮世绘版画，其颜料使用廉价的植物或矿物性材料制成，时间久了，画作容易褪色或发生变化，而从审美角度来讲，自然褪色的版画却另有魅力。高见泽远治的复制风格属于后者，这也是由其审美意识决定的。当然，这种复制技术难度也大。比如，仅就褪色而言，画面中心部位与边缘部位的程度就不相同，但他能很好地把握这种褪色状态和色泽层次，通过重复刷印，恰到好处地呈现出自然立体的效果。因此，对浮世绘爱好者来说，通过高见泽远治的复制品，也可享受与欣赏原画时同样的艺术美感。有的美术商甚至认为，经过一定年代后，其复制品的价值几乎可与原画匹敌。

1921年年末，三十一岁的高见泽远治再婚，从此他的起居生活中又有了帮手，复制工作也进展顺利。另外，他还结识了画家岸田刘生。这两个有江户气质的人，在浮世绘、歌舞伎、传统小曲等方面趣味相投，很快成为挚友，常一起豪饮豪游，朝夕与共。但1923年9月的关东大地震，无情地夺走了这种生活和工作的平和。为生活所迫，高见泽远治只好接受关西一家古董商之请，携家带口移居大阪，继续从事浮世绘的复制工作。那是一个锦绘批发商，其与高见泽远治约定，从江户浮世绘版画中选出二三十幅限量复制，并待三年后出售。在人生地不熟的大阪，高见泽远治常牢骚满腹。不过，值得安慰的是，震灾后，好友岸田刘生一家也迁居京都。两人穿梭于京阪两地之间，交往更为密切。若翻阅岸田刘生的日记［《刘生绘日记》，龙星阁1952年版，或《岸田刘生全集》（5—10卷）岩波书店1979年版］，就会发现两人亲密交往的大量记录。

震灾稍恢复后，岩波书店便计划出版具有世界影响力的浮世绘，决定从有名的"松方收藏"（实业家松方幸次郎长年于法国精心收集的大量绘画、雕刻等美术品。浮世绘为其中一部分，现藏于东京国立博物馆）中选取部分名品加以复制，并聘请文艺评论家小宫丰隆、东京大学美术史教授藤悬静也、浮世绘研究家田中喜作担任编委。1925年秋，岩波茂雄带领三位编委奔赴大阪，与高见泽远治及其刊行会成员商谈复制事宜。围绕复制形式，高见泽远治与藤悬静也教授发生意见对立：高见泽远治坚持再现原画目前色调，而藤悬静也则认为这样易被误会是"做假"，主张应复制出原画发行时的鲜艳状态。为增强说服力，也是为了证实自身的实力，高见泽远治最后答应，根据对方从藏家借出的两幅原作，即歌川丰春与东洲斋写乐的作品各一幅，试做样品。高见泽远治与手下的雕版师通力合作，仅用三天时间即赶制出平时需旬日才能完成的两幅复制作品。结果，当原画和复制品拿出来时，连三位专家也难辨孰真孰赝。后来，三人差点错将复制品当作原画归还藏家，这成为一时笑谈。直到高见泽远治去世后的1928年，藤悬静也教授参加文艺春秋社举办的"浮世绘座谈会"时还坦言："高见泽君精心制作的复制品与原画真赝难断"。(《文艺春秋》1928年8月号）这次"浮世绘座谈会"由作家菊池宽主持，出席者有田中喜作、小岛乌水、野口米次郎、藤悬静也等。

然而，在尚未具体落实岩波书店的复制出版计划时，高见泽远治便被告知患上了重症结核病，虽后来移居镰仓疗养，但病情终未好转，于1927年6月撒手人寰。去世的前一年，他在镰仓与挚友岸田刘生不期又为近邻，还赶上了为其新著《初期肉笔浮世绘》（岩波书店1926年版）的出版庆贺。直到生命的最后一刻，两人还交往不绝。高见泽远治的早逝令岸田刘生异常悲伤。他在其去世当晚赶到高见泽家，又哭又唱，整整一晚。在岸田刘生看来，失去的不仅是一位好友，还是一个无法复制的、身怀独门绝技的艺术才子，因为岸田刘生一向认为"他的'复制'并非职业，而是他的艺术，同时也是他的生命"。（《诸家对高见泽版画复制之感想》，载《高见泽遗版复制〈浮世绘版画名作集〉》第二期预约的征订册子，第一书房发行）不曾想，在两年后的1929年12月，岸田刘生自中国东北旅行回国之途次，突然病倒而亡，享年三十八岁。不知是否有什么因缘，这两位意趣相投的艺术鬼才均不到四十岁就相继离世，宛若日本近代艺术史上的彗星。

从以上经历不难看出，高见泽远治既是一位艺术天才，又是一个颇受争议的人物。论技艺，他堪称日本"人间国宝"。因为他的工作，使浮世绘这一艺术瑰宝得以普及和传承，也使无力问津原版画作的读者得到几乎等同于欣赏原版的艺术享受。然而，因其修复或复制的浮世绘被奸商利用当作原画流通，给美术市场带来诸多麻烦，甚至在当今世界著名文博机构收藏的浮世绘古版画中，也都难保没有其复制的作品混杂其中。在当代浮世绘出版物以及大型拍卖会上，将其复制品误认为原画的例子更是屡见不鲜。因此，高见泽远治不免为世人诟病。不过，正如野口米次郎（1875—1947）在"浮世绘座谈会"上的发言所预言的那样：

高见泽是复制天才，将来恐怕不会出现第二个高见泽。……如果说，他这种艺术家，领会原作的意境，然后制作了最接近于这种意境的作品，那么，其价值绝不可轻视。不难想象将来他的复制品的价值会越来越高。

的确，高见泽远治去世后，世间对其生前的复制品更为关注，评价也越来越高。但由于当时是会员制发行，能欣赏到的人极为有限，而市场上又稀见，甚至一画难求。有鉴于此，日本第一书房捷足先登，征得其遗族同意，得以用"远治遗版"复制刊行。

与此同时，高见泽远治之弟益郎、忠雄等也发起并成立了"高见泽版未刊浮世绘版画刊行会"，准备以高见泽木版社之名义，将日益受欢迎的高见泽版浮世绘陆续复制刊行。不过其真正的刊发，还是在第一书房复制版之后，而在征订的小册子中，其还对第一书房的复制颇有微词。这说明两者之间曾存在分歧或利益之争。1930年后，以高见泽木版社名义复制刊行的高见泽版浮世绘，主要有《浮世绘稀版画集》（四十幅）、《浮世绘名作秘版画集》（四十八幅）、《浮世绘江户版画集》（六十五幅）、《浮世绘名作百版画》（明信片型一百张）等。高见泽木版社在其用于征订《浮世绘稀版画集》的小册子以及吉田暎二著《浮世绘读本》（高见泽木版社1939年版）中曾指出，他们只是以"远治遗版"转让的名义与第一书房签约，对读者反映的复制质量问题概不负责。顺便附带一句，作为《日本裸妇美术全集》之赠品，鲁迅曾获得过高见泽木版社复制的现代版画一枚，即山村耕花版画《裸妇》。（《鲁迅日记》，人民文学出版社 2006 年版）

由高见泽家族之外的出版社据"远治遗版"而做出的复制刊行，第一书房可谓首次，也是目前所知的唯一一次。第一书房原本是东京的一家综合性出版社，由长谷川巳之吉于 1923 年创立，以出版文学、历史等领域的书籍为主。这样一家后起的出版社，能得到高见泽遗版的转让，非同寻常，想必与野口米次郎、岸田刘生等人不无关系。

野口米次郎既是诗人、小说家，又是评论家，加之有在欧美留学和讲学的经历，在当时的日本文坛相当活跃。顺便一提，1935 年 10 月 21 日，野口米次郎还曾于上海拜会鲁迅，后在东京《朝日新闻》发表《一个诗人的鲁迅会谈记》，歪曲与鲁迅的谈话，引起鲁迅不满。

野口米次郎对浮世绘的收集与研究很用心，尤以推介葛饰北斋、鸟居清长、喜多川歌麿、铃木春信、东洲斋写乐与安藤广重所谓的"六大浮世绘师"著称，其出版的《六大浮世绘师》（岩波书店 1919 年版）影响甚大。在 1925 年至 1927 年短短的两三年时间里，他又推出"野口米次郎系列图书"三十五册，其中包括《歌麿北斋广重论》《春信与清长》《写乐》和《春信清长写乐论》（出版时间均为 1926 年）等。可以说，野口米次郎对"六大浮世绘师"的研究和推介贡献尤大。继第一书房版后，他从1930年开始相继推出私家版，最后由诚文堂精装出版六卷本"六大浮世绘师决定版"，即《喜多川歌麿》《东洲斋写乐》《鸟居清长》《葛饰北斋》《铃木春信》和《一立斋广重》（出版时间为1932年至1933年），并附带野口米次郎亲笔签名的精美书箧。每卷除囊括近百幅浮世绘师的代表作作为插图之外，还附有英文目次和解说。鲁迅当时也及时购买了这套书（现藏于北京鲁迅博物馆）。野口米次郎还于1929年编译出版《龚古尔的歌麿》。

这些书大多是由第一书房出版的，所以野口米次郎与第一书房的关系可见一斑。同时，作为浮世绘保存刊行会之重要赞助成员，野口米次郎与高见泽远治及其家族也保持着亲密关系。同样，与两者都有密切关系的还有岸田刘生。或许因为有了他们的斡旋，第一书房才得以获准使用"远治遗版"进行复制。

第一书房将复制作品取名为《浮世绘版画名作集》（以下简称《名作集》），由长谷川社长亲自任监察，高见泽远治遗孀和东京美术学校出身的东坊城光长负责监制。为证明是复制品，以避免事后被冒充为真品，所有复制品上均钤有"土佛游水"印。《名作集》共刊行了两期，计六十二幅作品。全部不公开销售，采取预约征订方式，限量五百部，订满为止。第一期共三十二幅作品，自1929年6月第一回刊发，至1930年9月第十六回终结，分十六回发放给预约会员。每次为一回（辑），内含两幅画作及解说。第一期解说由高见泽远治的生前好友岸田刘生担任。第二期共三十幅作品，自1930年10月开始，分十五回复制分发。此时岸田刘生已病逝，解说由野口米次郎担任。

第一期精选三十位浮世绘师的作品各一幅，另加两幅无名氏之作。第一期三十二幅作品的作者分别为：奥村政信、喜多川歌麿、葛饰北斋、鸟居清正、歌川丰国、铃木春信、一笔斋文调、西村重长、鸟高斋荣昌、鸟居清朝、鸟居清长、安藤广重、鸟居清满、奥村利信、歌川国政、石川丰信、鸟文斋荣之、歌川丰春、升亭北寿、近藤清春、荣松斋长喜、鸟居清忠、鸟居清正、菱川师宣、鸟居清信、胜川春章、东洲斋写乐、鸟居清重、鸟居清广、怀月堂安知及两位无名氏。现藏于日本国立国会图书馆及京都工艺纤维大学图书馆。可以看出，第一期重视的是收录范围，即"面广"。有了此次复制经验，加之受到好评，第一书房遂决定复制出版第二期，而且打破第一期一人一作品的限制，只要是优秀或稀见的复制作品，不限一人一作。更重要的是，与第一期相比，第二期更注重审美价值，故优秀作品尤多，如演剧人物画巨匠东洲斋写乐（七幅）的大幅锦绘及"云母拓"作品，美人画大师鸟居清倍（六幅）的艳丽漆绘及丹绘，鸟居清长（两幅）的大幅锦绘，石川丰信（一幅）的大长幅漆绘等作品，都堪称难得之佳作。

这些作品的真品当时已昂贵得惊人，绝非普通人财力所能及。按1930年左右的当时日本的市价，第二期复制用的三十幅真品总价高达五万七千日元。尤其是稀见的东洲斋写乐的画作，每幅作品的价格不低于两千日元，大幅锦绘《梅川忠兵卫》市价则高达七千五百日元。石川丰信的漆绘《常磐津恋之音色》的市价也有四千日元。当时刚工作的小学教员月工资才四十五至五十日元，即使是工资较高的国家公务员，月薪也只有七十五日元。因此可以说，不管怎么喜欢浮世绘，普通人也难以购买真品欣赏。第一书房正是为了满足爱好者的需求，才精心复制刊行的。不过，这三十幅复制品也价格不菲。征订时规定，一次性支付款为一百日元，分期支付款则为每期七日元，还要另加邮费。

《浮世绘版画名作集》第一期预约征订册封面（左）与第二期预约征订页（右）

也许是没赶上第一期征订，鲁迅所藏浮世绘为第二期的三十幅复制作品，分别由鲁迅于1930年11月至翌年11月购自内山书店。每回（辑）价格十四日元至十七日元不等，总价在二百二三十日元。作为一名海外读者，鲁迅能及时购买到这种浮世绘复制品，实属不易。鉴于目前日本主要图书馆缺乏对此的收藏，所以能看到鲁迅的这一收藏，也是一种享受。

鲁迅购藏浮世绘版画及书籍，一是出于个人爱好，二是为推广介绍，同时也是为了给其一向极力倡导和扶持的新兴版画运动提供有益的参考。鲁迅在致日本友人山本初枝的书简（"19340127致山本初枝"，《鲁迅全集》第13卷，人民文学出版社1981年版）中，曾写道：

> 关于日本的浮世绘师，我年轻时喜欢北斋，现在则是广重，其次是歌麿的人物，写乐曾备受德国人的赞赏，我读了二三本书，想了解他，但始终莫名其妙。然而依我看，恐怕还是北斋适合中国一般人眼光。我早想多加些插图予以介绍，但首先按读书界目前的状况，就办不到。贵友所藏浮世绘请勿寄下。我也有数十张复制品，愈上年纪人愈忙，现在连拿出来看看的机会也几乎没有。况且中国还没有欣赏浮世绘的人，因此我正不知将来该把我自己的东西交给谁。

这是鲁迅对浮世绘及其画师的总体评价或印象，其中谈到对东洲斋写乐很想了解，但终不甚明了。这也难免，因为在浮世绘画师中，除葛饰北斋之外，其他人的经历几乎都不清楚。东洲斋写乐更是如此，其生平事迹大多无从得知。不过，以上提到的"数十张复制品"，主要部分应该是指这套"远治遗版"的复制品。而且从书简中可以看出，鲁迅生前一直想推介这些浮世绘，但终究未能如愿。

因为至今鲜有"曝光"或翻检触摸，鲁迅所藏的这套浮世绘复制品，保存之完好、色泽之鲜艳，均超出想象。在鲁迅先生逝去八十年后的今天，将此套浮世绘版画复制品影印出版，提供给广大读者欣赏，而鲁迅之旧藏则仍留在鲁迅博物馆永存纪念——这可以说是最好的选择，也了却了鲁迅生前的一桩心愿。对先生来讲，想必没有比这再好的纪念了。

2016 年 6 月 11 日　草就

（原题为《第一书房版〈浮世绘版画名作集〉的故事》，收入北京鲁迅博物馆编《鲁迅藏浮世绘》，生活·读书·新知三联书店 2016 年版）

鲁迅藏书目录一则

——《唐土名胜图会》概要

《唐土名胜图会》为版画类中国地志。由冈田玉山编述,并由冈田玉山、冈文晖、大原民生绘制。文化二年(1805)序,大阪书肆河内屋吉兵卫等发售。线装刻本,共六册,每册有四十六至七十八页不等。

《唐土名胜图会》书影

"唐土"是当时日本对中国的称呼。本书成书于日本闭关锁国的江户时代后期。当时的日本人尚不能自由航游海外,但对中国及其文化颇为憧憬,通过停靠长崎的中国贸易船商人或舶载的中国书籍获取有关中国的知识。本书和《清俗纪闻》（1799）即基于此背景编撰而成。书中列举的"引用书目"多达五十一种，但主要参考的是《宸垣识略》《万寿盛典》《南巡盛典》《大清会典》《皇朝礼器图式》《灵台仪象志》及诸州府志等文献，当然书内记述难免有失误之处。全书分为六卷，前四卷为京师，后两卷为直隶。具体为卷之一（京师）大内，卷之二皇城，卷之三内城，卷之四外城、苑囿郊坰，卷之五（直隶）顺天府、保定府、永平府、河间府，卷之六天津府、正定府、顺德府、广平府、大名府、宣化府、遵化州、易州、冀州、赵州、深州、定州。卷之一除目次外，卷首配有唐土皇舆图之说、唐土皇舆全图、历代帝都、直隶全图、京师总图、京官、外官等图说。该书内容并非仅限于名胜，对诸如典章制度、人物故实、器物风俗等亦多有采录，成为锁国时期日本人了解清代中国的重要指南。该书最值得推崇的是图文刻制及印刷之精，尤其是图画部分精美，人物栩栩如生，可以说代表了当时日本木刻细密版画的最高水平。同时配有著名书法家挥毫的诗文，图文并茂，使人赏心悦目。用纸也十分讲究，质地精细，犹如薄绢。因此，本书历来为书籍爱好者所珍重。据民国初期曾于上海滞留多年的泽村幸夫回忆，当时江浙一带著名藏书家对该书均交口称誉。民国时期北平市政府秘书处编制的《旧都文物略》一书，其中的《天安门颁诏》与《正阳桥及四十年前之五牌楼》等图画就是从该书中借用。

该书在《鲁迅日记》中被多次提到。在1923年2月14日条中记有,"午后往留黎厂买《元玭墓志》并盖二枚,二元。《唐土名胜图会》六册,五元。"在1927年8月13日条中又记有,"在登云阁买《益雅堂丛书》一部廿本,《唐土名胜图会》一部六本,甚蛀,共泉七元。"由此可知,鲁迅曾购买过该书两部。

北京鲁迅博物馆所藏正本封面题签为"唐土名胜图会",其下小字书"京师"或"直隶"。封里有"唐土名胜图会初集"字样。由此可知,此为《唐土名胜图会》第一集(共六卷)。编者原拟从京师、直隶开始,将十八省份名胜陆续刊刻面世,而且初集卷之六末尾"嗣出目录""近刻嗣出"中已公布了第二至六集(编)的目次,但最终未能实现。

日本的《国书总目录》中虽录有文化二年(1805)版和文化三年(1806)版《唐土名胜图会》,但据调查,该书并不存在异版,所谓"文化二年版"多是缺了"文化三年丙寅三月海宇发行"刊记的后印本。

1985年北京古籍出版社出版的影印版,分上、下册。书末附有中文抄译。

[原题为《鲁迅外文藏书提要(二则)》,载《鲁迅研究月刊》2010年第9期。本文为其中一则]

今关天彭与鲁迅关系考略

在错综复杂的近现代中日关系史上，时时都有一些所谓"中国通"出现，如：水野梅晓、井上红梅、内山完造、辻听花、橘朴、中野江汉、尾崎秀实、泽村幸夫、神田正雄、波多野乾一、清水安三、铃江言一、后藤朝太郎、村田孜郎、村上知行等，不胜枚举。这些被时代所打造出的"中国通"们是多种多样，各具特色的。鲁迅生前曾与其中不少人有过交往或某种联系。若涉猎相关文献，就会发现鲁迅在看待涉华的日本人与事方面，的确有着一双慧眼。尽管当时中日关系云谲波诡，但鲁迅总能洞察本质，分辨活跃于其中的"中国通"是真还是假。他跟其中的真"中国通"友好往来，又不失民族气节，同时对别有用心的所谓"中国通"大加批判。即使对于那些有好感的"中国通"，鲁迅在与他们交往或学术交流的同时，倘若遇有立场问题，也总是保持一定距离。"只要是地位，尤其是利害一不相同，则两国之间不消说，就是同国的人们之间，也不容易互相了解的。"（李新宇、周海婴主编《鲁迅大全集》第9卷，长江文艺出版社2011年版。此段文字出自鲁迅为内山完造著《生ける支那の姿》所作序言，在鲁迅著作中亦作"《活中国的姿态》序"。该书由学艺书院1935年11月出版，翌年由尤炳圻译成中文，题名为《一个日本人的中国观》，开明书店1936年版。）这番话道出鲁迅对此问题的一贯立场和清醒认识。

本文述及的今关天彭，也在"中国通"之列。他属于文人学者型的"中国通"，与鲁迅又有诸多关联。尽管他学识渊博，著述丰富，但在学术史上未得到应有的评价。当然，原因是多方面的。不过，笔者认为其中与今关天彭属于传统意义上的文人学者，不仅偏离主流学界，其研究方式与近代日本的学术路径也不太吻合有关。

在西化大潮压倒一切的近代日本，以经史子集无所不包的儒学为主治的传统汉学家及其学问逐渐处于弱势，继之而起的是，导入西方研究方法的近代分科学术的流行和隆盛。在此时代潮流冲击下，新学子自不必说，原来的汉学家也纷纷"转向"，及时完成了近代学术转型，以致不少人在某一特定领域声名显赫。而今关天彭始终固守传统汉学，对包括文学、艺术、历史、哲学、伦理、宗教、政治、经济、社会、文化等诸多领域的中国学术，广泛涉猎，孜孜以求。其《近代中国之学艺》一书，是一部考察清代及民国时期诗文、书画、词曲等的综合学术文集。笔者管见所及，在同时代甚至现在都不失为一部独到之作。遗憾的是，在近代学科导入后，日本人所著的中国文学史之类的新书备受青睐，而今关天彭的这部独特著作却未能引起学界应有的重视，加上该书又以"非卖品"形式出版，未能进入更多人的视野。

今关天彭，本名寿麿，号天彭，另有笔名"天彭生"等，晚年自称"天彭山人"。据其本人回忆，天彭之号取自四川古地名，因该地唐代以来为牡丹著名产地，而今关天彭出生的千叶县旧家又有牡丹园，故乐此以为号。七岁起，他即在祖父开设的汉学塾习诵四书五经、《唐诗选》《十八史略》等，十岁起学做汉诗文，并得汉学名家石川鸿斋的指导。日俄战争期间，曾作为随军军属赴我国东北地区，但不久因病脱退。后入《国民新闻》等报社做记者，同时师从森槐南、森川竹磎等学习汉诗、填词。其间，今关天彭还认识了郁达夫之兄郁曼陀以及李叔同等中国留学生。其手稿《天彭山人自传》中记载："又出入艺苑，与词章家交欢。曾识留学生郁曼它（陀）于随鸥社。……与李息霜交亦在斯时焉。"后竹越与三郎计划编写中国各领域通史之类的丛书，嘱今关天彭入北京收集资料。但尚未成行时，今关天彭又被德富苏峰等人推荐给朝鲜总督府做文书工作。

1908年，今关天彭辞去官职，转赴北京游学。文豪森鸥外还赠其一首送别诗："云涛万里向幽燕，京洛尚留书几篇……"。在北京期间，适逢三井公司（时称"三井合名本社"）承揽了北京双桥无线电信所工程，于是汉学功力深厚的今关被看重。在三井公司的资助下，他于北京成立"今关研究室"，从事中国国情调查以及古今艺文资料的收集与研究。其间，今关天彭游历各地，遍访名士，并编写出版近三十种小册子。后因其言论遭日本军部忌讳，"九一八"事变爆发后，今关天彭被迫离京回国。回到日本后，他仍不时奔赴中国南北巡游。此后，直到1970年10月去世为止，今关天彭深居简出，吟诗作文，逍遥于诗文世界，犹如日本汉学界遗老。为维持汉诗传统，在小仓正恒等人的资助下，今关天彭于1951年5月主持创办汉诗杂志《雅友》。直到他去世为止，《雅友》共发行七十六期。神田喜一郎称其为"与明治、大正汉诗坛同呼吸的最后一位遗老"（神田喜一郎：《忆今关天彭先生》，《雅友》终刊号）。

关于今关天彭的履历，除其本人手稿《天彭山人自传》之外，还可参见其《一乐居诗话·半生之回忆》（《雅友》第61期）、国广寿《先师片影（二）》（1972年2月的《东洋》杂志）以及《学问之回忆1》（东方学会编《东方学回想Ⅲ》，刀水书房2000年版）等。但关于其出生年说法不一，有1882年、1884年甚至1891年之说。

今关天彭在华期间，身份比较特殊，看似"在野"，但又时时近于"半官半民"。正是这种特殊身份，使他在调查和研究上游刃有余，并得以"聚书十余万卷"，尽享读书之乐。据说今关天彭离京回国时，包括其夫人在内的好几人整整花费三个月才将其藏书整理完毕。这些藏书后来汇入三井文库。其中的大多数又流入美国加利福尼亚大学图书馆，构成该馆如今的"今关文库"，还有极少的部分被名古屋市一家图书馆收藏，属于现在的"深山文库"。

今关天彭一生笔耕不辍，著述等身，文章更是数不胜数。遗憾的是，其著述虽丰，但分散零落，已难为世人全面知晓。其晚年弟子国广寿曾编成《今关天彭先生著述一览（未定稿）》，发表于无穷会机关杂志《东洋》，但内容上仍有不少遗漏。今关天彭著述中的单行本主要有《宋元明清儒学年表》《中国文人讲话》《近代中国之学艺》《中国近情管见》《法帖丛话》《中国文化入门》《天彭诗集》（十五卷）等，译编主要有《中国戏曲集》、《东洋画论集成》（上、下）、《近二十年来中国外交》、《中国禅学之变迁》等。

《天彭诗集》中有一首追忆鲁迅的五言诗，最能说明今关天彭与鲁迅的关系。该诗迄今鲜为人知，为呈原貌，笔者于此径直录入。（诗集本无标点，标点为笔者所加；原文双排注解文字，改为括注）

君是浙东人，自具浙东性。
放情行近狷，忍苦言带硬。
学医未成家，作官厌应酬。
挂冠神武门，去为江海游。
文章元游戏，呵骂自然事。
虞初与齐谐，聊寄革命意。

尝陋孔丘儒，又嘲李聃玄。

有时抗当轴，赤手撼青天。

昔我客春申，风尘少相识。

每逢书店里（内山书店），纵谈忘日仄。

君谓鸦舌断，画本存童时。

野叟灰作花，壮年间闻之。

我谓金时名（小义中有金时义），东土犹未废。

桃郎伐鬼方，源在朱明代（薛仁贵征伐鬼方画本盛行明代）。

拍案相顾笑，俗话亦足多。

伟哉五山僧，舶载凌碧波（五山禅僧往来频繁，宋元明三代之事存于日东者颇多）。

莫说东方局，斯局铸大错。

何如一挥去，长耽书中乐。

书中真可乐，岁暮独掩关。

望君不可得，寒灯照苍颜。

这是今关天彭回忆旧游时一气呵成的三首诗作之一。其说明文字为：

今春予游禹域，历访章翁太炎于苏州，黄君膺白于莫干山，击节纵谈，剪烛继晷。亡几，章翁谢世，黄君踵归道山。周君树人，在沪上日夕往来者，而今将安在？岁暮无事，回想旧游，不觉连作三首。

由此可知，该诗的创作时间当于1936年岁暮。

章炳麟是今关天彭尤为熟知的学者，据他回忆，早在章氏流亡日本时，两人似曾相识。《天彭山人自传》中有东京时代"山人与章枚叔、黄季刚师弟交，与康南海、梁任公之徒往来……"之句。另外，1965年12月25日，小野忍、山口一郎、石田一郎三人特地至位于东京中野的今关天彭家，对其进行访谈。今关天彭回忆说是"通过在东京相识的黄侃而认识的章炳麟"（《学问之回忆1》）。后来今关天彭在著述中，时常提到章炳麟之名，且一直给予高度评价。如在代表著作《近代中国之学艺》中论述当时中国文章界时，他为章氏专设了一节"长江一派章炳麟（太炎）"；在《中国文化入门》（元元社1955年版）中，甚至把章炳麟看作是"中国第一大学者，纯然之国粹家"。章氏晚年退居苏州，开办章氏国学讲习会，不久于1936年6月14日病逝。就在其临谢世之前，今关天彭专程至苏州造访。关于此次访谈，章炳麟本人似无文字记录，有关章氏的年谱类著述中也未提及。因此，今关天彭的回忆当可补阙。诗中有"下车阊阖城，风劲疾如镞。新居有大厦，闻开东西塾（弟子三百余人）。不见三五岁，齿德日以崇。披襟肝膈露，不关语不通。童子拱手立，藜灯照乱帙。相对不相乐，双泪滴盈笔（以笔代语）。……抛笔咨嗟久，夜深方成别。落月在屋梁，轩梅白于雪。"由此可以想见，两人以笔代语，泪水相伴，交谈至深夜。

"黄君膺白",即黄郛(1880—1936),浙江绍兴人,政治家,近代史上备受争议的人物之一。他曾留学日本,为同盟会元老,回国后参与上海光复等活动;曾出任上海特别市市长、北洋政府外交总长、教育总长、代理内阁总理等职,多次参与近代对日重大交涉,尤以与日签署《塘沽协定》而遭国人唾骂。今关天彭与黄郛可谓旧相识。1935年夏季,久处政治旋涡中的黄郛以养病为由,遁入莫干山,后发肝癌,翌年12月病逝于上海。今关天彭上述"连作三首"诗之一,描述的正是其于莫干山访黄郛时的情景。春季还曾登门造访过的章、黄二位旧识,不幸于当年相继逝去,追怀旧游,不禁感慨万千,提笔录下,本是自然之事。但令人不无疑惑的是,今关天彭当时似乎尚不知鲁迅逝世。其实,鲁迅也在当年10月19日病逝,而且比黄郛离世还要早一个半月。鲁迅逝去的消息,无论在中国还是日本,当时均有报道。按常理讲,一向关心中国及其时局的今关天彭,不可能完全不知,也许从哪儿隐约听说过,但尚未证实而已。当然,这也只是推测,从"周君树人,在沪上日夕往来者,而今将安在?"一句来看,今关天彭似乎不知道鲁迅已病逝。

怀念逝去的章炳麟与黄郛,为什么又扯上鲁迅呢?这与三人同为浙江籍,均属今关天彭尤为推重的"浙江学派"一脉不无关系。今关天彭曾用心考察和研究过中国学术史,尤其是清代及民国初期的学术史,对"浙江学派"甚为关注和推崇,先后撰写《清代及现代的学术界》（1927年4月）、《浙西之学风》（1927年10月）、《浙东之学风》（1928年4月）等专论。他在《清代及现代的学术界》一文中，在述及清代浙东、浙西学派学术特征及其代表学者之后，认为章学诚应为浙东学派之"殿军"："江南地区至清末发生变化，无形中浙东、浙西学术汇为一派，其代表人物无疑是章炳麟"，"章氏本为浙西余杭人，但人本身却多具浙东人之性质。蔡氏（指蔡元培——笔者注）为浙东绍兴人，完全是浙东人之代表"。（今关天彭：《近代中国之学艺》，民友社1931年版）他在文章最后还带出黄郛等政界人物，认为他们在谱系上均与浙东、浙西学风有很大关系。

这里值得关注的是，今关天彭把本是浙西出身的章炳麟看作是更具"浙东性"的人物。这样一来，章炳麟、蔡元培、鲁迅等自然成为同一谱系上的学者。章炳麟曾师从朴学大师俞樾，学术上承袭"乾嘉学派"。而鲁迅又曾亲炙章炳麟，研习《说文解字》等，同时服膺其振兴中华的革命思想，在治学与人格方面均深受影响。对关注并熟悉当时学术脉络的今关天彭来说，想必这些也不可能不知晓。因此，他在缅怀逝去的章炳麟与黄郛的同时，自然联想到同为浙江人，尤其是浙东人的鲁迅，亦在情理之中。

今关天彭所言身为浙东人的鲁迅"自具浙东性"，这"浙东性"想必蕴含着浙东人气质与浙东学风之双重意义。在他看来，浙东人气质既有鲁迅本身那"放情行近狷，忍苦言带硬"的倔强性情，同时又包括诸如章炳麟、蔡元培等人身上所体现的那种为实现民主与文明社会理想而不屈战斗的坚定信念或思想。而浙东学风，则是以清代上至黄宗羲，下至章学诚，近至清末民初浙东、浙西学派合二为一之后的章炳麟等为代表，在中国学术史上大放异彩的所谓"正统派"传统学风。由此观之，今关天彭对作为"浙东人"的鲁迅是持积极或肯定态度的。这与当时深受阿瑟·史密斯《中国人气质》之影响，动辄侈谈中国国民性的大多日本"中国通"是不同的。阿瑟·史密斯（Arthur Henderson Smith，1845—1932），中国名为明恩溥，其所著《中国人的气质》（*Chinese Characteristics*）早在1896年，即由博文馆推出日文版，译者为涩江保，在甲午战争后的日本影响甚大。史学家桑原骘藏、宫崎市定等均给予该书评介推荐，而中野江汉、水野梅晓等所谓"中国通"也都曾发表过类似的中国国民性论述。当然，鲁迅本人也见过该书日文版，并出于民族自省的愿望，建议将其介绍到中国。

"学医未成家，作官厌应酬。挂冠神武门，去为江海游。文章元游戏，呵骂自然事。虞初与齐谐，聊寄革命意。尝陋孔丘儒，又嘲李聃玄。有时抗当轴，赤手撼青天。"今关天彭简短的几行诗句，基本上概括了鲁迅的一生。这说明他对鲁迅是十分了解的。

今关天彭回忆客居上海与鲁迅的交往，尤其是在内山书店常与鲁迅长时间纵横交谈的情景时写道："昔我客春申，风尘少相识。每逢书店里，纵谈忘日仄。"今关天彭结识鲁迅并非上海时期，而是早在两人都生活于北京的年代。这从鲁迅日记可以判明。鲁迅在1923年2月11日记有："下午贺慈章引今关天彭君来谈，并赠《北京ノ顧亭林祠》一册。"这是目前所知两人最早的接触。

前面已提及，今关天彭客居北京是在1918年秋季。也就是说，他造访鲁迅是其入京的四年之后。但是，现有《鲁迅全集》对今关天彭的注释均有1923年定居北京之说，如人民文学出版社1981年版的《鲁迅全集》，对今关天彭的注释为"今关天彭（1891—1970）名寿麿，号天彭，日本汉学家。1923年起长期侨居中国，在北京建立今关研究所，从事中国古今文化资料的收集与研究"（第15卷）。由日本学者翻译，学习研究社出版的《鲁迅全集》，对今关天彭的注释虽做了补充，但基本上是按照以上人民文学出版社版全集注释所作的翻译。因此，造成其"到北京伊始就拜访鲁迅，反映出他对鲁迅的重视，也反映了他访问北京名流的急切"（唐政：《鲁迅与日本学者三题》，《鲁迅研究月刊》1999年第3期）之类的误解。其实，重视或不重视，问题不完全在于时间早晚，关键在于今关天彭当时的处境与关注点。

今关天彭入北京之初，工作和生活均不太安定，研究主要还是集中在传统的经史方面。后在三井公司的资助下，成立研究室，从而逐步开展调查研究等学术活动。当时他常交往的是大总统徐世昌和画家陈师曾。在以标榜"偃武修文"而著称的徐世昌及其军事顾问青木宣纯的鼓动下，今关天彭曾从事传统学术的整理工作，出版《宋元明清儒学年表》（1919）、《东洋学术的整理》《颜李之学风》（两部均为1921年）等著作。《宋元明清儒学年表》出版时，徐世昌为其题写"儒学年表"四大字。画家陈师曾即陈寅恪之兄陈衡恪，也是鲁迅的同窗挚友，早在留学日本时，即与今关天彭相识。在今关天彭客居北京后，陈师曾对其关照有加。今关天彭曾说："我赴北京时，以画家著称的陈衡恪是我在东京时就认识的旧友，故万事皆仰赖其指导。他对我讲，你研究中国历史和语言，也要尽快了解中国。要尽快了解中国，就要看小说，要了解近代中国，可以看《孽海花》，看了以后，就能很好地明白清末民初的环境。结果，我买来阅读，还真有趣味。"（《民国初年的文人们》，载日文版《中国文学》第70期）后来，今关天彭又根据陈师曾的建议，看了《老残游记》《二十年目睹之怪现状》等清末社会题材小说。通过徐世昌和陈师曾等人，今关天彭还结识了一些清末遗老耆儒和书画家，如陈宝琛、溥儒、郑孝胥、康有为、林纾、金绍城、周肇祥、吴昌硕等。

　　截至拜会鲁迅时的1923年年初，今关天彭发表的著述除上述几种之外，还有《汗漫游诗》（1920）、《续汗漫游诗》（1922）、《中国工商业之发达》（1920）、《燕京画家感旧录》（1921）、《现时中国画家及其画风》《中国现代之学术界》《中国现代之诗界》《中国现代之文章界》《清代文章概论》（以上均为 1922 年）、《北京的顾亭林祠》（1923）等。不过，以上著述中，被今关天彭冠之为"现代"的中国文学艺术等，基本上都是五四运动之前的所谓"旧学艺"。

总之，今关天彭入北京的前几年，主要从事以清代及民国初年为主的学术、诗文、书画等研究，间或阅读《老残游记》之类的清末小说，以期尽快了解当时中国的状况。可以说，当时他没有把注意力放在新文学、新小说方面，故此，也没主动接近新文学运动的作家或学者。而在他看来，鲁迅恰恰是新小说之代表。不难想象，如果今关天彭当时关注新文学、新小说的话，鉴于陈师曾与鲁迅的密切关系，借助陈师曾结识鲁迅，恐非难事。

今关天彭开始关注并接近五四新文学运动的学者，是在徐世昌辞去总统职务的 1922 年 6 月之后。同年夏秋季节，他曾两度拜会胡适。胡适在 1922 年 8 月 26 日的日记中记载："日本学者今关寿麿来谈。他送我一部自作的《宋元明清儒学年表》。我们谈甚久。他说，二十年前，日本人受崔述的影响最大；近十年来，受汪中的影响最大；崔述的影响是以经治史，汪中的影响是以史治经。其实日本人史学上的大进步大部分都是西洋学术的影响，他未免过推汪中了。他又说崔述过信'经'。此言甚是。我对他谈的话，也有可记的：'我们的使命，是打倒一切成见，为中国学术谋解放''我们只认方法，不认家法''南方史学勤苦而太信古，北方史学能疑古而学问太简陋。将来中国的新史学须有北方的疑古精神和南方的勤学功夫''中国今日无一个史家''日本史学的成绩最佳。从前中国学生到日本去拿文凭，将来定有中国学生到日本去求学问'。今关说，日本史学与《本草》两项成绩最大。"（曹伯言整理《胡适日记全集》第4册，联经出版事业股份有限公司2004年版）今关天彭于同年11月19日再次拜访胡适，遗憾的是，胡适日记中只留下"下午今关寿麿来谈"几个字（《胡适日记全集》第6册）。从两人的谈话可以看出，今关天彭谈及的仍是中国传统的经史，而胡适看重的，却是明治维新后深受西方学术影响的日本新史学。

作为见面礼，今关天彭特地将自著《宋元明清儒学年表》赠给胡适，作为他与胡适谈话论学的最佳礼物。尽管《宋元明清儒学年表》出版之前，已有《中国文人讲话》（二酉社1919年版）、《东京市内先儒墓田录》（政教社1913年版）、《东洋画论集成》（上、下，读画书院1915年版）、《中国戏曲集》（东方时论社1917年版）等著述或编译，但今关天彭仍把《宋元明清儒学年表》看作是自己出版最早的专著。只不过两人言及的日本史学话题涉及新、旧学之分，致使意见不尽一致。此后，今关天彭与胡适又多有交往，并亲自翻译其《一个最低限度的国学书目》及论禅学的文章——今关天彭翻译的胡适《一个最低限度的国学书目》，与梁启超《国学入门书要目及其读法》一同收录于《中国学入门书二种》

（今关研究室1923年版）；翻译的胡适论禅学文章，则冠以《中国禅学之变迁》书名刊行（东方学艺书院1936年版）。另外，今关天彭还介绍并促成铃木大拙与胡适在横滨码头会面。

今关天彭去拜访鲁迅，其动机不得而知，但从当时的背景分析，促使今关天彭走近鲁迅的，当是日文报纸《北京周报》。

《北京周报》是继《燕尘》和《新支那》之后，日本人于1922年1月在北京创刊的日文周报。主编兼发行人为藤原镰兄，记者有丸山幸一郎（号昏迷，以下称丸山昏迷）等。该报因多刊载中日知名人士的文章或访谈，加上时事报道比较及时，当时影响颇大，同时也成为京城中日人士交流的一大园地。中方人士里，自然少不了周氏兄弟。笔者十余年前，曾在位于东京都文京区的东洋文库翻阅过几乎全套的《北京周报》，发现其中有不少周氏兄弟的文章或相关报道。从某种意义上来说，周氏兄弟初为日本人所知，进而为日本人所熟悉，与该报有很大关系。

在《北京周报》创刊初年，即刊有周作人《中国的新思想界》《任凭各人之自由》《诗五首》等多篇译稿、诗文，1922年4月23日发行的第14期上还有介绍其生平业绩的文章《周作人氏》。1922年6月4日的第19期上刊有鲁迅创作、周作人翻译的小说《孔乙己》。该报创刊的两三年期间，刊载的两人的文章、报道等数量更多。

该报青年记者丸山昏迷与鲁迅的交往尤密，曾多次前往北京大学，聆听鲁迅讲授"中国小说史"，而鲁迅日记中也屡屡出现他的名字。另外，被鲁迅称为"真正中国通"的橘朴，就是由丸山昏迷引荐并陪同去拜访鲁迅的。鲁迅在1923年1月7日的日记中记录："下午丸山君来，并绍介一记者桔君名朴"（《鲁迅日记》，人民文学出版社2006年版）。此"桔君名朴"者，即橘朴。《北京周报》第59期（1923年4月1日）刊载的介绍鲁迅生平及业绩的《周树人氏》一文，亦出自丸山昏迷之手。这篇文字对日本人认识鲁迅起到至关重要的作用。关于丸山昏迷与鲁迅，已有不少文章涉及，笔者认为较早且较为详细的调查研究论考首推山下恒夫所撰《薄幸的先驱者·丸山昏迷》（《思想之科学》，1986年第9—12月号）。

1923年年初，《北京周报》隆重推出第47期"新年特辑"，撰稿者阵容强大，日方有小田切万寿之助等，中方则有胡适、梁漱溟、许寿裳、吴虞、李贻燕、程时奎、陈启修、高一涵、王孝英、周作人、鲁迅等。其中，内有鲁迅两篇作品，一是其创作并亲自译成日文的小说《兔与猫》，署名为"鲁迅作、同人译"，作品前配有鲁迅赴日留学时的照片和作者简介；二是与当年干支癸亥有关的《关于猪八戒》的谈话文稿，署名"周树人氏谈"。在同一期周报，尤其是名人名作汇集的"新年特辑"中，有同一人两篇文稿出现，足以显示鲁迅之名声和地位。紧接着，该报第49期（1923年1月21日）醒

目的"卷头语"中,又有鲁迅的名字出现:

> 日前,永持氏以竹田复文学士为主宾,邀请蔡元培、周树人、陈傅贤、藤冢邻等中日两国学者、记者等,于陶园设晚宴款待。席上日方一客谈及中国艺术之精美,同时对北京贵重建筑等频遭毁坏而感惋惜时,中方周树人氏对此指出,这是日本方面的看法,但我们不同,我们认为这样的东西不完全破坏,就创造不出真正好的东西来。听后令人感到中日两国人士间有一种类似相对性原理的东西在起作用。

文中的"永持氏"即北京税务专门学校日籍教员永持德一。藤冢邻是于北京游学的日本学者,曾在《北京周报》发表《礼之研究》等文章。当时两人均常与鲁迅来往。竹田复则为文部省官费留学生。当晚的宴席,鲁迅在1923年1月5日的日记中亦有记载:"晚访季市。永持德一君招饮于陶园,赴之,同席共九人,至十时归。"日本的学习研究社1986年版的《鲁迅全集》第19卷卷首还配有当晚拍摄的照片。

这篇开卷的"卷头语",似出自主编藤原镰兄之手。由于文字记述过于简短,缺乏关联和整体性,鲁迅讲此话的真意尚难以断定。不过,1923年年初,鲁迅及周树人之名,接连在京城有影响的日文周报登场却是事实。不难想象,在信息几乎完全依赖纸张媒体的年代,通过《北京周报》，鲁迅其人其作迅速在日本涉华学界传播开来。

今关天彭也是《北京周报》的"常客"。该报创刊初年，即1922年，就刊载过其《现时中国画家及其画风》《竹筆漫语》《竹床漫语》《清代文章概论》等文稿或谈话录。据笔者粗略统计，至1930年9月8日第413期停刊为止，今关天彭在《北京周报》发表或连载文章次数多达四十余回。可见，《北京周报》成了今关天彭发表己见或公开自身学术成果的重要舞台。前述刊有鲁迅小说和谈话的1923年的"新年特辑"，卷首有五六页以"谨贺新年"形式推出的日方知名人士的个人新年贺词，其中也赫然印有"今关寿麿"的名字，而且排列顺序也较靠前。据统计，截至1922年10月月末，居住于北京的日本人总计一千四百八十六人，其中男性七百七十二人，女性七百一十四人。从新年贺词来看，在当时北京的日本人圈里，今关天彭还是颇有名气的人物。对于这期周报上鲁迅的文章，估计今关天彭也不会错过，尤其是那篇《关于猪八戒》的谈话稿。鉴于今关天彭的学术嗜好或阅读倾向，基本可以肯定他是看过的。由此也不难想象，通过这期"新年特辑"，今关天彭加深了对鲁迅的认识，可能从而生发去拜会本人之念。恰好这一时期，今关天彭刚寻访完北京的顾亭林祠，正在撰写一篇相关文稿。不久，《北京周报》第51期（1923年2月4日）刊出今关天彭的《北京的顾亭林祠》，于是，一周之后，他带着刚变成铅字的作品，前往八道湾的周宅去拜访鲁迅。

当时周氏兄弟尚一同生活，没想到数月后，兄弟关系破裂，鲁迅被迫搬出此宅。

此次会晤两人具体谈了些什么，今关天彭没有留下文字，鲁迅日记里也未见记录，现已无从知晓。不过，从《北京的顾亭林祠》这份"见面礼"来推测，谈话内容大概仍以"旧学艺"为主。顾亭林，即清初学者顾炎武（1613—1682），亭林为其号，清代考证学之鼻祖。其著述，尤其是《日知录》在日本学界亦影响深远。十余年前，今关天彭曾目睹朱琦所书"顾亭林先生祠记"拓本，从中得知北京慈仁寺曾为顾亭林所寓。道光年间，何绍基、张穆等特于顾氏曾寓之地，兴建祠堂，行春秋祭祀之礼，崇敬之风日盛，于是萌发去北京必去参谒该祠堂之念。但今关天彭落脚北京后，由于种种原因，直到1922年年底，才遂愿以往。该文即今关天彭寻访顾氏祠堂的观感和人物考察记。他在颂扬顾炎武学术功绩的同时，又旁及黄宗羲，进而延伸到何绍基、张穆等人，信笔写来，清代学术史上大放异彩的学者及其事迹，均在其笔端得以显彰。可以说，这是今关天彭的一篇得意之作。当时今关天彭对清代考证学及其主要学者尤为重视，面呈鲁迅的这篇《北京的顾亭林祠》，即其考察成果之一，也是与鲁迅论学的绝佳礼物。

"每逢书店里，纵谈忘日仄。"今关天彭与鲁迅更多的往来，当然是鲁迅在上海的时期。这一点从鲁迅日记中也可得到佐证："午后往内山书店晤今关天彭"（1929年

6月18日）；"晚内山延饮于陶乐春，同席长谷川本（元）吉、绢笠佐一郎、横山宪三、今关天彭、王植三，共七人。天彭君见赠《日本流寓之明末名士》一本"（1929年6月20日）；"晚微雪。达夫招饮于五马路川味饭店，同座为内山完造、今关天彭及其女孩"（1930年1月4日）。关于此日晚宴，郁达夫在日记中亦提及，"午后想写一篇大夏的剧评，没有写成。上北四川路去了一趟，遇见今关天彭及鲁迅，就和他们一道去吃了晚饭"。（《郁达夫全集》第12卷，浙江文艺出版社1992年版）鲁迅日记又有"下午往内山书店，得《古东多卍》二至三，今年一至三，共五本，共泉七元四角。又今关天彭作《近代支那の学芸》一本，六元八角"（1932年5月6日）；"上午内山夫人赠松竹梅一盆。午今关天彭寄赠《五山の詩人》一本"（1933年12月31日）。今关天彭寄赠给鲁迅的这本书，日文书名本为《五山の四大詩僧》，为今关天彭自行出版，时间是1933年11月。"晚内山君邀往日本酒店食鹌鹑，同席为其夫人及今关天彭君"（1934年1月25日）。以上日记均引自人民文学出版社2006年版《鲁迅日记》（一）和（二）。

鲁迅定居上海不久，就到内山书店购书，结识店主内山完造，并与其结下深厚友谊。今关天彭与鲁迅相逢的内山书店，当时刚从魏盛里一六九号迁至四川北路，即施高塔路十一号。当时鲁迅经常光顾这家书店，有时几乎天天出入。不过，由于日记过于简略，现已很难详知鲁迅与今关天彭在此见面的具体次数，但从前述今关天彭的诗句判断，恐远不止一两次。另外，不无遗憾的是，鲁迅日记记载的只是见面时间、地点以及所赠书籍等，对谈话内容毫无涉及。而今关天彭的诗作，多少可以弥补这一缺憾。"君谓鸦舌断，画本存童时。野叟灰作花，壮年间闻之。我谓金时名，东土犹未废。桃郎伐鬼方，源在朱明代。拍案相顾笑，俗话亦足多。伟哉五山僧，舶载凌碧波。"由此可知，两人谈论的话题十分丰富，涉及绣像画本、小说故事、史籍传说、五山禅僧等。

鲁迅自少年时代起，就喜爱美术图画，除收集一些画谱、绘本类书籍之外，还亲自临摹影写，在绘画方面打下了一定基础，留日时期所做的医学方面的图示笔记，就是这一基本功的体现。对此，周作人在《鲁迅的青年时代·影写画谱》一文中也有涉及（钟叔河编订《周作人散文全集》第12卷，广西师范大学出版社2009年版）。鲁迅对美术图画的兴趣可以说贯穿其一生。提倡美术教育，强调插图等视觉资料效果，倡导和扶持新兴版画运动，编选或翻印国内外画集、图谱等，都是明证。在《"连环图画"辩护》一文中，他曾冀望青年艺术学徒"一样看重并且努力于连环图画和书报的插图；自然应该研究欧洲名家的作品，但也更注意于中国旧书上的绣像和画本，以及新的单张的花纸"。（鲁迅：《"连环图画"辩护》，收入李新宇、周海婴主编《鲁迅大全集》第6卷，长江文艺出版社2011年版）这说明鲁迅对传统绣像和画本一贯重视。也许正缘于此,鲁迅幼时的画本记忆尤为鲜明。这也给今关天彭留下深刻印象。

作为汉学家,今关天彭自然熟谙中国史传,在与鲁迅交谈时,不失时机地抛出"薛仁贵征伐鬼方,其画本盛行明代"的史实,以致引发"拍案相顾笑"的奇特场面。当然,流行于日本的桃太郎征伐鬼岛的故事,两人更是熟知,可谓彼此意会,无须言传。

"五山文学"是今关天彭甚感兴趣的话题,他曾用心收集和研究过禅僧的诗文文献,撰写了《五山的四大诗僧》等论著。五山本指京都、镰仓的五大禅林寺院,"五山文学"则是对13世纪后期至16世纪三百余年间,以五山禅僧为代表的汉文学的总称。当然其发展经历了不同的阶段,各阶段也各具特点和风格。但总体来看,"五山文学"深受中国宋元文化影响,文以四六骈俪体为主,诗则以五言、七言为多且重律诗胜于绝句,是为其显著特征。因为今关天彭一向关注中日两国诗文界的发展变迁,为探究日本汉诗文的发展历史,他从遣宋僧、遣元僧等入手,通过收集考察五山诗僧们的诗文,试图在文化交流史的框架下把握和理解"五山文学"。他在《五山的四大诗僧》中,首先考察的是虎关师炼,然后是出于其门下的雪村友梅、中岩圆月、义堂周信和绝海中津所谓"四大诗僧"。今关天彭把虎关师炼看作是"五山文学"的代表,认为其门下的以上四人是"最卓越、最杰出的诗僧"。在这本七十页的小册子刊印(1933年11

月）后的第二个月，今关天彭就特意将它寄赠鲁迅，说明当时两人可能曾谈及这一话题。

《日本流寓之明末名士》是继《北京的顾亭林祠》之后，今关天彭当面送给鲁迅的又一部著述。该书日文题名为《日本流寓の明末諸士》，为"今关研究室"刊行物之一，1928年8月印制。所谓"日本流寓之明末名士"，是指清朝初年以晚明"遗民"身份而流亡到日本的明末知识分子，如今广为人知的朱舜水即其中代表之一。据今关天彭在此书"小序"中透露，1924年除夕，他与汉学家馆森鸿交谈后，对流亡至日本的明末"遗民"产生兴趣，于是着手调查，并撰写了一系列文章，先后发表于《北京周报》和《日本及日本人》杂志，后将它们辑录成册，即成为这本一百四十六页的小册子。尽管其中存在记述欠妥之处，但笔者管见所及，这是今关天彭著述中最有系统且学术含量最高的著作之一。本书共收录六篇文章，即《〈千百年眼〉之作者》、《朱舜水》（包括《日本永住以前》和《泊舟稿》)、《独立和尚》、《陈元赟》《张非文》和《关于黄梨洲日本乞师》。第一篇《〈千百年眼〉之作者》，篇幅虽短，但学术贡献甚大。他通过调查考证，明确指出孙点为王惕斋刊印本所做的跋文故弄玄虚，所言纯属子虚乌有，认为《千百年眼》作者张燧并未到过日本，从而为解决和澄清一大学术疑案着了先鞭。今关天彭对朱舜水着墨尤多。他利用中日两国史料，纵横驰骋，对定居日本之前的朱舜水其人其事,做了翔实的考察和论证,今天读来,仍令人折服。可以说,这是"舜水学"研究史上值得被铭记的一篇。另外,今关天彭有关朱舜水的著述,还有《关于朱舜水先生》和《朱舜水其人附张非文》等。顺便提一下,周作人曾写过《关于朱舜水》一文,其中有"无怪今关天彭文中疑舜水留滞安南系在经商,故熟悉香料也"之句,说明周作人也曾详细阅读过今关天彭这篇文章。其他关于独立禅师、陈元赟、张斐(号非文)及黄梨洲的考察文章也很有见地,其中对过去学界常将作为独立禅师前身的戴笠(曼公)与顾炎武好友之戴笠(耘野)混为一谈的现象加以澄清匡正,对黄梨洲赴日乞求援兵之说详加考证,并反驳梁启超相关论说等,尤其值得推荐。

今关天彭赠给鲁迅这本书,想必有其特殊用意。因为他清楚地知道朱舜水是鲁迅的同乡前辈,也了解鲁迅对朱舜水的敬仰之心。鲁迅早在留学日本时,就曾利用暑假和许寿裳一起凭吊过朱舜水遗迹,对这位乡贤自然崇敬有加。在今关天彭看来,鲁迅浙东人的气质及其反专制的思想,与朱舜水等流寓日本的明末诸名士有着渊源。遗憾的是,对于今关天彭赠予的这本书,鲁迅作何评价,从现有资料中尚难以获知。不过,从后来鲁迅自掏腰包于内山书店购买"《近代支那の学芸》(定价六元八角)"等书来看,可以肯定他对今关天彭的著作至少是感兴趣的。另外,在鲁迅藏书中,还有今关天彭所著《五山中世的诗僧》(1934)、《北岛雪山与细井广泽》(1933)、

《雪斋长老》(1933)等小册子,可能是鲁迅于内山书店所购。

《近代中国之学艺》是今关天彭著作中最具代表性的一部,由《清代及现代的学术界》《清代及现代的诗文界》《清代及现代的骈文界》《清代及现代的词界》和上述《日本流寓之明末诸士》以及《元明八大画家》构成。当然,作者开始并非作为完整的一本书来写的,但汇集成册后,自成体系,犹如一部前近代文学史。

今关天彭与鲁迅的关联一直持续到鲁迅病逝前的半年。"今关天彭君寄赠《古铜印谱举隅》一函四本"(1936年3月16日的鲁迅日记)。鲁迅早在北京工作期间,即开始收集碑碣拓片等金石资料,并从事有关的辑录或校勘研究。可惜,周氏兄弟反目后,鲁迅收藏于八道湾周宅的金石文物大多未能取走(鲁迅博物馆鲁迅研究室编《鲁迅年谱》增订本第2卷,人民文学出版社1982年版)。更主要的是,鉴于后来的环境,鲁迅不得不在文学和思想界奋力前行,无形中"割爱"了金石学研究。假如鲁迅将精力一直集中于此的话,想必早已成为金石学大家。今关天彭对鲁迅的金石学嗜好及其造诣,似乎很了解,特地购买这套珍贵的金石图录以赠。

今关天彭对法帖等金石学文献也颇感兴趣。他在研究中国学术史的同时,又特别关注汉唐石经等金石文献,并于《北京周报》发表《虞世南之书》《欧阳询之书》《淳化阁帖祖刻及澄清堂帖》等文。后自行刊印《法帖夜话》小册子，颁发友人同好，进而又编写出版了三百四十余页的《法帖丛话》（民友社 1932 年版）。这本《法帖丛话》现已很难见到，但却日显其价值。因为今关天彭长期居留北京，又广交京城书画和收藏大家，得以目睹当时尚存的大量法帖文物。这本书就是在此基础上编写的。

《古铜印谱举隅》为日本人太田孝太郎编辑的线装版四卷本。卷一为范氏集古印谱，卷二为稽古斋印谱、集古印谱，卷三和卷四分别有多家集古印谱、印存、印集等。1934 年 8 月由文求堂书店发售。这是一部辑录较全的古铜印谱文献，对研究古代金石，尤其是印谱发展史大有参考。因印数有限，现于日本也极少见，但笔者曾在东京国立博物馆资料室翻阅过。出乎意料的是，鲁迅收到今关天彭寄赠的《古铜印谱举隅》两个月后，即发病，且于同年 10 月 19 日与世长辞。试想，如果今关天彭当时明确得知这一事实的话，恐不会无动于衷。有鉴于此，回过头来，再看看今关天彭诗作中"周君树人，在沪上日夕往来者，而今将安在"的说明文字，也就不会感到意外了。

从寄赠这套金石图录来看，今关天彭是很看重鲁迅金石学功底的。这一点也在笔者于近期发现的一篇文章中得到证实。就在鲁迅辞世的前一年的 6 月，今关天彭应《东洋》杂志之约，作了一篇《现代中国的文学艺术》。作者在简述中国古今文章、诗词、戏曲等演变及其代表人物之后，又谈及新小说。而且首先表明受西洋小说及日本小说影响的中国新小说，不在自己的阅读领域，接着指出："作为新小说家，鲁迅可谓其领袖。鲁迅本名周树人，曾留学日本学习医学，但对旧学也有相当造诣。人也很有意思，富热情，善冷嘲，且具浙东人之共同特性，富有不屈精神。虽听到一些对该君的批评，但就我所见，该君只是有着中国普遍的文人习性。我比较了解这种中国文人习性，而且喜欢之，所以每次去上海，都会与该君常来往。总之，无论年龄、学识，还是文才，该君都是小说界的领袖。一般评价现居于东京的郭沫若既为新学人同时又精通金石旧学，但周君的旧学不次于郭君；倘若有机会着笔于旧学的话，我想周君可能与胡适不相上下。"（今关天彭：《现代中国的文学艺术》，《东洋》1935年6月号；后收入《中国近情管见》，"非卖品"，1936年6月刊印）这段文字，颇值得玩味。由此可见，今关天彭眼力不凡，同时也可以证实，今关天彭一直把鲁迅看作是新小说的代表，同时又折服其金石旧学的深厚功力。

不过，笔者在考察今关天彭与鲁迅的关系时，又不禁产生这样一种疑问，即两人交往，为什么鲁迅显得不那么主动呢？就学术交流而言，总是今关天彭将自著等赠予鲁迅，而不见鲁迅回赠，也就是说，没有看到明显地双向互动。要解答这一问题，恐非简单之事。但笔者还是不拘固陋，抛出浅见，并以此结束本文。简言之，这主要与两人的观点和立场有关。

今关天彭的中国现状调查与学术研究并非单纯的个

人行为，其有组织或官方背景。今关天彭虽时有冒犯日本军部的言行，但其在华活动总体上与近代日本推行的"大陆扩张"政策并行不悖。这在鲁迅看来，是明确的立场问题。尤其在伪满洲国成立后，陈宝琛、郑孝胥、罗振玉等清末遗老纷纷投身其中，而今关天彭对他们却赞赏有加。他在题为《关于朱舜水先生》的讲演的最后指出，"我曾对赴日的明末志士做过一些调查，他们的动机，如明末的黄宗羲、冯京第，还有朱舜水先生，可以说是舍生忘死，一意为君国尽忠，死而后已。然而，清末却少有像明末志士那样采取激烈行动的人，其原因令人深感不解，但这次'满洲国'成立后，郑孝胥、罗振玉诸位出来，将忠义之道付诸实践躬行。罗振玉尤似朱舜水先生。……我每想起罗振玉翁之事，就不胜怀念朱舜水先生之情"。（今关天彭：《关于朱舜水先生》，1934 年 10 月于"国史回顾会"上的讲演，收入《中国近情管见》）这些话，最能说明今关天彭与鲁迅在立场及观点上的差异。鲁迅虽佩服罗振玉的金石学研究，但对其晚年参与伪满洲国的行为很不以为然，常以"罗遗老"讥讽，这可参见鲁迅的《谈所谓"大内档案"》等文。由此也就不难理解鲁迅在与今关天彭交往上的不太主动。另外，鲁迅与盐谷温等人的交往，也有类似的一面。这种事例正反映了本文开头言及的鲁迅对待日本的人与事的一贯立场。

（缩略版载《鲁迅研究月刊》2013 年第 8 期）

《树下美人图》考

一

二十余年前,笔者曾于东京一所大学图书馆翻阅《西域考古图谱》,偶见新疆出土的《树下美人图》,画面虽为黑白印刷,但印象仍极为深刻。枝叶繁茂的树下,一位丰颊硕体的仕女安然而立,其发髻前翘,身着轻薄的拖地长裙,右手轻执胸前领巾,目光朝向前方,像在凝视着什么。身后一侍女,两手于胸前成操手状,正转首回眸。从人物发式装束看,明显带有唐代妇女特征。

其后,漫长的阅读中,笔者才逐渐掌握了这幅画的流转递变轨迹。该画现藏于一家日本民间美术馆,即位于静冈县热海的 MOA 美术馆。前几年路过此地,才终于顺便目睹这一美人图真迹。面对历时千余年的原始古画,那印象、那感觉真是刻骨铭心。

《树下美人图》

对学界来说，20世纪初的大发现，莫过于找到敦煌遗物了。沉睡了千百余年的无数秘宝接连被斯坦因、伯希和等西方探险者发现并掠取时，中国学者似乎仍蒙在鼓里。1909年夏，伯希和携部分敦煌经卷，于北京首次展示时，学界为之骚然。这一世纪大发现的披露，不啻向学界抛掷了一枚重型炸弹。此后，中国学者才惊醒过来，敦促政府设法将劫余经卷等遗物遥遥运往北京。但在运送途次及抵京后，又惨遭国内不法之徒的巧妙窃取，损失惨重。

围绕敦煌遗物及其发现,"东邻"日本的举动或表现可谓"不凡"。多年蹲守北京,搜购中国典籍文物的文求堂店主田中庆太郎,及时捕捉到伯希和现身北京的消息,捷足先登,与罗振玉等中国学者一起,在伯希和下榻处得以先睹敦煌遗物。田中庆太郎还撰写了《敦煌石室中的典籍》一文,发表在由北京的日本人主办的《燕尘》杂志(1909年第11期),为日本学界获知敦煌遗物着了先鞭。他与罗振玉又先后将此消息及经卷照片传给京都的内藤湖南。对此重大发现,京都大学尤为重视,于1910年8月下旬选派内藤湖南、狩野直喜等五名学者,组成学术调查团,专程赴北京考察。与此同时,东京方面派遣美术史专家泷精一前去调研。调查团回国后,还特地在京都大学举办了"清国派遣员报告展览会",向各界展示该团的考察成果,尤其是带回日本的文物典籍图片等,为敦煌遗物在日本的传播以及学术研究起到推波助澜的作用。

另外,日本又是一个与敦煌及西域文物遭劫直接有关的国家,参与者即所谓"大谷探险队"。简言之,这是净土真宗西本愿寺第二十二代法主大谷光瑞主持派遣的亚洲探险队,自1902年起,前后实施了三次调查活动。第一次是1902年至1904年,成员以大谷光瑞为首,包括渡边哲信、堀贤雄等队员。第二次于1908年至1909年,成员是橘瑞超、野村荣三郎两人。第三次则是1910年至1914

年，成员除橘瑞超外，另有吉川小一郎。由此可知，早在斯坦因、伯希和发现敦煌石室秘宝之前，大谷探险队已进行过探险，只是无缘与众多秘宝相遇而已。在伯希和携部分经卷于北京亮相时，橘瑞超与野村荣三郎两人的第二次探险正在进行中。伯希和等人发现敦煌石室秘宝的爆炸性新闻传出后，大谷探险队也一跃成为世人关注的对象。加之，第二次探险结束后，内藤湖南特地撰写了《西本愿寺的发掘物》，连载于《大阪朝日新闻》（1910年8月3日至6日），介绍了橘瑞超等人"发掘"或"收集"的西域文物，使大谷探险队及西本愿寺更加风光。

大谷探险队"所获"西域文物：菩萨像头部（左）、舍利容器（右）

在组织派遣探险队的同时，大谷光瑞又不惜重金，于神户六甲山兴建大型豪华山庄"二乐庄"，展示探险队"所获"西域文物等，同时委托松本文三郎、狩野直喜、内藤湖南、滨田耕作、泷精一等著名学者，整理研究探险队带回的文物。1915年，由香川默识编著的大型图集《西域考古图谱》（国华社）率先出版。该图谱从探险队"收集"的众多文物中，精选六百九十六件。图片采用珂罗版印制，其中部分图版为精致的木板套色。图谱分上、下卷：上卷以绘画、雕刻、染织刺绣、古钱、杂品等为主，下卷则是佛典及佛典附录、史料、经籍、西域语文书、印本等。可以说，这套豪华图谱是大谷探险队收集品之集大成，是西域研究领域不可或缺的重要文献。而且，鉴于大谷探险队"所获"文物后来分散于中、日、韩三国，甚至一些文物下落不明，这套图谱更显珍贵。1937年，以收录探险日记等文字资料为主的《新西域记》（上、下，大谷家藏版）出版时，其中的附录或插图，也多是从这套图谱中复制的。

二

《西域考古图谱》上卷的第五十一号图即《树下美人图》，原题为《唐画树下美人图纸本》，并标有"喀喇和卓古坟"六字，意在说明是从新疆吐鲁番地区喀喇和卓古坟出土的。但这幅画并非大谷探险队亲自发掘所得，而是大谷探险队指使当地人发掘后，再从其手中收买来的，故具体发掘情况已无从获知，只能从当事者，即第三次大谷探险队成员吉川小一郎（1885—1978）的晚年访谈录中略知大概。据其接受访谈时（1976年8月25日）的录音资料可知，他跟一李姓随从自吐鲁番至库车考察途中，曾委托当地警察对古墓进行发掘，然后离去，等返回之后通过李姓随从又从发掘者手中收买下这幅画。当然，这只是当事人时过了半个多世纪的回忆，难以确保其准确程度。不过，参考新中国成立后的考古发掘，可以基本断定这幅《树下美人图》与东京国立博物馆所藏《树下人物图》一样，都出自吐鲁番阿斯塔那—哈拉和卓古墓群。

《树下人物图》

应该指出的是，大谷探险队的收集品记录存在不少疑点。因为探险队成员当时多为二十岁前后的年轻僧侣，虽热情有余，敢于冒险，但既无考古学专业知识，又缺乏翔实的记录，加上物品带回日本后未能妥善保存，致使"发掘"或"收集"的文物价值折半。尤其是壁画等，从研究角度讲，缺乏真实可靠的来源记录，不得不依靠海内外学者的著作或出版图录等加以识别验证。有趣的是，这幅美人图背面粘贴的旧纸，上有"柳中縣 馬寧鄉 開元肆年籍"字样，说明这曾是当时的户籍簿，而开元四年即公元716年。当然，仅据此来判断画作的制作年代，不无草率之嫌，但大体可以认定此画诞生不晚于8世纪的唐代。

大谷探险队将《树下美人图》带回日本，首先给美术史学者一大惊喜。因为此前，奈良东大寺正仓院宝库藏有的系列唐风美人图屏风，即所谓"鸟毛立女屏风"，已为人熟知，但对此如何解说，长期以来却成为困扰学界的一大难题。这幅来自西域的美人画的出现，使该问题得以迎刃而解。不难想象，当学者们看到这幅《树下美人图》的瞬间，似乎立马意识到正仓院美人图屏风的源流，知其正是深受唐代风俗画影响之产物。

本属"大谷家秘宝"的这幅《树下美人图》，怎么跑到了MOA美术馆这样一个民间场馆里了呢？说起来，这与大谷光瑞波澜壮阔的人生有关。大谷光瑞素以独断专行著称，在未获教团本山赞同的情况下，多次派遣探

日本正仓院藏"鸟毛立女屏风"其中一扇（局部）

险队，其费用之大自不必说，而且于六甲山山麓及半山腰，兴建装有专用缆车的豪华山庄二乐庄并配置学校等设施。开支巨大，导致大谷家背负巨额债务，而教团也发生丑闻。1914年6月，大谷光瑞被迫辞去法主及教团总管职务，退居二乐庄。同年年底，又移居中国大连，古经残卷等部分探险文物及藏书也随之陆续运抵旅顺。这些文物后来几经周转，最终归博物馆所有。现旅顺博物馆之所以能收藏部分大谷探险队的收集品，正缘于这段历史。其后，为偿还债务，二乐庄连同其中的探险队收集品全部被处理给官商久原房之助。时有"矿山王"之称的久原，或许出于利权关系，以支援新建殖民地博物馆为名，将二乐庄内收集品一应转赠给朝鲜总督府。如今韩国国立中央博物馆的西域遗物，即源于此。1932

年，二乐庄不幸毁于大火，现在除了山下的学校外，当年的山庄已无踪影，甚至不少日本人连二乐庄这个名字也不晓得了。

早在大谷光瑞离职之前，当时的恩赐京都博物馆（今京都国立博物馆）以"借用"方式，将二百余件探险队收集品拿去展示。这些以美术考古为主的遗品几经周折，后被日本国家"收购"，并入藏东京国立博物馆，成为该馆"东洋馆"展品中的重要部分。另外，大谷光瑞于1948年去世后，西本愿寺内部整理其遗物时，在仓房内偶然发现两个坚实的大木箱，里面装满了经卷、拓本、古文书、染织品、古钱以及植物标本等，后由大谷家全部捐赠给龙谷大学，成为该校西域研究的基础资源。据传，捐赠时日本尚值同盟国军事占领时期，涉事方怕传出后中国将提出返还要求，因此一切均在秘密情况下进行，直到1952年才公布。

以大谷探险队和二乐庄为标志的辉煌的"光瑞帝国"，随着主人的倒台，在短时间内土崩瓦解，其所拥有的大量西域文物也四处散佚。以上就是这些文物的主要流向。

三

《树下美人图》本在二乐庄，久原房之助接手山庄后，若果如世间所知，将所有内部文物都转赠朝鲜总督府的话，那么这幅画理应在流向朝鲜半岛的文物群之中。然而，事实是，就在久原房之助转赠文物之时，包括《树下美人图》在内的一些文物下落不明，这一点也始终使日本的研究者大惑不解。不过，关于这幅美人图，笔者偶然从茧山顺吉的回忆中寻到了答案。

茧山顺吉，即东京著名美术古董店"茧山龙泉堂"第二代店主，幼时曾跟随收购古玩的父亲于北京生活多年，长大后继承家业，曾搜购不少名品瓷器等贩往日本、美国，获利颇丰。他及其父都练就了一双鉴宝慧眼，尤其精于鉴赏青瓷，其中又偏爱龙泉窑，店铺之名即由来于此。茧山顺吉正是在 20 世纪 50 年代初将《树下美人图》转售给 MOA 美术馆创始者的当事人。据其回忆，1951 年前后，他风闻东京一家古玩店藏有《树下美人图》，于是马上赶到位于青山的这家店铺，拜会店主小田荣作，并让其出示该画幅。他看后马上断定这就是大谷家的那件珍品，决心无论如何要搞到手。因为茧山顺吉此前曾通过《新西域记》等对此画有一定了解，又在京都的山中松治郎家见过那幅《树下人物图》真迹，加之他与大谷光瑞还有一段交情，即通过大谷光瑞的亲笔介绍信，特地到朝鲜京城（今韩国首尔）以及中国旅顺观赏过大谷探险队收集的文物。茧山顺吉弟媳之父，名叫玉川义隆，曾是东京筑地本愿寺"副轮番"。早在 20 世纪 30 年代后期，通过玉川义隆介绍，茧山顺吉初识大谷光瑞，两人因喜爱中国古陶瓷器而趣味相投，后来又在上海至神户的轮船上邂逅,得以日夜攀谈。其后,在大谷光瑞的特别关照下,茧山顺吉不仅观赏到众多失散的探险文物,而且独享收购大谷家陶瓷藏品的优待,后通过转卖而大赚一笔。因此,当茧山顺吉目睹了这幅《树下美人图》后,其心情及占有欲是可想而知的。于是,他出高价让这家同行转让给他。当然,转让的具体金额不得而知,不过,若从当时的情形推测,恐不低于一两百万日元。

《树下美人图》得手后,茧山顺吉本想再高价售给东京国立博物馆或大和文华馆。因为前者属日本国家级博物馆,实力雄厚,而且最大理由还在于,这家博物馆此前刚收购了那幅《树下人物图》。犹如一对孪生兄妹的两幅人物图若能相聚一堂,不再分离,自然是再好不过的了。果然能实现的话,也算美术商"积德"之举。后者虽属财团法人私立设施,但也很有实力,尤其是在美术史专家矢代幸雄指导下,一直致力于中国书画文物的收藏。但出乎意料的是,两者均未被说动购买。这样时间久了,对被占用周转资金的茧山龙泉堂来说,恐亦是棘手之事。也许是出于谋略,茧山顺吉带这幅图直接求助于当时的文物保护委员会,恳请政府部门把它认定为重要文物,以防止其流向海外。因为那幅被东京国立博物馆购去的《树下人物图》,已率先被认定为重要文物。当然,一旦被认定为重要文物,《树下美人图》身价倍增也自不待言。可是,茧山顺吉的策略并未奏效,一时更没遇到买主。原因似乎很简单，因为出价太高。尽管他本人不便透露，但据说开价在五百万日元。1952年前后，日本新任公务员和警察的月工资分别为七千六百五十日元和六千九百日元。由此不难想象，当时的五百万日元，可不是小数目。当然，东京国立博物馆也不是不想接手这幅画，而是碍于经费紧张，因为此前刚收购了《树下人物图》，而当时的购价好像只有一百二十五万日元。这幅美人图，考虑它的自身价值和展出效果而售价高些，比如说二百万日元或二百五十万日元的话，尚在情理之中；但五百万日元的开价，着实令这家日本的国立博物馆也吃不消。查《东京国立博物馆百年史资料篇》可知，1952年用于展品的购入费预算为一千万日元。也就是说，若购买这幅画，则要耗去半年的经费。不过，对茧山顺吉来说，既然价已开出，就不好撤回了。就在其进退两难时，幸好出现了新买主，这就是现MOA美术馆创始者冈田茂吉。茧山顺吉马上带这幅画到其别墅，冈田茂吉看后二话没说，当场决定购买下来。后来，这幅《树下美人图》也被认定为重要文物（认定日期为1952年7月19日），成为MOA美术馆的镇馆之宝。

其实，茧山顺吉入手《树下美人图》的那家古玩店，本是大阪美术商"春海商店"的东京分店。多年后，茧山顺吉去大阪，见到当年转让给他这幅画的小田荣作，并亲自从其口中得知，大谷光瑞将二乐庄及其收集品售于久原房之助后，久原房之助又委托春海商店的小田荣作负责处理这些物品，其中就包括这幅古画。由此可知，久原房之助并没有将二乐庄内所有探险队收集品转赠朝鲜总督府，使一部分收集品经大阪美术商之手流落民间。这幅《树下美人图》即其中之一。

《树下美人图》《树下人物图》本为我国吐鲁番地区出土的两幅唐代人物图画，历经沧桑，分别落入异国不同之地。即便在日本，想亲眼观看，也不得不跑来跑去。至于要目睹那些被探险队掠去、现四处散佚的大量文物，就更不容易了。

（本文据笔者发表于2014年1月2日《文学报》"敦煌遗物在日本"系列之《〈树下美人图〉考》改写而成）

传世名画李公麟《五马图》流失日本考

1959年,我国曾举办纪念历史上十大画家活动,北宋李公麟(字伯时)即此十大画家之一。李公麟在绘画史上的地位之高毋庸赘述,尤其是那堪称一绝的白描手法对后世影响深远。仅就其《五马图》而言,看似简约的白描勾画,但线条粗细、墨色浓淡均恰如其分,马与人物比例精当,形象生动,甚至能让人感觉出马的肥瘦、光泽及性情。如果要选定我国十件传世名画,这幅画卷极有可能名列其中。只是这件稀世之宝在1930年流入日本,后又传被毁于"二战"战火。谁知就在2018年岁末,东京国立博物馆官网公布将于"颜真卿——超越王羲之的名笔"特展(2019年1月16日至2月24日)上,展出这件消失已久的名作,令世人大为惊喜。

紫禁城内的《五马图》

《五马图》为纸本白描淡彩卷轴,分五段,高约九寸,长约七尺一寸,每段画一匹骏马和一名牵引奚官,本身虽无作者署款和印记，但被认为是传世中最为可信的李公麟真迹，主要证据是上有黄庭坚的题记和题跋。因为黄庭坚不仅是作者同时代人，而且还是其好友。从黄庭坚所题马之名称、年岁、尺寸等信息可知，这五匹由西域进献给北宋朝廷的名马，前四匹分别是凤头骢、锦膊骢、好头赤和照夜白，最后一匹缺失题记，难以明断，但据拖尾宋代曾纡题识，后人多认为是名马"满川花"。图卷上乾隆帝御笔题识，也有类似暗示。御笔曰：

> 前四马皆著其名与所从来，而此独逸，岂即曾纡跋中所称满川花耶？要非天闲名种，不得入伯时腕下，当是后人窃取题识真迹，别为之图以炫观者，是以并公麟姓名割去褚尾，更无余地，亦其证也。

也就是说，乾隆帝认为最后这匹马亦出自李公麟之手，只是后人"窃取题识真迹"而已。不过，日本美术史学者泷精一和铃木敬等均认为最后这匹马并非李公麟真迹，而是后人补画。

卷末黄庭坚题跋谓：

> 余尝评伯时人物，似南朝诸谢中有边幅者。然朝中士大夫，多叹息伯时久当在台阁，仅为喜画所累。余告之曰：伯时丘壑中人，暂热之声名，傥来之轩冕，此公殊不汲汲也。此马驵骏，颇似吾友张

文潜笔力。瞿昙所谓识鞭影者也。

这段题跋不仅为鉴定李公麟真迹提供了可靠证据，而且为这一画卷增添了无上荣光和价值，因为世间再难寻有任一宋代四大书法家题跋的画迹。

李公麟《五马图》（局部，在日本的复制品）

《五马图》曾见于诸多著录，如南宋周密《云烟过眼录》、明代汪珂玉《珊瑚网》、清代卞永誉《式古堂书画汇考》、吴升《大观录》以及《石渠宝笈重编》等。由此可知，此画卷南宋时尚归内府收藏，元、明及清初时期，经柯九思、张霆发、宋荦等诸家递藏，乾隆年间转入清宫。其上除有乾隆帝题识外，还有其多处收藏印记，是流传有序的赫赫名迹。另外，明代曾有数幅摹本。

笔者最早得知李公麟《五马图》传世，还是通过《芥川龙之介全集》。回想起来，三十年前读研期间，笔者因为要写芥川龙之介与中国典籍相关的硕士论文，故把岩波书店版全十二卷的《芥川龙之介全集》通读了一遍。从其中"李龙眠、五马图、黄鲁道（直）题"（第12卷）等零星记述，再结合芥川龙之介于1921年春夏游华的经纬，得知他曾在北京目睹包括《五马图》在内的多幅清内府藏画，地点应在溥仪帝师陈宝琛府邸。

遗憾的是，这位"鬼才"作家并没有对此详加记述，更没有将此纳入其创作题材。倘若像其创作《秋山图》小说那样，随便以什么形式，把《五马图》诉诸笔端，以其文名及影响力，或许可改变这一至宝的命运也未可知。

后来笔者翻阅杨仁恺先生的《国宝沉浮录：故宫散佚书画见闻考略》（上海人民美术出版社1991年版），才得知这幅画卷早已流失日本，且有"名为焚毁而实则尚存人间"之暗示。

《五马图》真迹一直在日本私人手中秘密庋藏起来，过去有影印本可资稽考，据日本学者岛田修二郎先生见告，他曾于第二次世界大战前见到真迹，为京都大学某法学教授所藏，战后宣称已被炸毁，从此李氏真笔渺若黄鹤，无处问津。根据日方人士推测，某教授为法律界名宿，深通法理，既声明原作已损，即使一直安然无恙，也只能沉默到底，对之不无遗憾。

既然如此，对当时的笔者来说，这幅画也只能作为一个悬念被搁置起来。后来笔者到日本的大学工作,有机会出入诸多图书馆,饱览各种文献资料,在翻阅大村西崖著述及《国华》杂志时,又偶遇《五马图》相关信息,尤其是从1922年度《国华》杂志上看到《五马图》图片后,又唤起对此图卷的好奇心。具体来讲,是美术史学者中川忠顺根据其在北京的观画体验,撰写了《李龙眠与白描体——关于所附〈五马图〉卷》一文,分两期刊载于《国华》杂志(第32编第7—8册,1922年1—2月),而且附带《五马图》整体图版及黄庭坚、曾纡题跋。管见所及,这篇长文及所附图版成为《五马图》在近代广为人知的最早文献。即使在中国,当时尚无复制品,除陈宝琛及周边亲近人士以外,能目睹《五马图》者,恐亦寥寥无几。作者中川忠顺时任东京帝国大学美术史讲师,其与雕塑家新海竹太郎于1921年初夏经朝鲜半岛来华游历,主要目的是考察云冈石窟,后根据所摄照片,及时编辑出版了大型图集《云冈石窟》(文求堂书店1921年版)。在北京期间,中川忠顺有幸在陈宝琛家观赏到《五马图》真迹,而且将拍摄图片带回日本。从时间上看,中川忠顺与芥川龙之介滞留北京的时间基本重合,都是在1921年5月至6月,而且获观《五马图》处都不出陈宝琛府邸。这说明这幅内府秘藏画卷当时正好被陈宝琛借回家中。遗憾的是,他们二人都没有留下拜访陈宝琛的具体过程。

稍后,即1921年10月至翌年1月,东京美术学校教授大村西崖初次赴华考察，在北京陈宝琛家饱览了众多内府藏画，其中就包括《五马图》，而且还带专业摄影师拍摄下来。相关情况，大村西崖在归国后于母校所做的讲演——《中国游历谈》（《东京美术学校校友会月报》第20卷7号）中曾有涉及。大村西崖将《中国美术史》《密教发达志》《文人画之复兴》《华严经》以及日本制雁皮纸等作为礼物赠送给陈宝琛，并托其将同样礼品献给清逊帝溥仪，以求观览并摄制内府藏画。后陈宝琛传溥仪话说：

> 对方本着研究目的远道而来，尽可能让其多浏览或拍摄宫中之物。不过，在宫中很麻烦，就拿到你家去给他看吧。

因此，大村西崖讲：

> 后来陈氏多次把宫中宝物借到家来，（自己请摄影师）分几次拍摄，总共拍下八九十枚。

若对照近年整理出版的《西崖中国旅行日记》（吉田千鹤子编，游摩尼书房2016年版。以下简称《西崖日记》），当时的情形则更为清楚。大村西崖携带自著等礼物，初次造访陈宝琛（太保）是1921年11月6日。陈氏出示自藏和内府所藏书画，让其观览，并许诺为其借

出内府宝物,以便拍摄。后得知内府藏画借出后,大村西崖于11月17日日记中记载:

> 伴栗原及写真师岩田、平田至陈弢庵。太保出迎,出御府及自家藏品,(令)自由摄影。

栗原,即栗原诚,东京美术学校洋画科毕业生,擅长书画鉴赏和摄影,当时在北京加藤洋行工作,又临时任大村西崖翻译。岩田与平田分别是岩田秀则和平田饶,均为在北京执业的专业摄影师。当天在陈宝琛家,《宋徽宗临古长卷》《唐宋元画册》等从未寓目的内府秘藏古画琳琅满目,令大村西崖应接不暇。因数量较多,一天未能全部摄制下来,又约定21日再次拍摄。作为异国人士,大村西崖可以饱览诸多内府藏画,还被准许自由拍摄,这在当时实属难得。

其后,大村西崖为寻访并拍摄京城其他藏家书画,又南下天津,忙得不亦乐乎,在12月8日日记中记载:

> 此日陈太保亲戚刘骧业来访,予不在寓,栗原代而应接。骧业请予以画扇。

大村西崖在住处扶桑馆特地为其作画后,于10日一早,"访刘骧业于宣武门外烂缦胡同十八号,交付所嘱扇面,托请陈太保再借内府宝绘,以刘氏为陈之通家也"。

值得注意的是，此处"陈之通家"刘骧业，即陈宝琛外甥，是曾任福建盐运使兼闽海关监督刘鸿寿之子，曾留学日本，回国后于国民政府财政部任职。这位刘骧业正是后来将《五马图》带往日本，并售于日本实业家的当事人。

接着11日，大村西崖又去访刘骧业，再次托其斡旋内府藏画借出之事，后得知刘骧业确切回音后，于14日日记中记载：

> 午后一时赴陈弢庵招宴。……此日弢庵又为予借内府宝绘来观之。刘骧业来会，斡旋太力。

日记中详细记载着当天所拍摄的诸多名画，其中写道，"李伯时五马图卷、纸本淡采（彩）、七枚、高九寸、长七尺一寸四分"。（《西崖日记》）另外还有《梁楷右军书扇图卷》《燕文贵秋山萧寺图卷》《恽南田仿古山水册》等。根据大村西崖记载，《五马图》并非全是墨笔，而是间有淡彩，而且从拍摄的七枚图片来看，应是连同序跋在内较为完整的拍摄记录。大村西崖对尽力斡旋的刘骧业也大为赞赏，故有"斡旋太力"之语。第二天，大村西崖又派栗原至陈宝琛家，继续拍摄前日未了的部分。

大村西崖离京南下的12月17日当天，刘骧业特来为其送行，并赠送"古镜一面、内府王石谷山水五帧及十五日于陈太保宅所写照影"。

以上可知，1921年这一时间段，除芥川龙之介和中川忠顺之外，至少还有大村西崖在陈宝琛家目睹过《五马图》，大村西崖还对此作了具体记录和拍摄。而作为陈宝琛外甥的刘骧业不仅为此竭力斡旋，同时也是这一过程的亲历者。

大村西崖归国后，即着手整理在华所获文献资料，尤其是于京津等地拍摄的七百余张中国古代名画，将照片贴在整理用纸上并标注说明文字。这些收获首先于1922年2月17日和18日在东京美术学校展览，后又在大阪、金泽等地讲演时展出。当然，其中就有李公麟《五马图》。而且，就笔者目前所知，大村西崖也是最早将《五马图》及其所藏信息编入美术史的学者。其早在1925年编刊的《东洋美术史》中，在简要概述李公麟生平业绩后，就明确指出：

> 鞍马人物之白描实为古今独步之神品。其遗作《五马图》卷乾隆以来至今尚存于清室内府。

不仅如此，作为教学参考，大村西崖还计划另行出版一册包括《五马图》在内的图录，但他不幸于1927年年初病逝，使计划受挫。后根据东京美术学校校长正木直彦的建议，由同事田边孝次将原计划中的图录拆散，把照片分别插入文本中，扩充为上、下两册出版，即大村西崖、田边孝次著《东洋美术史》（上、下，平凡社1930—1933年版），下卷第二百五十七页即有插图为李公麟《五马图》。据说大村西崖生前在东京美术学校讲授东洋美术史时，作为教学参考，多年一直都在使用其自北京拍摄回来的《五马图》照片。可以说，大村西崖与前述中川忠顺一道，为在日传播和普及李公麟绘画艺术，尤其是扩大《五马图》之影响作出了贡献。同时不可否认的是，也为这幅画卷最终流失日本埋下了伏笔。

另外，大村西崖于1923年第二次游华，在北京与金绍城见面时，特地"赠金以李伯时《五马图》卷册页一本，又托金赠一本于陈太傅"。这是为兑现第一次来华托陈宝琛借出内府藏画摄影时的承诺。因为当时"太保曰：今日宫中已奏闻先生之事，而得内府宝绘影写之敕许，先生写之则请献各一本于陛下。"（《西崖日记》，1921年11月14日）但目前所知，大村西崖所呈献的只有这件《五马图》复制本。现北京故宫博物院所藏《五马图》珂罗版复制本，是否为大村西崖所献还是另有出处，尚待确认。

《五马图》流入日本

大村西崖在陈宝琛家观赏并拍摄的内府藏画及其记录，也为我们调查和了解清宫流失书画提供了重要线索。

《五马图》只是其中一例。从以上内府秘藏名画随意借出宫外的事实,不难窥知当时宫中文物在保管上的混乱状况。查验《故宫已佚书籍书画目录四种》的《诸位大人借去书籍字画玩物等糙帐》,仅"辛酉十月十八日陈大人借去"一项,就有包括"李公麟五马图手卷"在内的十四种书画。"辛酉十月十八日"正好是公历1921年11月17日,也就是上述大村西崖携专业摄影师去陈宝琛家拍摄的日子。结合同为清宫留下的《外借字画浮记簿》可知,早自1920年下半年开始,就有包括《五马图》《徽宗临古》《燕文贵秋山萧寺》等在内的宫中藏画被多次借出宫,主要借主就是陈宝琛,而且当时宫内出借手续及记载过于粗略马虎,也不排除借出不入账甚或不归还的情况,加上目前所见之清室遗留书画目录等并非完整,故具体情况已无从稽考。不过,这幅《五马图》最终还是留下了收回记录,即辛酉(1921)"十二月初四收回"(《外借字画浮记簿》)。"辛酉十二月初四"为公历1922年1月1日,距大村西崖携摄影师去陈宝琛家拍摄(1921年12月14日)仅半月余。

那么,这幅画卷是怎么流出宫外的呢?查《赏溥杰书画单》,在宣统十四年(1922)"十一月初七赏溥杰"栏内,"李公麟五马图"赫然在列。也就是说,该画卷被收回还不满一年,就以"赏溥杰"的名目被转移出去。而且就在"十一月初七"(公历12月24日)这一天,竟有二十五件名画下赐溥杰。溥仪就是以这种巧妙的"赏赐"方式，在短短不到半年时间内，将一千余件唐、宋、元、明、清五朝贵重字画转移到宫外，从而导致国宝散佚，至堪痛惜。

后来这些被巧妙转移出去的书画等文物，由溥杰、溥佳等通过各种关系偷偷运入当时的天津租界。故1924年溥仪出宫暂避日本使馆后，又悄悄潜入天津租界，从此过起多年还算体面的"小朝廷"生活。当然，为支付庞大开销，部分被转运过去的书画等文物也成了变卖对象。《五马图》就是溥仪居天津期间流失出去的书画名品之一。

这幅名画流失到日本，简单地讲，主要跟溥仪、陈宝琛、刘骧业三人有关，契机则是1928年秋冬之际于东京举办的"唐宋元明名画展览会"。在三名主要涉事者中，溥仪作为清宫古物占有者，拥有绝对权利，但从当时情况判断，他对书画等不可能直接一一经手。作为溥仪师傅，同时又精于书画鉴赏、熟知清室书画的陈宝琛在幕后运作的可能性最大，最后亲手将《五马图》带去日本出手的则是刘骧业。下面，笔者根据日本外务省档案等资料，从这次"唐宋元明名画展览会"入手，追寻《五马图》在日本流失的轨迹。

"唐宋元明名画展览会"是由日方策划、中日两国名士参与的大型展览会，时间是1928年11月24日至12月20日，会场设在东京府美术馆和东京帝室博物馆。中日两国共提供唐、宋、元、明及部分清代绘画展品六百余件，其中来自中国的展品有三百二十余件，日本的有约二百九十件。说起来，这次展览会的缘起与此前多次成功举办的"中日联合绘画展览会"（在日本称"日华联合绘画展览会"，以下简称"联展"）有关，甚至可以说是"联展"筹办过程中的副产品。

面对势头汹涌的西方艺术浪潮的冲击，为推动东方传统画艺的继承和发展，促进两国画家交流，20世纪前十年末期，当时在中国游历的日本画家渡边晨亩提议，中日两国画家携手定期举办绘画展览。后由于五四运动等影响，第一次"联展"直到1921年11月至12月才先后于北京和天津举办。在发起人和参与者中，日方以渡边晨亩、正木直彦等为主，中方则以金绍城、周肇祥、陈师曾为核心。第二次"联展"于1922年5月在东京举办，京沪等地画家出展四百余件作品。正是在此次展览会上，陈师曾带去的齐白石绘画受到欢迎，卖出好价。1924年四五月间在京沪举办的则是第三次，此时陈师曾已病逝。两年后，即1926年6月至7月，先后在东京和大阪举办的属第四次"联展"，而作为当年赴日的中方发起人之一的金绍城在回国后不久病逝。金氏死后，其子金开藩率众成立"湖社"，与另一位"联展"发起人周肇祥对立。加上"联展"后来又有日本外务省插手，中方主要人员对此看法不一。尽管日方派渡边晨亩等人前去疏通撮合，但仍未奏效。第五次"联展"本应于1928年春在中国京沪两地举办，但鉴于中方组织内部分裂，加之北伐等因素，中国国内局势不稳，故"联展"不得不被暂时搁置起来。

就在此前后，以日方画家为主的绘画组织便开始酝酿举办中国古代绘画展一事。当然，目的也是为了配合秋季天皇即位纪念活动。此事得到日本外务省的支持和资金援助，同时也征得时任驻日公使的汪荣宝的赞同。很快日方就派遣曾长期在华工作且有广泛人脉关系的"中国通"坂西利八郎和画家渡边晨亩、结城素明三人赴华活动，征集作品。

三人于1928年5月末抵大连，6月3日至天津，经两周活动，征得近四十人赞助，有二十多人拟出展品，其中包括溥仪。6月17日，坂西利八郎等前去拜访溥仪，乞其出展和后援。郑孝胥在日记中也记述同日"召见坂西利八郎等"。（劳祖德整理《郑孝胥日记》，中华书局1993年版）当时天津可谓是前清遗臣、政府阁僚及财界大佬等人的聚集地，如徐世昌、陈宝琛、袁克定、靳云鹏、曹汝霖、陆宗舆、方若等，他们均对日方的展览计划表示赞同，且愿拿出自藏名品出展。6月18日，三人由天津进入北京，经过半个多月活动，争取到以高官、学者、画家等为主的数十人赞助和出展品。

当然，对日方策划集中国历代名画于东京展出这一举措，当时也有人极力反对和抵制。三人在京活动期间，就遇到有人散发传单或向报纸投稿表示反对的情况。然而，置当时异常紧张的中日关系于不顾，赞同或协力者也不在少数。其中，当时在北京的刘骧业、阚铎等人对三人接待备至，或积极协助联络，或一起商议展览会实施方案。根据日本外务省档案资料，自6月30日刘骧业前来拜访三人后，直到7月4日，几乎每天都有他们直接接触的记录。当三人于7月6日离京时，刘骧业又亲自陪同他们前往天津，直到三人7月9日离开天津去大连。其间的7月7日，陈宝琛来访。陈氏在批判当时呼吁抵制此展览会的中方人士后，说：

> 为规避外界议论，若隐去宣统帝和自己的名字，则可拿出藏品，唐代绘画尚无，宋元明秘藏品定可提供。

从后来展览会及相关图录来看，溥仪出展的宋代马和之《车马图卷》，就隐去了出展者姓名。而陈宝琛出展的几幅宋元画，即宋代赵伯驹《九成宫图》、元代曹知白《扁舟吟兴图》、方从义《云山图卷》和许震《钟离权像》，均标明了出展者。估计这些画在陈氏看来，不是什么贵重作品，故无须避人耳目。另外，从这一史实，也可以旁证当时在清宫旧藏书画处置方面，溥仪身边的陈宝琛所起的作用之大。如果再参照溥仪的回忆（《我的前半生》第1集，文通书店1964年版），那么这一点恐确信无疑。

> 我过去曾一度认为师傅们书生气太多，特别是

陈宝琛的书生气后来多得使我不耐烦。其实，认真地说来，师傅们有许多举动，并不像是书生干的。书生往往不懂商贾之利，但是师傅们却不然。他们都很懂行，而且也很会沽名钓誉。现在有几张赏单叫我回忆起一些事情。这是"宣统八年十一月十四日"的记录：赏陈宝琛王时敏晴岚暖翠阁手卷一卷……我当时并不懂字画的好坏，赏赐的品目都是这些内行专家们自己提出来的。至于不经赏赐、借而不还的那就更难说了。

由此甚至可以推知，陈宝琛后来以自己名义出展的宋元绘画本身恐来自内府旧藏，而且由其外甥刘骧业转卖到日本的原内府藏品与其亦大有干系。后来坂西利八郎他们又经由大连、青岛，水陆至上海，在上海活动一段时间后，于8月1日返回日本。

1928年是中日关系极为紧张而微妙的一年，济南惨案、张作霖横死、重开北伐等。尤其是日本田中内阁对华采取强硬外交，并悍然出兵，制造济南惨案，激起中国人民极大愤慨，各地反日及排斥日货的运动更是此起彼伏。但尽管如此，三人访华还是取得了显著成果，不仅得到众多名家的赞助和支持，而且初步确认了有望赴日出展的一批唐宋元明各时代名作。

同年9月下旬至11月上旬，坂西利八郎与渡边晨亩再度赴华，目的在于联络出展人员及最后落实出展作品等,甚至想通过政府出面借出故宫博物院的名品,但最终未果。在上海,渡边晨亩通过王震(一亭)将自己创作的大幅《孔雀图》赠予蒋介石,深得蒋氏夫妇喜爱,因此也使联络事宜更为顺畅。在天津期间,他还向溥仪进献了自笔《孔雀图》,并再次恳请其出展。通过此次访华,中方赴日出展人员名单也基本敲定,关冕钧、熙钰、阚铎、金开藩、张弧、方若、刘骧业、王震、庞元济、荻葆贤等,均在此列。庞、荻两人因属吸食大烟者,所以要求携带烟土入境,否则就拒绝出展家藏名画。为此日本外务省还专门照会海关及警视厅,为其"大开绿灯"。为保证展品顺利运抵日本,日方又通知其在华使领馆予以协助。

与此同时,日本外务省对来日出展的中国人或相关人员专门调拨了一批资金。日本外务省关系档案《展览会关系杂件》第4卷中,有1928年11月27日函件:

"支那"名士恭溥儒及其他二十三名
本邦视察补助金
合计壹万五千五百圆
支出　八百圆　刘骧业(北京)前财政部科长
　　　四百圆　桥川时雄(北京)《文字同盟》
　　　　　　　杂志主笔(翻译)

可知,当时日方对前来出展的中方人士给予了很高的待遇，二十三人的补助费就多达一万五千余圆，其中，刘骧业一人八百圆，属金额较高者。另外，从此次展览会收支明细资料看，展览会期间还有一笔约八十四圆的招待费支出，其中"刘骧业氏招待费三十一点二五圆"。可见，刘骧业是日方颇为重视和优待的对象。

在展览会开幕之前，来自北京、上海、大连方面的出展者均陆续抵达东京，而作为天津方面出展的刘骧业、张弧、方若一行直到开幕当天才到达。不知是为了故意逃避海关检查还是避人耳目，刘骧业与张弧等最后携带大量展品从东北经由朝鲜抵达下关，然后乘列车在开幕式当天上午赶到东京上野的会场。此前时任日本外务省文化事业部部长冈部长景收发的电报稿中，有"刘骧业、方若、张弧等拟于二十四日陆路抵东京"（11月20日午后3时发自神户大久保氏）和"请转达一行：敬请出席明日早十时于上野公园美术馆之开幕式"（"下关开往东京第八号列车刘骧业氏"收，发自冈部文化部长）等内容。

11月24日，在举行了隆重的开幕式后展览正式开始，观者如潮，受到各界好评。从当时各种报道看，可以说是当时日本有史以来中国古代绘画展品质量与数量均最高的一次展览。

12月5日更换展品陈列，翌日展览会会长近卫文麿与正木直彦一起访宫内省，奏请天皇和皇后两陛下巡览展览会。后得知皇后将于12月12日来参观。就在前一天,即 11 日下午,刘骧业提出希望将溥仪所藏的三件名画献给皇后观览。正木直彦在日记(《十三松堂日记》第 2 卷,中央公论美术出版 1965 年版)中记载:

> 午后五时至美术馆。刘骧业氏携宣统帝所藏之黄筌笔《柳塘聚鸟图》卷、《唐人游猎图》卷,李公麟笔《五马图》卷三件,恳望供明日来馆之皇后陛下御览。展观此画卷,实乃剧迹,不胜惊叹。如李伯时之作,有黄山谷题跋,可视为龙眠山人之真迹。晚八时至东京车站,为今晚归国之关冕钧、阙铎、熙钰三氏送行。

对正木直彦来说,这三件"剧迹"得以寓目也是第一次。除李公麟《五马图》之外,黄筌笔《柳塘聚鸟(禽)图》和《唐人游猎(骑)图》也均为清室内府秘藏画卷,前者尝见于《赏溥杰书画单》1922 年"十一月初十日赏溥杰"之"黄筌柳塘聚禽图",后者见同年"九月二十八日赏溥杰"之"唐人游骑图手卷"。另外,刘骧业选择在关冕钧、阙铎等三人离开东京回国之日拿出这三件名画,亦未必偶然,恐为避人眼目而为。

12 月 12 日,皇后亲临东京府美术馆,会长近卫文麿、外务省部长冈部长景以及正木直彦、坂西利八郎、渡边晨亩等诸多委员,还有刘骧业、李文权等隆重出迎。皇后巡览约半小时后离去。尚不清楚她是否详细观看了刘骧业所提供的这三件名画，只是从当时的报道可知，当天正木直彦特地为皇后讲解了梁鸿志出展的阎立本《历代帝王图》。(《时事新闻》1928年12月13日)

展览会开幕已近尾声时（原定12月16日闭幕，后延长四天），突然冒出以上包括《五马图》在内的清宫旧藏名品，怎么想都会觉得蹊跷。而且笔者查阅日本外务省档案中的该展览会《临时目录》《出品明细表》和当时编刊的《唐宋元明名画展号》(《朝日画报》临时增刊，1928年12月5日发行)，以及其后出版的《唐宋元明名画大观》(大冢巧艺社1929年版)等，均找不到这三件名画的记录。也就是说，在此次展览中，唯独这三件名画是以非公开形式出现的，而且没有载入任何图录。即使是前述溥仪出展的马和之《车马图卷》，虽隐去出展者姓名，但在图录等文献中均有记载。因此，这三件刘骧业自称为"宣统帝所藏"的宋代名迹，其出展本身恐大有"文章"，或者说必有难言之隐。譬如，为何刘骧业会突然恳请日方让皇后观赏《五马图》等展品？为何不以公开形式堂堂正正展出？又为何没有记入展览会相关文献？这些似乎都是难解之谜。不过，张伯驹在《五代阮郜〈阆苑女仙图〉卷》一文所讲，颇能指点迷津。

溥仪出宫后由日本使馆移居天津日本租界张园，甚困窘，而从臣俸给，不能稍减，遂不得不卖出所携之书画，其事颇似李后主银面盆事……时日人某欲以二万日金得宋梁楷卷。陈太傅宝琛经手其事。成之后，又有日本某侯爵欲以日金四万得李公麟《五马图》卷，献日本天皇。时溥仪正艰窘，愿以四十件书画售日金四十万元。《五马图》则不更索值，以赠日皇。陈又经手其事，以四十件书画畀其甥刘可超。一日刘持四件向天津盐业银行押款两万元，经理朱虞生约余往观，则为关穜《秋山平远图》、李公麟《五马图》、黄庭坚《摹怀素书》、米友仁《姚山秋霁图》四卷，开价《秋山平远图》五万元，《五马图》三万元，《摹怀素书》《姚山秋霁图》各两万元。押款两个月后，刘归还一万元，取走《五马图》卷，其《姚山秋霁图》则以一万元售于余，更以《秋山平远图》《摹怀素书》向余押款五千元，展转半年不还，以《摹怀素书》了结，《秋山平远图》退还之。……朱经理殁后，所藏有方从义《云林钟秀图》、文徵明《三友图》、王翚《观梅图》、蒋廷锡《五清图》、董邦达《山水》五卷，尽归余，与关穜等四卷，皆在四十件之数。载赏溥杰目内，更有黄筌花卉甚精，余未之见。后刘以数万元缴溥仪，糊涂了事。所有书画尽未交还。后刘回福州原籍，死于法。

以上是张伯驹先生的回忆，不一定十分准确，却给我们提示了一些重要信息和线索。一是日本人早就盯上了《五马图》，曾有某侯爵愿出四万日元得之赠予天皇；二是溥仪欲另售四十件书画得四十万，而《五马图》则愿无偿送给日本天皇；三是经手人均为陈宝琛，而具体操办者则是其外甥刘可超；四是刘可超拿《五马图》等部分书画做了抵押，后又赎回《五马图》。但后来这些书画均被刘可超处理掉，最终只上缴给溥仪数万元。这里的刘可超尚不清楚其来历，但从整体情况判断，似乎是刘骧业。

以上信息如果属实，那么我们就不难理解刘骧业为何隐秘带出《五马图》等赴日，又不愿公开，而是恳望日本皇后观赏等问题了。

那么，刘骧业究竟何许人？目前中文资料尚缺乏详细记载，根据日文《日本留学中国要人录》（兴亚院政务部编，1942年）等资料可知：刘骧业，字午原或午园，1887年出生于福建省福州，父亲为福建盐运使兼闽海关监督，母亲则是陈宝琛胞妹。刘骧业于1904年自福州中西学堂毕业后即赴日留学；1913年毕业于早稻田大学政治经济学科，归国后担任福建法政专门学校教授；1917年就任北洋政府财政部秘书科长，在"唐宋元明名画展览会"举办的1928年担任全国经济调查会咨议、币制局银行法规修正委员会委员兼关税讨论会会员。

或许因为舅舅陈宝琛的关系，加上本身在北洋政府财政部门任职，又有留学日本经历，刘骧业与清室尤其是溥仪早有干系。溥仪逃入天津的日本租界后，刘骧业即充当了其与北洋政府及日本交涉的桥梁,故《郑孝胥日记》(中华书局1993年版)中亦频频出现其名字。1928年5月5日,溥仪还下了一道委任其具体负责外务事宜的"上谕"。

> 奉旨三道:谕派郑孝胥总管外务事宜,钦此;谕存耆著承办外务事宜,钦此;谕派刘骧业办理交派事件,钦此。……遂诣葭庵,谈久之。

看来,当时溥仪身边除郑孝胥、陈宝琛等遗老谋士之外,刘骧业等少壮派人士也颇受信赖和器重。在此背景下,刘骧业经手将清室秘藏书画带往日本或售于日本人也不足为奇。另外,鉴于刘骧业曾于北洋政府财政部和关税协调部门任职,才有可能通过特殊渠道将清室名画偷偷带出国门。因为此前针对清宫贩卖书画古物出口,北洋政府内务部曾制定了《古籍古物及古迹保存法草案》。就此次"唐宋元明名画展览会"来讲,未经南京政府许可,海关便对出展绘画物品以简易手续放行,这一行为曾引起国内不少人士不满,后涉事海关监督还受到南京政府方面警告。

就在展览会结束之后,这三件名品又不止一次地出现。正木直彦在12月22日的日记中写道:

> 为画家和鉴赏家展示刘骧业氏携来的三图卷,伴

春野、笃三前往。此日山本农相、田中首相亦来观。

"春野"和"笃三"均为正木直彦之子。"山本农相"即山本悌二郎，众议院议员，时任田中内阁农林大臣，富收藏，尤其对中国古代书画收藏之富堪称关东之最。当时山本已藏有传李公麟笔《九歌图》卷，想必对《五马图》也是趣味盎然。当天连时任首相田中义一也前往观赏。正木直彦在1929年1月30日的日记中记载：

> 上午九时半与细川侯爵、矢代幸雄一起至车站宾馆访刘骧业氏，展观李公麟《五马图》卷、黄筌《聚禽图》卷、《唐人游牧图》卷和王烟客《晴岚暖翠》卷。前三者前已观赏，王烟客者则是初见，为其七十七岁之作。

"细川侯爵"即贵族院议员细川护立，喜收藏，后创设永青文库。矢代幸雄则为著名美术史学者和鉴赏家。由此来看，将这三件名画被不断展示给收藏家或精鉴赏者，其意恐已不是简单的展观，而更大的可能性则是意在出手。

展览会结束后，来自北京及天津的展品由日本外务省统一保管，并委托原常太郎于1月中旬搭乘由神户驶往天津的"南陵丸"送还中国。至于溥仪出展的马和之《车马图卷》是否托刘骧业带回，日方还专门通过其天津总领事馆向溥仪确认，结果溥仪希望通过领事馆返还。后日方通过前往中国进修的浜步兵大尉，于5月27日直接带往天津，翌日交给日本驻天津总领事馆，再由白井副领事于29日交还溥仪。对于这一连串经过，日本外务省档案中均有详细电稿（《展览会关系杂件》第4卷）可查，但唯独刘骧业携带的自称"宣统帝所藏"的这三件名画其后无任何档案可寻。对此或许另有原因，也或许日本外务省档案尚未全部公开。

想必是出于日方恳请，同时也为了换取金钱，刘骧业恳望日本皇后观览的《五马图》《柳塘聚鸟（禽）图》和《唐人游猎（骑）图》三画卷后分别被影印出来。遗憾的是，目前所见此三种珂罗版影印卷轴，均无出版时间、地点及所藏者等信息，恐受制于许可复制时的双方密约。

此次展览会后，《五马图》并未被马上出手。又过大半年，即1929年11月15日，正木直彦日记记载：

> 相见香雨来云，清室李龙眠《五马图》卷将要变卖，该推荐给哪位合适，故来商谈。

相见香雨为美术史学者，曾与大村西崖一起编撰《东洋美术大观》，对中国古代书画颇为精通。因正木直彦年仅三十五岁的长子春野病逝，一时无暇顾及"推荐"一事，故均由相见香雨从中斡旋。但是，交涉情况似乎并不如意。直到 1930 年 6 月，刘骧业携《五马图》再次现身。

步入昭和年代（昭和元年即 1926 年）以后，日本社会和经济均出现停滞或不景气状态。1929 年后，形势更为严峻，尤其是后半年发源于美国的世界经济大萧条开始席卷整个资本主义世界，日本也陷入空前的经济危机。生活难，就业更难，当年东京大学毕业生的就业率也仅为百分之三十左右。当时收藏界也出现藏家抛售书画等藏品的情况。当然，在此形势下，出手《五马图》也不顺利。

正木直彦在 1930 年 6 月 20 日的日记中记载：

> 午后相见香雨来访，谓眼下北京的刘骧业来日，欲出售所携清室内府所藏李龙眠《五马图》卷，并告知七万日金可出手。

接着，正木直彦即亲自拜访家在东京麻布鸟居坂町的经济界大佬末延道成，说服其要下决心买下这幅画。因为正木直彦得知当时已有人将此画推荐给末延道成，但他认为卖价若从七万降至五万尚可。而正木直彦觉得如果此事踌躇不决，则有可能被外国人收买，到时将追悔莫及，所以特向末延道成说明此乃超凡之名迹，敦促其下定决心，最终得到末延道成的理解（《十三松堂日记》第 2 卷，1930 年 6 月 22 日条）从此，这幅递藏有序的历史名迹便落入末延道成之手。当然，正木直彦和相见香雨等人也"功不可没"，尤其是正木直彦"功劳"尤大，其担心因价格而犹豫不决则有可能为外国人获取并非多余：那次"唐宋元明名画展览会"上出展的阎立本《历代帝王图卷》，后由梁鸿志通过相见香雨和江藤涛雄斡旋，欲以八万五千元出手，但因当时日本买主讨价还价、犹豫不决，遂为美国人购去，致使日本人错失收藏这一名迹的机会。

刘骧业出手《五马图》卷前后，还售出过其他一些名画。据大阪书商，也是在辛亥革命后转卖大量中国古代书画的博文堂主人原田悟朗回忆，清室旧藏郑思肖《墨兰》（见"十一月初五"《赏溥杰书画目》之《郑思肖画兰》）就是刘骧业带给他的，后转卖给大阪实业家阿部房次郎，现藏于大阪市立美术馆。

> 郑思肖的《墨兰》，是刘骧业带来的。刘骧业这个人是宣统帝的傅育长官陈宝琛先生的外甥。陈先生恐有养育宣统帝的责任，故在辛亥革命之后为使其生活各方面都能无忧，出了相当多的费用。因此，他自己的东西也好，清室库里的东西也好，有很多被带到了我们这儿。刘骧业年轻时就多次来日本，其间也学好了日语。他手头钱一不足，就到我们这里来，说把这个抵押在这儿，下次再带来哪个哪个，所以从这儿拿走了相当多的钱，当然也守约带来了

东西。不过，有时又说这东西要拍摄下来作参考，先借用一下而拿走。因为是陈先生的外甥，又能带来好东西，所以觉得不会有什么问题，没想到东西就这样溜掉了。李龙眠的《五马图》卷也是他做抵押带来的，真是好画啊！过了一段时间，他说要拍摄就拿走了。后来就没了下文。我曾多次劝告他不要这样做，可他总说这次不乱花钱了，说要回国还是什么的费用，结果还是用于寻欢作乐了。

这是原田悟朗晚年应美术史学者鹤田武良的采访而做的口述。当然，这种单凭记忆的口述记录不一定准确，但从一个侧面显示，刘骧业曾多次把清室秘藏书画带给博文堂，从中所得大笔资金多挥霍于花街柳巷、吃喝游乐。其中，《五马图》好像也一度被抵押在博文堂，后又被刘骧业拿走转手出去。由此看来，前述张伯驹所言"后刘以数万元缴溥仪，糊涂了事。所有书画尽未交还"似有一定根据。

那么，最后买下《五马图》的末延道成是个什么样的人物呢？

末延道成（1855—1932）出身于日本四国高知县，毕业于东京大学法学部，历任三菱汽船、明治生命保险、明治火灾保险、东京海上保险等公司董事或董事长，还曾参与东武铁道公司创立，并担任专务董事等，是当时日本经济界实力派人物。末延道成在收藏界本来并不知名，其崭露头角源于1927年东京的一次书画古董拍卖会。与经济界不景气的局面相反，这次纪州德川家旧藏品拍卖会却取得了惊人的好成绩，个别书画拍卖价格甚至打破了当时的业界记录。如传为"东山御物"的牧溪笔《老子图》拍卖价高达十一万九千日元，牧溪笔《江天暮雪》和马麟笔《寒山拾得图》分别拍出十一万日元和六万八千九百日元，均创历届拍卖会之最。这三件高额拍卖品的中标者均是京都古董商土桥嘉兵卫，而背后的指使者，即订购主又是谁呢？无论是古董商、收藏家，抑或是政财界人士，都不禁为其出手阔绰而感惊讶。因为在当时日本，直到1930年前后，刚工作的普通职员月工资为四五十日元，即使薪水较高的银行职员或政府公务员也只有七十日元左右，像早稻田和庆应这样有名的私立大学一年学费为一百五十日元左右。所以，一幅画拍卖价超过十万日元堪称天文数字。

然而，就在1928年10月27日于帝国饭店举办的一次鉴藏会上，以上牧溪笔《江天暮雪》与其他几位收藏界大佬所藏的《洞庭秋月》《远浦归帆》《渔村夕照》一起被陈列出来。这时人们才知道出展者原来是末延道成，令在场的文人雅客惊叹不已。而且，当年的"唐宋元明名画展览会"上，末延道成将高价拍得的三件古画一同展出，令世人刮目相看。（斋藤利助：《书画古董回顾五十年》，四季社1957年版）为此，末延道成也成为收藏界传奇人物。正因为如此，当刘骧业所携《五马图》欲出手时，日本有关人士自然就推荐给了他。如果与十一万日元的牧溪笔《潇湘八景图》之一的小幅《江天暮雪》图相比，那么，开价仅七万日元的李公麟笔《五马图》又是何等廉价！

《五马图》流入日本，不仅意味着一幅名画的流失，其背后还有当时的国家、组织、个人相互之间错综复杂的历史背景。

（缩略版题为《张明杰：传世名画李公麟〈五马图〉为何会流失日本?》，载《澎湃新闻·私家历史》2019年1月18日）

东京上野周边再现"吴昌硕及其时代"

2018年新年伊始,东京国立博物馆、东京都台东区区立书道博物馆和朝仓雕塑馆联合推出"吴昌硕及其时代——苦铁没后90年"特展。这三家文博机构均地处东京台东区,而且,东京国立博物馆与以艺术场馆密集而著称的上野公园近邻,其他两馆也与之相距不远。

当然,三家联合举办这样的展览,首先得力于各自丰富的藏品。东京国立博物馆规模之大、藏品之富,自不待言,其中的吴昌硕及其相关藏品,多为收藏家高岛菊次郎、林宗毅以及篆刻家小林斗盦等的捐赠。书道博物馆本是私家藏馆,其创设者中村不折(1866—1943)一向倾慕吴昌硕及其艺术,除书画真迹以外,还收藏着吴氏临摹的石鼓文、秦权量、刻石等拓本,甚至还有特请吴氏刻制的"豪猪先生"(白文方印)和"村鈰"(朱文方印)两方私印。前者之"豪猪",取意"猪突猛进",是身强力壮的中村不折先生的形象写照;后者"村鈰"则取自其原名"中村鈰太郎"。

朝仓雕塑馆所在地亦本为私人邸宅,是以雕塑家朝仓文夫(1883—1964)的创作工房和住所为基础创设的。

朝仓文夫享誉中国，源于其为吴昌硕和梅兰芳制作胸像。其与吴昌硕的交流关系也是从制作雕像开始的，时间在1921年前后，正值吴昌硕创作高峰时期。以制作雕像为契机，朝仓文夫成了吴昌硕的崇拜者，其后或书信往来，或求其书画，两人一时成了忘年交。现朝仓雕塑馆仍藏有不少吴昌硕墨迹，其中"神在个中"篆书匾额尤为醒目。吴昌硕胸像曾长期安放于西泠印社，遗憾的是，后下落不明。朝仓雕塑馆保存的当时制作的原型头像（石膏和青铜两种），也因1923年9月的关东大地震而遭损坏，后经修复，现仍安放在展示大厅里。此破损头像既是时代的见证，也是中日艺术交流的象征。

除了三家馆藏品之外，这次展览还包括京都国立博物馆、大阪市立美术馆及个人所藏的不少名品。京都国立博物馆藏品主要源于与吴昌硕关系密切的长尾雨山，即长尾甲（1864—1942）。应商务印书馆之请，自清末起，长尾雨山曾在上海工作生活近十二年，且有三年时间（1912—1914）与吴昌硕为近邻，两人交往极为密切。这次展出的多幅书画，如《松鹤图》《墨梅图》《山水图》以及篆书《七言联》、行书《寿苏词》等均是吴昌硕为长尾雨山所作。

此次出展作品，基本涵盖了集诗、书、画、印为一身的稀世天才吴昌硕的艺术生涯。展览策划方将吴昌硕一生分为三个时期。

第一期，安吉时代（1—38岁），主要展示了刻印、印谱、行草书诗稿、篆书扇面、石鼓文临书、彝器款识、金石识语等。作为参考，还展出了对吴昌硕艺术产生过极大影响的石鼓文拓本，如三井纪念美术馆所藏先锋、后劲、中权、安国诸本，均是难得一见的珍本。

第二期，苏州、杭州、上海时代（39—67岁），展出多种草体和篆体扇面、书轴、绘画卷轴、诗稿、信片等。绘画包括《墨梅图》《墨竹图》《笼菊图》《牡丹图》《墨葡萄图》《幽兰图卷》《拟大某山民梅花图卷》等，其中最后两幅长卷，墨绘精湛，尤为悦目。诗稿册《元盖寓庐偶存》（四卷），内有杨岘序言、评语以及胡公寿、蒲华等人的读后感，从中可窥知吴昌硕勤于诗作、虚心好学的一面。《与沈石友信片》册则如实地再现了吴昌硕的交友关系。长于诗文的沈石友（1858—1917），晚年尤好收集砚台，几乎成癖，对所收砚石或赋诗品评，或乞吴昌硕等好友刻铭，并拓制成《石友砚谱》。沈氏死后，其子又将其遗砚拓编为《沈氏砚林》（四册），内中可见吴昌硕题签、品砚图以及铭文、跋语等。其中一面方砚上，还有出自吴昌硕之手的"缶庐自写七十一岁小像"，颇有趣味。沈氏藏砚，其后人未能守住，被日本画家桥本关雪悉数购去，而桥本死后也散佚殆尽。现在只能凭借《沈氏砚林》一睹其概貌了。

第三期，上海时代（68—84岁），这是吴昌硕艺术最为鼎盛成熟的时期。展品主要有多种石鼓文临书、行书和篆书书轴、《般若心经十二屏》篆书、多种诗翰、画轴画卷等。其中,《云根图》《荔枝图》《荷花图》《水仙图》《藤花烂漫图》《白莲图》《仿张瑞图山水图》《老松图》等画轴,笔墨酣畅,格调高雅,体现出其古朴厚重的金石气风格。晚年的《墨梅自寿图》和取自王维五言诗句横披"万事不关心"更是其书画艺术臻于完善的代表之作。

《墨梅自寿图》

当然,这次出展的作品,只能说是散藏于日本的吴昌硕作品的一部分,但即便如此,也可大体领略这位艺术大师的风采及其在异国的影响。同时,其中的一些展品也为我们了解吴昌硕与日本人士的交流提供了重要信息或线索。

我们知道,吴昌硕一生交往的日本人颇多,其中较知名者如日下部鸣鹤、田中庆太郎、河井荃庐、白石六三郎、山本竟山、滑川澹如、长尾雨山等。在日本崇拜其艺术并受其影响者更是不乏其人，如书法篆刻界会津八一、小林斗盦等可谓代表。此次展品中，就包括吴昌硕为长尾雨山、山本竟山、会津八一、河井荃庐等人所作的书画。长尾雨山于1914年离沪回国之际，由陆恢作画、吴昌硕题额的《海滨话别图》（同时被裱装在一起的还有郑孝胥、吴昌硕及李瑞清的送别赠言），真实地记录下中日艺苑友好交往的历史一幕。

《海滨话别图》题额

吴昌硕与日本人士的交游关系，也惠及其弟子。孙松、钱瘦铁等东渡日本时，均受到盛情接待，其书画篆刻等也受到热捧，成为中日艺术交流史上的一段佳话。此次展览，其中就有几幅孙松滞留东京时所绘制的画作。

作为海派代表人物，吴昌硕书画篆刻等得到传播并享誉日本，本属自然。不过，其外在因素，与国内亦师亦友的王一亭等人的协助、国外文求堂主人田中庆太郎以及河井荃庐等人的推介也不无关系。早在清末时期，田中庆太郎就开始斡旋将吴昌硕书画输入日本，1912年出版珂罗版印制的《昌硕画存》，1920年又编刊了《吴昌硕画谱》，还在杂志上撰文《富有风韵的吴昌硕逸品》（《美术写真画报》第1卷5号），介绍吴昌硕书画。不过，出乎意料的是，1923年关东大地震时，田中庆太郎位于东京大学附近的文求堂店铺及仓库罹灾，包括宋元书籍、历代字画等的收藏全部化为灰烬，而百数十件吴昌硕书画真迹也在其中。

篆刻家河井荃庐于1900年经人介绍拜会吴昌硕后，几乎每年都要航渡上海，向吴昌硕问学，并成为其忠实的弟子。河井荃庐除向日本友人传播吴昌硕作品之外，自身也收集了不少。但遗憾的是，"二战"末期，东京遭美军轰炸，河井荃庐府邸全部被烧，不仅本人葬身火海，其所藏大量中国书画等文物，尤其是赵之谦、吴昌硕等的近代书画也未能幸免。

这些吴昌硕真迹的不存，只能说是一种遗憾。从此意义上来说，吴昌硕书画全集，恐将成为一部永远无法收全的"全集"了。

（原载《书与画》2018年第2期）

日本庋藏的道教文物及文献

2009年夏天于东京三井纪念美术馆举办的"道教美术展",在持续了近两个月后,于9月初落下帷幕。该展览后在大阪展出(9月15日至10月25日),翌年年初还要远赴长崎。这个展览旨在展示"不为人知的道教世界",每天都吸引了众多观众。它最大的特点,就是通过实物,生动再现道教的历史变迁及丰厚内容,同时通俗易懂地展示其在日本的传播和影响。

从历史上看,道教并非作为一个完整的宗教体系而进入日本,但在民间层次上,自古以来它对日本社会和文化等诸多方面均产生过重大影响。即使在当今日本,道教文化的痕迹也随处可见,只是人们没有清楚地意识到而已。如星宿信仰、阴阳道以及七夕、中元、守庚申的民俗等,均与道教密切相关。就连日本人人皆知的浦岛太郎传说等,也与道教有着渊源关系。东京近邻的埼玉县甚至还有名为"圣天宫"的道教寺院(道观)。这次大量的美术实物,揭开了道教的神秘面纱,从而使观众走近丰富而深奥的"道"文化世界。

这次展览共展出与道教美术相关的文物计一百八十

件，其中包括日本"国宝级"文物四件、"准国宝级"重要文物二十余件。展品多来自大阪市立美术馆、东京国立博物馆、三井纪念美术馆、宫内厅书陵部、东京艺术大学美术馆等机构和一些著名寺院、神社等，来自民间组织或个人的展品极少。可以说，此次展出的只是日本各地收藏的道教文物中的一小部分而已。据笔者多年在日访书所知，近代以来，尤其是战争期间，日本人对我国道教文化史迹的实地考察与文物搜求等活动十分活跃，收集的道教文物数量也相当可观。譬如，我国一些宫观中的三尊石像及本尊周边的配祀神像，有不少流失海外，其中一部分就落入日本某些机构或个人之手。这次展出的北魏或唐代的三尊石像，从形体和技法等来看，来自陕西或山西的可能性极大，其中一尊为早崎梗吉受冈仓天心之命从中国搜罗而来。早崎梗吉于清末民初时期曾多次出入中国，搜罗了大量文物。大村西崖编著《中国美术史：雕塑篇》时，其中的道教文物图片，有的就是借用早崎梗吉收藏的实物摄制的。

不过，笔者感兴趣的是展品中与道教有关的典籍、拓本等。例如，宋版《史记》（"国宝级"文物），内有关于老子的最早记录，该《史记》也是目前所知的传入日本的最古老的版本。另有元版《史记·老子伯夷列传》《周易转义》、明版《道藏》《云笈七签》《玉髓真经》《抱朴子》等。还有《太上八威灵册》《老子道德经》《南华真经》（均为唐代）等敦煌写经，以及《黄庭经》（东晋）、《中岳嵩高灵庙碑》（北魏）、《麻姑仙坛记》

(唐代)、《李玄静碑》(唐代)、《唐人真书六种》等拓本。这些写经或拓本多为日本近代书画家中村不折的旧藏,现藏于东京都台东区区立书道博物馆。尽管笔者住处离该博物馆不远,平日也曾多次前往,但大多未能目睹,这次真是饱了眼福。其中《唐人真书六种》,从印记等来看,原为两江总督兼收藏家端方旧藏的宋拓本。

以上展品中,最吸引人的当是明刊《道藏》。因为早就知道日本宫内厅书陵部秘藏着明刊《正统道藏》,但该书陵部属日本皇家图书馆,阅览手续烦琐,故常人难得一见。这次展出的虽仅为一册,但亦让人领略了这稀世珍宝的"尊容"。

《道藏》,简言之,即相当于佛教的《大藏经》,是道教经典文献之集大成。虽然唐、宋、金、元各时期都曾编纂过《道藏》,但均已亡佚,目前存世最早的为明正统十年(1445)刻印的所谓《正统道藏》和明万历三十五年(1607)续补刊刻的《续道藏》。不过,人们习惯上仍将两者称为《正统道藏》。前者五千三百零五卷、四百八十函;后者一百八十卷、三十二函,总计五千四百八十五卷、五百一十二函,真乃皇皇巨著。据专家考证,北京白云观所藏《正统道藏》,为清道光年间的修补刊印本,而这次在日本展出的宫内厅藏本则为明万历二十六年(1598)的重印本,而且它使用的也是原正统十年初刊本的木版。明刊《道藏》经板已毁亡,故当时刊印的《正统道藏》今已罕见。据笔者目前所知,保存较完整的除在中国国内几处

（北京、上海、四川等），海外恐只有东京这一处了。

20世纪20年代，徐世昌、傅增湘等以北京白云观所藏明刊《道藏》为底本，由上海商务印书馆影印，制作了《道藏》缩印本，这就是通常所说的涵芬楼影印版，至今仍为海内外研究道教的学者所珍视。当时傅增湘曾想亲自考订日本所藏的这个版本，而且将两帖与白云观藏本同样的零册《道藏》送给日本道教学者小柳司气太（其著有《白云观志》），让其回国后与日本内府藏本校核，后来结果不得而知。直到20世纪50年代，日本学者窪德忠据涵芬楼影印本与宫内厅藏本进行对校，才确认白云观藏本为后印且经过修补的版本。

据称，宫内厅书陵部的《正统道藏》，现存四千一百一十五卷，其中杂有万历版抄本补卷。它原为九州的一小藩藩主于江户时代后期购进，后献给江户幕府，明治维新后归宫内省（今宫内厅）收藏。现宫内厅的书陵部，以藏有大量中国珍贵典籍而知名。笔者希望日本方面能尽早将该《正统道藏》影印出来，以供世人，尤其是供中日道教学者研究之用。

（原题为《日本深宫中的明版〈道藏〉》，载《北京青年报》2009年10月19日）

苏轼《宸奎阁碑》宋拓孤本在日本的流传

民国之前,日本虽然鲜有苏轼书画真迹,但有一件碑刻拓本不可小觑。这就是苏轼《宸奎阁碑》,堪称宋拓传世孤本。

日本宫内厅书陵部藏《宸奎阁碑》初拓

《宸奎阁碑》,全称《明州阿育王山广利寺宸奎阁碑铭》,是苏轼为阿育王山广利寺宸奎阁所书的碑文。宸奎阁乃是大觉禅师怀琏为收藏御赐颂诗而命名的寺内楼阁。

宸奎阁碑立于1091年（宋元祐六年）正月，由苏轼撰文并书。碑额、碑文均为正书，廿二行，每行字数不一（满行卅五字），计六百余字。

大觉禅师怀琏本是庐山圆通寺禅僧，仁宗皇帝因笃信佛法，特召其入京，赐居十方净因禅院，且与其问答佛法大意。仁宗对怀琏及其问答甚为满意，为其手书十七首颂诗，并赐号"大觉禅师"。后禅师虽多次乞归，但均被仁宗挽留，直到英宗之世的治平三年（1066），才被恩准离京，隐退于四明阿育王山广利寺。为感念皇恩，怀琏特于寺内兴建楼阁，以供奉颂诗宸翰，并取名为"宸奎阁"。

阿育王山寺历史悠久，相传东晋时期于四明一山中发现舍利塔，遂被信奉为阿育王所建八万四千宝塔之一，此地亦被俗称之为阿育王山，后于山中增建寺塔、僧舍等。后来梁武帝敕建堂殿房廊，并赐额"阿育王寺"。至唐宋时期，"阿育王寺"又先后加以修复或重建，并被赐名"广利寺"。南宋以来，该山寺与杭州临安府之径山兴圣万寿寺、北山景德灵隐寺、南山净慈报恩光孝寺和明州庆元府太白山天童景德寺一起，并列为天下禅宗五山。大觉禅师怀琏可谓是阿育王山广利寺中兴之祖。

苏轼因与大觉禅师为故交，受其门徒之请，于公务之暇精心撰文并挥毫。因碑石早已被毁，具体尺寸已无可稽考，只能从现存日本的这件宋拓本知其大概。

碑额左右分别刻有龙图，中间大字楷书"明州阿育王山广利寺宸奎阁碑铭"。碑文记述了大觉禅师应仁宗皇帝之诏，于京城弘扬佛法，并接受仁宗十七首颂诗于宸奎阁供奉的缘由与经过，同时披露了苏轼作为大觉禅师旧交，应其弟子之请撰写碑文等内容。行文结构严谨，言简意赅，从中可以看出苏轼超凡的文学才能。对此碑文（见文末所附），《东坡全集》等文献多有收录，但文字均稍有不同，本文所附则是据日本所藏宋拓本而录。

苏轼在1089年（元祐四年）以龙图阁学士身份知杭州，翌年农历五月疏浚西湖，筑苏堤；后不足一年，即1091年（元祐六年）农历三月，奉诏回京充翰林学士，农历五月抵京师。不久，他又以龙图阁学士知颍州。从碑文落款"元祐六年正月癸亥"可知，撰写时间正是苏轼即将离任回京的时期（1091年年初），时年五十四岁。同年还有《丰乐亭记》《醉翁亭记》（均为欧阳修撰、苏轼书）、《半月泉诗并题名》、《祷雨诗话》等问世，是其诗书丰硕之年，也是苏轼大字楷书大放光彩的时期。

从《宸奎阁碑》拓本来看，整体给人以谨严正直之感，又充满了凛凛之气，字体沉稳端正，丰满浑厚，不失为苏轼中晚年楷书杰作。观看此碑，又不禁令人联想颜真卿《东方朔画赞》，可谓苏轼承继颜体书风的实证之一，同时可借此窥知苏轼晚年书体书风之细微变化。

日本宫内厅书陵部藏《宸奎阁碑》初拓（局部）

《宸奎阁碑》立后数年，由于复杂的党争、党禁，苏轼蒙受迫害，甚至连此碑石也遭损坏。幸而有原石拓本流入日本，被保存了下来。

阿育王寺现存石碑是明万历十三年（1585），郡王蔡贵易据范氏天一阁藏本双钩重刻，当时及其后相当长时间都以为该藏本为原拓，后钱大昕登临天一阁得以寓目其底本，才发现是"元统二年重刻"，即1334年的元代刻本［钱大昕：《潜研堂金石文跋尾》，收入卢辅圣主编《中国书画全书》（修订本）上海书画出版社2009年版］。因文献著录阙如，可知原石初拓于本土早已亡佚，而早年传往日本的则是已知唯一的宋拓孤本。

该原石拓本据传是入宋求法的"圣一国师"圆尔（1202—1280）携归日本的。圆尔为镰仓时代临济宗高僧，于1235年（南宋端平二年，亦日本嘉祯元年）入宋，于江浙一带遍访山寺名僧，后拜径山万寿寺住持无准师范为师，修习佛法，并深得无准师范赏识，伴随其左右，刻苦修炼达五年之久。1241年（南宋淳祐元年，亦日本仁治二年），圆尔携大量书画物品，以及典籍千余卷归国，先于登陆之地的九州创建承天寺、崇福寺等，传授禅宗，后受邀上京（京都），创建东福寺。他大力弘扬佛法，还曾于宫中讲禅，深得朝野信赖，晚年回到家乡骏河（今静冈县）。据传日本著名的静冈茶，最初就是由其从中国带回的茶种种植的，故圆尔至今仍被视为"静冈茶之始祖"。鉴于圆尔为传播和弘扬禅宗佛法作出了卓越贡献，圆寂后被花园天皇追谥为"圣一国师"。

关于圆尔生平及其入宋事迹，圆尔的再传弟子、镰仓后期著名学问僧虎关师炼（1278—1346）所著日本佛教通史《元亨释书》（成书大约于1322年，活字版收录于《大日本佛教全书》和《国史大系》）最为详细、可信。

京都东福寺因其开山祖师圆尔曾入宋求法，且与无准师范为师徒关系，故至今收藏着包括被认定为"日本国宝"的《无准师范像》（有嘉熙二年自赞）在内的诸多中国文物。寺院大殿仍供奉着无准师范的牌位，每年定期行祭祀之礼。

至于《宸奎阁碑》拓本，虽无史料明确记载其传入日本的经过，但看作是圆尔从中国携归的众多书画典籍之一，似无可疑。该拓本曾长期收藏于东福寺，江户时代末期流出，为书画家浅野长祚（1816—1880）所得。

浅野长祚，号迟香、蒋潭，晚年又号梅堂，故世间多以浅野梅堂称之，堂号"漱芳阁"。他曾为江户幕府幕臣，又善书画，精鉴赏，富藏书画与古籍，所藏珍本多钤藏书印"浅野源氏五万卷图书之印"，著有《漱芳阁书画记》和《漱芳阁书画铭心录》等书画录或画论。其得到东福寺流出的《宸奎阁碑》拓本后，爱不释手，还依据法帖形式，将其制作成碑帖，以《宋本宸奎阁碑拓本》（1865）刊出。目前东京国立博物馆等机构还藏有浅野氏刊本。

在浅野氏收藏这一宋拓孤本期间，还有一位苏轼爱好者向山荣（1826—1897）对此十分羡慕，极欲到手。向山荣，号黄村，幕府高级官僚，主要负责欧美国际事务。明治维新后，他专注于汉诗文创作，参与诗社"晚翠吟社"活动，为明治诗坛活跃人物之一。向山荣又富收藏，善书法，尤其喜爱苏轼，自命堂号为"景苏轩"，有《景苏轩诗钞》（上、下）传世。尽管其对《宸奎阁碑》垂涎欲滴，但又因价昂一时难以入手。后来将自己珍藏的古写本《论语》、宋版《梵网经》等贵重书籍售于古书店琳琅阁，才购得《宸奎阁碑》拓本，但最后又将拓本捐赠给当时的宫内省图书寮。据琳琅阁第二代店主斋藤兼藏回忆，现藏宫内厅书陵部的《宸奎阁碑》是经琳琅阁第一代店主斡旋，由向山荣捐献的（斋藤兼藏：《初代琳琅阁主人及其周边》，收入反町茂雄编《纸鱼的

往事 明治大正篇》)。由此可证,世间所谓"该拓本是当时的宫内省图书寮从浅野长祚或向山荣之手高价收购"的传闻是值得怀疑的。现早稻田大学图书馆所藏《宸奎阁碑铭》,是依据浅野氏刊本而私制的双钩摹本,其封里有市岛春城于1905年(明治三十八年)所书的简短题识,其中记述该碑铭"梅堂殁后由宫内省投千金购得"。

以上可知,《宸奎阁碑》初拓本保存至今,递藏有序。最先是由入宋的圆尔禅师携归日本,然后由其创建的京都东福寺长期收藏,后转归浅野长祚,再后入向山荣之手,最后由向山荣捐献给宫内省图书寮,即现今宫内厅书陵部。

由于现藏者宫内厅书陵部及其前身宫内省图书寮为皇家图书馆,故该拓本鲜少被拿出展览,致使一般人难得一见。不过,该拓本入藏皇家机构百余年来,曾许可出版过两次碑帖,一次是在1911年4月,由书道振兴会刊印的《苏东坡宸奎阁碑》。只是印数有限,现已很难看到。另一次是在1972年1月,由二玄社复制的《宋苏东坡宸奎阁碑》,列入该社"书迹名品丛刊",现已多次再版,是较为通行的版本。

近代以前,日本学者似乎也不清楚中国是否还藏有《宸奎阁碑》初拓,进入明治时代以后,随着来华考察的深入,才逐渐了解阿育王寺现存石碑为明代重刻。另外,从中国文献中见不到初拓本的相关著录判断,《宸奎阁碑》初拓于中国本土恐已不存在。

近代日本学者中，较早前往阿育王寺考察的是建筑史学者伊东忠太（1867—1954）。其于 1907 年 9 月至 12 月，巡游江南各地，在宁波府考察了天宁寺、延庆寺、阿育王寺和天童寺等，并在其《江南行游略记》中记述了阿育王寺的概况，最后明确记载"寺内有苏东坡撰书的《宸奎阁碑铭》"（《伊东忠太建筑文献 5　见学纪行》，龙吟社 1936 年版）。

十年后，建筑与考古学者关野贞（1868—1935）也来华考察，其于 1918 年 9 月 20 日至阿育王寺，并在寺僧陪同下参观，于大雄殿目睹众僧读经。遗憾的是，当时舍利殿、天王殿等正处于维修中，致使其未能尽情饱览。

其后则是佛教学者常盘大定（1870—1945）于 20 世纪 20 年代前来造访，并对寺内建筑与遗物等做了详细考察和拍摄记录，还拓下《宸奎阁碑》，后将该拓片收录于其与关野贞合著的《中国文化史迹》第四卷（法藏馆 1939 年版）。当时《宸奎阁碑》与《妙喜泉铭》《唐阿育王寺常住田碑》一起，被保存于舍利殿前的塀壁中。

常盘大定在《中国文化史迹》第四卷之解说中记述：

《宸奎阁碑》有跋文，这是后来蔡贵易于万历乙酉（万历十三年，1585 年）添写的。根据跋文交代，宸奎阁不知毁于何年。寺西折数十步，有妙喜泉，相传泉中有沉碑。因此，蔡贵易至四明之时，命僧索之水中，乃得唐范之书《常住田碑》一方，其背面有宋代张无垢撰写的《妙喜泉铭》。由此，数百年旧迹，一时得以崭露。其后，对于范东明司马与苏长公的阁记，跋文中还记载：司马家所藏有长公之旧刻，蔡氏为之欣然，遂双钩入石，补阿育王寺之阙典。根据跋文内容，我们得以知晓，嵌在舍利殿前塀壁中保存下来的《宸奎阁碑》是明代重建的。

事实证明，常盘大定根据蔡贵易重刻碑题识（跋文）所作的解说是十分中肯的。

常盘大定拓制阿育王寺明代重刻《宸奎阁碑》

从常盘大定拓制、并收录于《中国文化史迹》里的明代重刻碑拓本来看，阿育王寺现存《宸奎阁碑》似从剪装本复制而成，不仅与原石行款有异（明代重刻碑仅十七行），而且字体有失原石端正丰满之势。因此，从研究角度来讲，原石拓本更为珍贵。

在地震、火灾频发的日本，一件纸本墨拓历经七八百年，能够被完好地保存下来，实属不易。而且，作为古代中日文化交流的实证，这件初拓本更值得珍惜。同时，也希望我国有关方面能借助日本所藏，重刻一方《宸奎阁碑》，立于阿育王寺，以复其旧观。

附《宸奎阁碑》铭文

皇祐中，有诏庐山僧怀琏住京师十方净因禅院，召对化成殿，问佛法大意，奏对称旨，赐号大觉禅师。是时北方之为佛者，皆留于名相，囿于因果，以故士之聪明超逸者，皆鄙其言，诋为蛮夷下俚之说。琏独指其妙与孔、老合者，其言文而真，其行峻而通，故一时士大夫喜从之游，遇休沐日，琏未盥漱，而户外之屦满矣。仁宗皇帝以天纵之能，不由师傅，自然得道，与琏问答，亲书颂诗以赐之，凡十有七篇。至和中，上书乞归老山中。上曰：山即如如体也。将安归乎？不许。治平中，再乞，坚甚，英宗皇帝留之不可，赐诏许自便。琏既渡江，少留于金山、西湖，遂归老于四明之阿育王山广利寺。四明之人，相与出力，建大阁，藏所赐颂诗，榜之曰宸奎。时京师始建宝文阁，诏取其副本藏焉。且命岁度僧一人。琏归山二十有三年，年八十有三。臣出守杭州，其徒使来告曰：宸奎阁未有铭。君逮事昭陵，而与吾师游最旧，其可以辞！

臣谨案，古之人君号知佛者，必曰汉明、梁武，其徒盖常以借口，而绘其像于壁者。汉明以察为明，而梁武以弱为仁。皆缘名失实，去佛远甚。恭惟仁宗皇帝在位四十二年，未尝广度僧尼，崇侈寺庙，干戈斧质，未尝有所私贷。而升遐之日，天下归仁焉。此所谓得佛心法者，古今一人而已。琏虽以出世法度人，而持律严甚。上尝赐以龙脑钵盂，琏对使者焚之，曰：吾法以坏色衣，以瓦铁食，此钵非法。使者归奏，上嘉叹久之。铭曰：巍巍仁皇，体合自然。神曜得道，非有师传。维道人琏，逍遥自在。禅律并行，不相留碍。于穆颂诗，我既其文。惟佛与佛，乃识其真。咨尔东南，山君海王。时节来朝，以谨其藏。

元祐六年正月癸亥，龙图阁学士、左朝奉郎、知杭州军州事兼管内劝农使、充两兵马钤辖兼提举本路兵马巡检公事、武功县开国子、食邑六百户、轻车都尉、赐紫金鱼袋臣苏轼撰并书。

(原载《澎湃新闻·私家历史》2020年10月24日)

日本所藏苏轼尺牍《董侯官帖》

苏轼《董侯官帖》，纸本墨书，行书尺牍，纵二十四点八厘米，横二十六点二厘米，八行，计六十五字，现藏藤井有邻馆（京都）。

尺牍释文：

轼启：近者经由获见为幸。过辱遣人赐书，得闻起居佳胜，感慰兼极。悉命出于馀芘，重承流喻，益深愧畏。再会未缘，万万以时自重。人还，冗中，不宣。长官董侯阁下。轼再拜。

尽管该尺牍帖上鉴藏印累累，但流失日本之前仅有一段清人题跋。

据《书画苑》所载，题跋者为"西园主人"，其跋曰：

东坡手札极佳妙，确有可信。一见于渤海藏真，又见于平远山堂石刻，此其蓝本也。同治五年丙寅良月，西园主人，志于吴门干将坊寄寓课子孙斋。

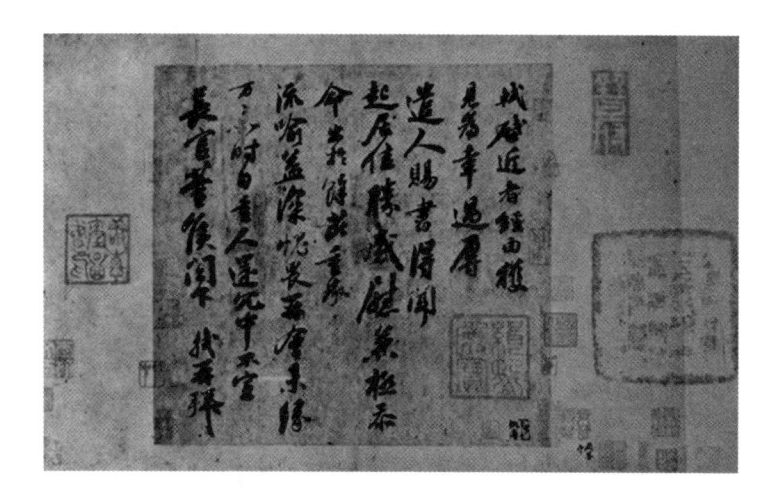

苏轼尺牍《董侯官帖》（藤井有邻馆藏）

后钤有"李二"和"西园无上之品"印。同治五年，为1866年。可知这里的"西园主人"为晚清时期活跃于苏州书画鉴藏界的收藏家李瀚文。李氏认为该尺牍为《渤海藏真帖》与平远山堂石刻所收之蓝本。

传入日本后，这一尺牍又新添了罗振玉、长尾甲（号雨山）和内藤湖南三人的题跋。

罗振玉跋曰：

> 东坡墨迹传世者，简牍为多，又或一纸传抚为二三本。此卷《三希堂法帖》及《渤海藏真帖》并有传刻，而行款书势互异，要以此卷为胜。丁巳九月。上虞罗振玉观于海东之二苏仙馆寓斋中，并题记。

丁巳年即1917年，为罗振玉避难京都的第七年。罗氏将该尺牍与《三希堂法帖》和《渤海藏真帖》对勘后，认为"此卷为胜"。

长尾甲在长跋中称：

> 论书者称苏、黄、蔡、米为宋四家。苏书胎息右军，出入率更、北海、平原、少师，刚健婀娜，尤饶姿致，宜矣论者以苏为四家之冠也。其墨迹存者甚罕，偶有之，亦多经传摹，即此札之刻入《三希堂法帖》《渤海藏真帖》者，互有异同。一日，罗叔言来过我斋，因以此札与诸帖对勘，《三希堂》以书字、余字、以字抬起别行，尾有六月廿八日五字。《藏真》行数与此札同，而其书势略与《三希堂》同，与此札往往不同，六月廿八日五字则在别翰之尾。盖《三希堂》自《藏真》摹刻，改其行数，而误以别翰之月日羼入此札之后，尤为妄滥。至其书势，二帖均不若此之胜。予所见如此，叔言亦以为然。其余诸帖应亦有刻入者，但未暇细检耳。姑记以质诸博识君子。

长尾题跋没有署时间，但从内容判断，恐与罗振玉所题时间相去不远。其题跋中，言及罗振玉曾至其寓所，将此帖与《三希堂法帖》以及《渤海藏真帖》对勘，结果发现《三希堂法帖》所刻入者与此帖不仅行款有异，而且札尾还多了"六月廿八日"五字。而《渤海藏真帖》在行款上虽与此帖相同，但书势却又不同，反而跟《三希堂法帖》近似。这说明这件《董侯官帖》既非上述《三希堂法帖》之蓝本，也非《渤海藏真帖》之蓝本，或许另有出处，只是长尾甲尚未顾及细检而已。至于说"《三希堂法帖》本出自《渤海藏真帖》摹刻，只是改其行数"等论断是否正确，值得进一步研究探讨。长尾甲甚至也认为上述"二帖均不若此之胜"。

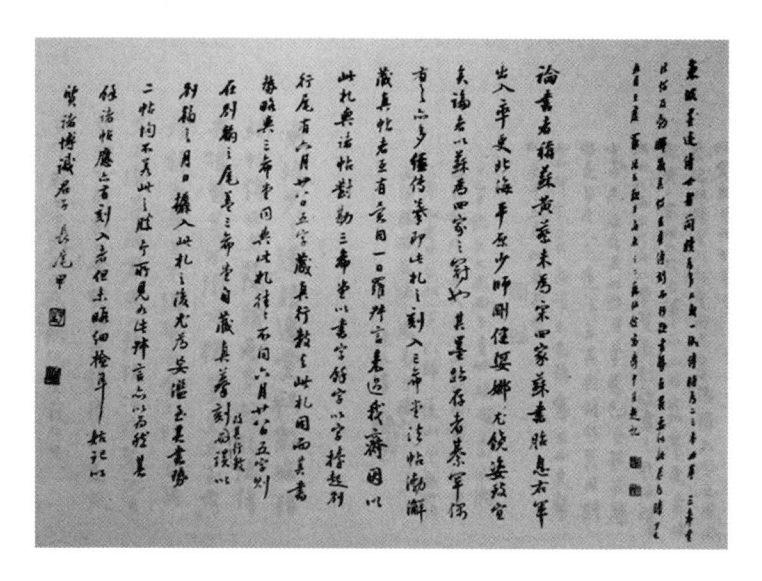

罗振玉、长尾甲题跋

最后是内藤湖南题跋：

予平生所睹苏东坡墨迹三本：盛京官库《治平帖》、完颜朴孙所藏《寒食帖》及此帖也。盖北宋书,蔡端明传唐人之骨肉,米襄阳得大令之风姿,苏黄二家同出于右军,而山谷出入率更,东坡溯洄北海,但北海亦学圣教,则坡书之于右军,实两得其源(原)委矣。此帖用笔秀劲,自饶姿态,犹是晋唐人之遗法。至其与刻帖异同,则雨山、叔言二君商榷至为精审,不必更赘也。庚申二月内藤虎书。

庚申年即1920年。内藤湖南称平生亲眼观赏过的苏轼墨迹共三件,除此帖之外,还有在盛京旧宫收藏库看到的《治平帖》,以及完颜景贤(字朴孙,亦称景朴孙)所藏《寒食帖》。目前所知,《治平帖》是内藤湖南最先目睹的苏轼真迹。1905年6月,日俄战争硝烟未泯,内藤湖南受日本外务省派遣,对沈阳等日本军占领地进行调查,并趁机在盛京旧宫观览了不少珍贵文献和书画。1917年冬季,他又于北京观赏到《寒食帖》,后来在为流失日本的《寒食帖》题跋时,曾言及"予于丁巳冬,尝观此卷于燕京书画展览会,时为完颜朴孙所藏"(《内藤湖南全集》第14卷)。另外,还曾记述:"丁巳冬游燕京,在书画展览会观景朴孙所藏《寒食帖》,又访徐东海,观其所藏成都西楼帖,自谓此行不虚。见东海时,与谈时事不过半刻,而览帖及数点钟,译人戏曰:公今日访徐东海耶抑访苏东坡耶?为之哄笑。"内藤湖南在北京观赏的《寒食帖》当时确实为完颜景贤所藏,但不久便转入颜世清之手。至于颜世清将其带往东京展出,并高价售于收藏家菊池惺堂之事，则发生在内藤湖南作此题跋后的一两年时间里。

内藤湖南在题跋中，简要点评宋四家源流及书风后，认为苏轼此《董侯官帖》"用笔秀劲，自饶姿态，犹是晋唐人之遗法"。对一向崇尚王羲之书风的内藤湖南来说，做此论评也在情理之中。

内藤湖南在题跋之后，似乎还不尽兴，又在后面补充了几句：

> 丁巳中秋夜，大风雨，与有竹、硕园、雨山、衣洲诸君会于原田氏池田山庄，同赏此帖。匆匆三年，而有竹、衣洲二君已归道山，今题此帖，追忆胜游，存没之感，曷可胜言？虎又书。

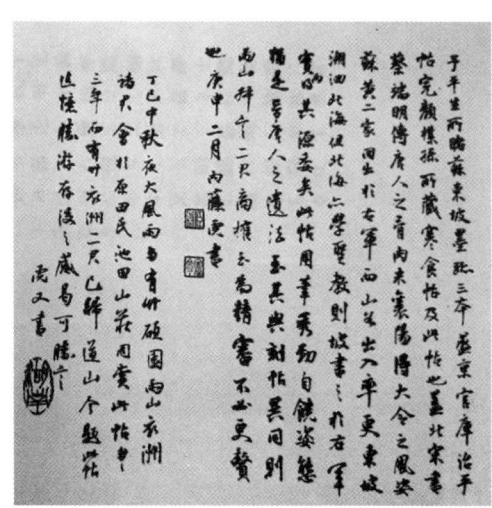

内藤湖南题跋

这段补跋在《内藤湖南全集》等文献中均未收录，为补阙拾遗，故笔者在此径直录入。文中"有竹"，即雅号为有竹的上野理一（1848—1919），时为朝日新闻社社长、中国书画收藏家。"硕园"是汉学家西村天囚（1865—1924）的另一雅号，"雨山"即前述长尾甲，"衣洲"是著名汉诗诗人籾山衣洲（1855—1919）。"原田氏"为大阪古籍商兼出版商博文堂主人原田庄左卫门（1858—1938），其别墅池田山庄是当时爱好中国书画的文人墨客常出入之地。1917年中秋之夜，内藤湖南与上述几位在池田山庄共同欣赏了这件苏轼尺牍。三年后，即1920年内藤湖南为此题跋时，同观者上野理一与籾山衣洲已经离世，故不由得慨叹生死无常。

20世纪前二十年的京都，不仅是国际汉学研究的一大重镇，也是中国书画文物交流与传播的一大据点。除内藤湖南、狩野直喜、桑原骘藏、富冈谦藏等京都大学的知名学者以及富冈铁斋、长尾甲、山本竟山等书画界人士之外，尚有避难而来的罗振玉、王国维两大中国学者也一时活跃其中。周围还有小川为次郎、藤井善助、黑川幸七等商界人士，上野理一、原田庄左卫门等出版界人士，以及以犬养毅为首的政界人士等。这些人以一种共同的中国书画文墨趣味，走到一起，形成一种极具影响力的中国书画文物交流圈或传播网。而集收藏家、鉴赏家、学者为一身的罗振玉则可谓执牛耳之存在，起到了引领作用。当时流失日本的中国书画不少都经过罗振玉、内藤湖南及长尾甲的鉴定题跋而为富豪收藏。博文堂复制出版的中国书画也多是经他们题跋后，由博文堂钤上"博文堂审定精印记"之印发售。这就大大提高了书画的可信度和附加价值。

左起：长尾甲、犬养毅、罗振玉、富冈铁斋、内藤湖南

由以上三人题跋可知，此《董侯官帖》出现于日本应是在1917年前后，主要流传于关西地区私人之间。一般读者得知其存在则是1920年5月以后，因为法书会编辑发行的《书画苑》第一卷第一号（1920年5月）将其复制公开。原帖当时为东京的竹内长庚所收藏。1922年秋，书法家滑川达（号澹如，1868—1936）又为此尺牍题写了几行识语。因其中并无什么重要信息，故笔者于此略过。后经博文堂斡旋，该尺牍转入藤井有邻馆创始

者藤井善助之手，此后一直为有邻馆所收藏，并收录于该馆发行的《有邻大观》第二册（非卖品，1929年印制）。

当然，罗振玉、内藤湖南与长尾甲等人题跋时，尚不知苏轼同类尺牍墨迹仍存于世。日本方面也是直到台北故宫博物院藏品公开之后才得以获知。现藏台北故宫博物院的苏轼尺牍中，俗称《获见帖》（又称《致长官董侯尺牍》）者，即与上述这件日本所藏内容一致而行款与书势不同的传世苏轼墨迹。至于两者是否均为苏轼真迹，尚有待进一步研究考证。

（原题为《张明杰：苏轼尺牍〈董侯官帖〉在日本的流传》，载《澎湃新闻·私家历史》2020年11月30日）

越境的学术
——"中国艺文图志"丛书总序

从学术史来看，在国际汉学（或称中国学）研究领域，近代日本确实有举世瞩目的一面，知名学者辈出，研究著述显赫，成为清末以来海外中国学研究的一大据点。甚至连陈垣（援庵）、胡适等学人都曾一度哀叹：汉学正统要么在法国巴黎，要么在日本京都。胡适曾于1931年的日记中记述："有人曾说我们要做到学术上的独立，我说，此事谈何容易？别说理科法科，即文科中的中国学，我们此时还落人后。陈援庵先生曾对我说，'汉学正统此时在西京呢？还在巴黎？'我们相对叹气，盼望十年之后也许可以在北京了！"（曹伯言整理《胡适日记全集》第6册，联经出版事业股份有限公司2004年版）从而他们立志要把汉学正统地位夺回北京。

近代日本之所以能在中国学研究上令人刮目相看，究其原因，可以说，除得天时、地利——主要包括日本与中国一衣带水，又同属汉字文化圈，往来历史悠久，中国动乱局势又有可乘之机等，以及良好的研究环境之外，还有研究者自身的一些因素。譬如，赶超欧美中国学研究的强烈意识，注重文献考证与实地调查相结合的治学方法等。近代以来，日本学者凭借良好的汉学功底，借鉴并融会中国学理，尤其是乾嘉考据学路径与成果，同时积极参用西方所谓科学的研究方法，以文献资料和实地考察相结合，走出了一条研究中国学的有效途径。

在域外实地考察方面，近代日本学者捷足先登，其活动与成果尤为醒目。这与当时大多数足不出户的中国学者形成鲜明对照。尤其是在建筑、考古、宗教、美术等领域，近代日本人的涉华实地调查更是令人惊叹，而且涌现出诸多知名学者和一批影响深远的著作。如"中国艺文图志"丛书所涉及的学者伊东忠太、关野贞、常盘大定、大村西崖、木下杢太郎等，即其中之佼佼者；所收录的著作如《中国建筑史》《中国古代建筑与艺术》《中国文化史迹》《中国佛教史迹》《中国雕塑史》《云冈日录》等，至今仍为学界所推崇。

从时间来讲，甲午战争以前，日本学者来华考察尚属个案，如史学家市村瓒次郎、美术学家冈仓天心等。甲午战争之后，来华考察的学者才开始多起来，尤其是二十世纪前三十年，堪称日本涉华实地调查之繁盛期。

在建筑领域，伊东忠太（1867—1954）是最早来华实地考察的日本学者之一。其一生涉华调查不下十次，著有《中国建筑史》、《中国建筑装饰》（五卷本）、《东洋建筑之研究》（上、下）、《法隆寺》等大量著作。他不仅是近代日本建筑学科的创始者，也是东亚建筑研究的先驱，甚至有"工学泰斗""建筑巨人"之称。其撰述的《中国建筑史》，是日本第一部较全面系统的中国建筑通史，在学界影响深远。伊东忠太的《中国建筑史》，最初连载于国史讲习会《东洋史讲座》第5期、第6期（1925年8月至1926年7月）。《东洋史讲座》再版时，《中国建筑史》独立成册，后收录于《东洋建筑之研究》上卷（龙吟社1936年版）。伊东忠太曾将单行本赠送给营造学社，商务印书馆1937年版的《中国建筑史》即由陈清泉据其单行本翻译而成，而且经由梁思成校阅。伊东忠太《中国建筑史》的问世受惠于其多次来华实地调查，是其二十余年来对中国建筑考察与研究的结晶。此前，他已先后六次来华开展建筑考古活动。

第一次是在1901年7月至8月份。伊东忠太受官方派遣，偕同摄影师小川一真等来到北京，参观史迹，并重点对紫禁城及其建筑进行了详细考察、测绘和拍摄，事后出版了大型图录《清国北京皇城》以及附有大量实测图的《清国北京紫禁城殿门之建筑》等。伊东忠太也因此成为第一个对皇城进行全面实测调查的外国人，其所得调查资料也是最早关于紫禁城建筑的公开文献。直到20世纪20年代，瑞典汉学家喜龙仁（Osvald Siren）才获准进入紫禁城考察，并留下测量和拍摄记录《北京的城墙和城门》（*The Walls and Gates of Peking*，1924）。

第二次是在1902年3月开始的长达三年的海外游学时期。其中有一年多时间在中国境内考察，足迹遍及北京、天津、河北、山西、河南、陕西、四川、湖北、湖南、贵州、云南等十余省市。通过这次长时间大范围的调查，伊东忠太收获颇丰，仅其事后发表的相关论文或考察报告等就多达十余篇。其考察对象不局限于各地建筑，还有云冈、龙门、千佛崖等大型石窟以及五台山、峨眉山等佛教圣地。其中他于山西大同云冈石窟的发现，可谓此次考察的最大收获。他根据文献记载和实地寻访，找到了这一湮没已久的艺术宝库，并将其公之于众，轰动一时。关于云冈石窟之发现，伊东忠太除通过演讲等形式介绍之外，影响最大的当属其发表于大型美术杂志《国华》上的《中国山西云冈之石窟寺》(《国华》第197—198号，1906年10—11月)。

随后，有众多日本学者来此考察，并留下大量考察文献，仅近代日本人的云冈石窟调查一项，分量就足够一本书来记述了。近代日本涉及云冈石窟调查的人员和文献众多，而在普通考察记中，集医师、作家、宗教美术评论家于一身的木下杢太郎所著《云冈日录》[《大同石佛寺》(1921)]，影响最大。其初版多半毁于1923年9月发生的关东大地震，1938年改版发行后，仅两年多时间再版三次，成为当时的畅销书。可以说，正是由于其作家的才笔，云冈石窟才广为日本读者所知。学术调查文献中，以京都大学人文科学研究所出版的十六卷三十二巨册的《云冈石窟》(1951—1956)为最，这是一部于中日战争期间长达七年的调查成果，由东方文化研究所主导实施，直到战后才得以问世。

第三次是1905年对中国东北地区的调查。日俄战争硝烟未泯，伊东忠太等人即奔赴旅顺、沈阳等地，对寺庙、古迹，尤其是宫殿建筑等进行考察，事后发表《满洲的佛塔》（1907）、《满洲的佛寺建筑》（1909）等论文或报告。

第四次是1907年对江苏、安徽、浙江、江西诸省的调查。成果有《南清地方探险记》（1908）、《南海普陀山》（1908）等报告。

第五次是于1909年年末至1910年年初对以广东为主的中国南端省区的考察。他发表《广东之建筑物》（1910）、《广东之伊斯兰教建筑》《北、中、南清建筑之特征》（两者均为1910年）等，并在此基础上撰写了《中国建筑总论（1—6）》（《建筑世界》第6卷第7—9号、第11号，第7卷第1—2号）。

第六次是1920年对山东省的调查。调查东至青岛，西至泰安、曲阜，对齐鲁大地之遗物、遗迹进行了详细考察，并多有所获。此次考察详见其《山东参观旅行记》（1920）。

通过以上六次调查，伊东忠太几乎踏遍中国主要省市，基本掌握了各地古建筑实况，并在此基础上，发表有关中国建筑与遗物的论文或报告四五十篇，还与人合编《中国建筑》图集（伊东忠太、关野贞、冢本靖合编《中国建筑》图集两册，附解说，建筑学会1929年版）。其中收录三人所拍摄的有关中国建筑的图片计七百六十余幅,当时可谓中国建筑图录之集大成。当然,这些实地考察及其成果为他撰写《中国建筑史》打下了坚实的基础。不过,他仍谦虚地承认,"其实中国广大无边,予既往之探查,只不过是沧海一粟、九牛一毛而已"。(伊东忠太建筑文献编纂会编《伊东忠太建筑文献》第3卷,龙吟社1936年版)因此,他认为中国建筑史之大成,须建立在全面彻底地考察中国所存文献与遗迹之基础上,其后又多次来华考察,并出版了五卷本《中国建筑装饰》(东方文化学院1941—1944年版)。第一卷为中国建筑及装饰概说;第二卷至第五卷为图集,收录精美图版九百余幅,多为作者实地拍摄、手拓、实测手绘所得各种图谱。可以说,这是其中国建筑艺术研究之辉煌成果,也是对前述《中国建筑史》之补充。另外,伊东忠太还撰写了大型图集《中国工艺图鉴》(共五辑,帝国工艺会编1932—1933年版)第五辑(上)《中国建筑装饰篇》的解说文。

在实地调查的同时,伊东忠太还与营造学社、中国画学研究会等机构及成员多有交往。营造学社成立后不久,伊东忠太即前往拜访朱启钤先生,"晤谈竟日,颇恨相见之晚"。[《社事纪要(3)欢迎日本伊东博士》,《中国营造学社汇刊》第1卷第2册,1930年12月]1930年6月18日他还应学社之邀,作了"中国建筑之研究"的讲演(由钱稻孙译成中文,刊载于《中国营造学社汇刊》第1卷第2册,同时还连载于《湖社月刊》第35—46

册)。其在讲演中指出:

> 在古来尊重文献、精通文献之"支那"学者诸氏,调查文献绝非难事。对于遗物,如科学的之调查,为之实测制图,作秩序的之整理诸端,日本方面虽亦未为熟练,敢效犬马之劳也。但最为杞忧不能自已者,文献及遗物之保存问题也。文献易为散佚,遗物易于湮没。鄙人于"支那"各地之古建筑,每痛惜其委弃残毁;而偶有从事修理者,往往粗率陋劣,致失古人原意。……在理想上言之:文献遗物之完全保存,乃国家事业。一面以法律之力,加以维护;一面支出相当巨额之国币,从事整理。然在"支那"现今之国情,似难望此。然则舍盼望朝野有志之团体,于此极端尽瘁,外此殆无他途。

因此,他将保存中国古建筑文献与遗物之理想,寄托于以朱启钤为首的营造学社同人。其在讲演最后所言,尤震人耳目:

> 鄙人为"支那"建筑计,以为将来所取之针路,不在模仿外国,必须开拓自家独创之新建筑。独创之新建筑,如何可以出现?曰:以五千年来"支那"之国土与国民为背景而发达之样式为经,以应用日新月异之科学、材料构造设备等为纬;必于其间求

得清新之建筑。此为目的，即"支那"古建筑之研究，亦为当务之急，不辩自明。温故知新，虽属老生常谈，实历久如新之格言也。

伊东忠太的这一建议或忠告，在时过八十余年后的今天读来，仍不失其现实意义。

继伊东忠太之后，又先后有关野贞、冢本靖、伊藤清造、藤岛亥治郎、村田治郎、长广敏雄、水野清一等来华进行建筑及建筑艺术考察，并留下一大批考察报告或研究成果。只要翻阅一下《大东亚建筑论文索引》（京都帝国大学工学部建筑学教室编纂，清闲舍 1944 年版）这本书，就会为近代日本涉华建筑调查及其文献之多而感到震惊。这本长达三百七十余页的建筑文献索引，其中二百七十页都是有关中国的。

其中，关野贞（1868—1935）是与伊东忠太齐名的建筑史学者。他在涉华建筑与实地考古方面，也是一位先驱者，一生来华不下十余次。将伊东忠太与关野贞两人的建筑调查与研究对照着看，更富有意义。伊东忠太重视建筑史，尤其是建筑美术与工艺的研究，擅长建筑史宏观建构。而关野则侧重建筑与考古研究，尤其是运用考古学方法，对建筑及其艺术作翔实考证，以微观研究见长。可以说，两者各有长短，互为补充。综合来看，则可得到较为客观全面的中国建筑的印象。

关野贞初次来华调查是 1906 年，此前他主要从事日本及朝鲜的古建筑、古寺社调查或修复。关野与东京大学同事冢本靖以及帝室博物馆平子铎岭三人于1906年9月至翌年年初，自北京出发，经郑州至西安，对沿途各地的古迹遗物，尤其是陵墓碑碣、石窟造像等进行了详细考察，从而探明了中日韩三国在建筑及其艺术上的部分渊源关系。这也是他多年来一直十分关注的课题。

为弥补初次来华未能于山东境内考察之遗憾，1907年秋，关野贞又专程奔赴齐鲁大地，对建筑遗迹、石刻造像等展开调查，还从嘉祥县和济南府各获得一方汉代画像石，千里迢迢运回日本，成为当时东京大学的珍贵藏品，甚至得到天皇"御览"（关野贞撰、姚振华译《后汉画像石说》，收入《考古学零简》东方文库第七十一种，东方杂志社编1923年版）。此次考察后，他发表《中国的陵墓》（1908）、《中国山东省汉代坟墓表饰》（1916）、《山东南北朝及隋唐之雕刻》（1916）等论文，为其探讨中国雕刻艺术和陵墓及碑碣变迁夯实了基础。

1913年对中朝边境考察之后，1918年年初，关野贞又受文部省派遣，对中国、印度及欧美古建筑及其保存情况进行调查。这次他经朝鲜陆路进入我国东北，一路考察到北京，再由北京至大同、保定、开封、巩县、洛阳、郑州、太原等地。回到北京后不久，又南下历访济南、青岛等，从青岛海路抵上海，再由上海至江浙等地考察。此次在华考察长达七个月，大有收获，其中最得意的当属其在太原近郊探访的天龙山石窟遗迹。为众多精美的石窟造像所吸引,他放弃原定当天离开的计划,在天龙山上住了一宿,翌日又接着攀登浏览,并对大多石窟进行了初步考察和拍摄,事后撰写了考察报告《天龙山石窟》。他的这一所谓发现与伊东忠太十余年前找到云冈石窟一样,在学界亦引起不小轰动。也许正缘于此,日本至今仍流行着伊东忠太"发现"云冈石窟、关野贞"发现"天龙山石窟之说。其实,这些石窟遗迹并非什么隐秘之所,地方志等文献多有记载,且当地并非无人知晓,甚至有的石窟之前已有外国人曾经踏访过,根本不存在"发现"之说。伊东、关野等人的这类探查活动,之所以被盛传或渲染,与近代日本日趋膨胀的国家主义思潮不无关系。

从规模来看,天龙山石窟虽远不及敦煌、云冈和龙门等大型石窟,但其石刻造像几乎涵盖了中国佛教造像史上各时代的经典之作,故备受学界关注。继关野贞之后,又有木下杢太郎、木村庄八、田中俊逸、常盘大定等学者,以及美术商山中定次郎等先后来此考察或拍摄。这一艺术宝库本应得到珍惜或妥善保护,然而出乎意料的是,自关野贞"发现"之后,仅七八年时间,石窟造像几乎全部惨遭灭顶之灾。无数佛首被生生凿取,有的整体被盗,其惨状真是难以言表。当然,从结论来讲,导致这一现状的原因固然多种多样,但与跨国美术商山中商会头目山中定次郎的两次造访以及该商会的大肆搜购转卖行为有直接关系。

关野贞多次来华调查，不仅获得研究上极为重要的感性认识，而且于各地拍摄并制作了大量图片、拓本等，为此后的研究与著述奠定了基础。他与常盘大定合编的《中国佛教史迹》（六册本，附评解，1925—1931）以及遗稿《中国碑碣形式之变迁》（1935）等，即实地考察成果之体现。尤其是前者六卷本图集可谓中国佛教建筑与佛教美术调查研究之集大成，至今仍为学界推崇。

进入20世纪20年代后期，随着东亚考古学会（1927）和东方文化学院（1929）等涉华重要调查机构的设立，日本学界的对华考察步入频繁化、规模化、综合化阶段。东方文化学院是由日本官方主导的对华调查研究机构，属于所谓"对华文化事业"之一，分别于东京和京都设有研究所。其评议员、研究员等主要成员，几乎囊括了当时全日本中国学研究领域的权威或骨干，例如，池内宏、市村瓒次郎、伊东忠太、关野贞、白鸟库吉、宇野哲人、小柳司气太、常盘大定、鸟居龙藏、泷精一、服部宇之吉、原田淑人、羽田亨、滨田耕作、小川琢治、梅原末治、矢野仁一、狩野直喜、内藤湖南、桑原骘藏、冢本善隆、江上波夫、竹岛卓一、水野清一、长广敏雄、日比野丈夫等，其中也包括东亚考古学会成员。若列举受该组织派遣或委托赴华从事调查研究的人员，仅其名单，一两页恐亦难以列尽。他们的涉华考察及其文献资料数量众多，内容也涉及方方面面。仅东亚考古学会以"东亚考古丛刊"形式出版的考古发掘报告，就有甲种六巨册（例如，《貔子窝》《南山里》《营城子》《赤峰红山后》等）、乙种八册（例如，《上都》《内蒙古、长城地带》等）。东方文化学院的东京和京都两研究所，后分别以东京大学东洋文化研究所和京都大学人文科学研究所之名存续下来。从1930年开始，关野贞又先后六七次来华从事古迹调查或保存工作，地区多集中于东北以及当时的热河地区，调查对象主要是辽金时期的建筑、陵墓以及热河古迹等。因为伪满洲国成立后，日本方面主动"协助"伪满政府"保护"热河遗迹。关野贞、竹岛卓一等受日方委托，对热河地区进行了多次详细考察，后结晶为五卷本《热河》（关野贞、竹岛卓一编，座右宝刊行会1934—1937年版）。除其中一卷为解说之外，其余四巨卷均是相关图集，收录图版三百余张，图片六百余幅。这是日本人最早对热河地区的全面系统考察，其图版资料等为日后热河遗迹的修复保存起到了一定作用。另外，在对东北、华北等地的辽金时期建筑多次考察之后，关野贞与竹岛卓一又编辑出版了《辽金时代的建筑及其佛像》（图集，分为上、下册，东方文化学院东京研究所1934—1935年版）。关野去世后，文字篇由竹岛卓一负责完成，于1944年出版。直到去世前一个月的1935年6月，关野贞还来华调查辽金建筑。

关野贞在先后十余次实地考察的基础上，撰写并编辑了大量有影响的论著和图录资料集。图集除上述几种之外，还有与常盘大定合著的《中国文化史迹》（十二辑，各辑均附解说，法藏馆 1939—1941 版）。遗憾的是，在这套大型系列图集尚未完成时，关野贞不幸病逝。该书的编辑出版工作只好由常盘大定继续下去。

关野贞生前有关中国的论考等，后被汇编为《中国的建筑与艺术》（1938），由岩波书店出版。可以说，这部书是其在中国古建筑与美术研究方面所获成果之集大成，与伊东忠太所著《中国建筑装饰》一起，一直被学界视为研究中国建筑与艺术的杰作。对于伊东忠太和关野贞等人的中国建筑调查和研究，中日两国均有不少论著。其中，我国学者徐苏斌教授的研究成果尤为突出，其《日本对中国城市与建筑的研究》（中国水利水电出版社 1999 年版）值得参考。

常盘大定（1870—1945）是著名宗教学家，也是真宗大谷派高僧，曾任其母校东京大学教授，讲授中国佛教史。他生前来华七八次，其中，仅 20 世纪 20 年代就曾五次来华考察宗教文化遗迹，在佛教实证研究领域属先驱者。他第一次来华在 1920 年 9 月至翌年 1 月，考察路线为沈阳、北京、大同、张家口、太原、洛阳、汉阳、宜昌、庐山、南京等，考查对象主要是各地石窟、寺庙、道观等遗迹、遗物，事后出版了《访古贤之迹——中国佛迹踏查》（1921）。

第二次时间在 1921 年 9 月至翌年 2 月，行程为青岛、济南、泰安、曲阜、兖州、济宁、北京、石家庄、郑州、开封、洛阳、汉口、长沙、九江、南京、扬州、镇江、苏州等，回国后撰写出版了《续访古贤之迹》（原名《中国佛教史迹》，1923年）一书。书中附带十一幅地图，以及作者实地拍摄的一百一十二幅图片。第三次（1922年9月至12月）和第五次（1928年12月至翌年1月）主要是对南方各省的调查，包括上海、宁波、汉口、庐山、杭州以及广东、福建等地。加上第四次（1924年冬）对辽宁大连、旅顺以及山东青岛、济南等地的考察，中国南北各地主要文化胜迹，尤其是佛教遗迹等，基本为其踏遍。常盘大定在踏访中，尤其注重对史迹的拍摄、拓制和记录，所作日记也一丝不苟，每次都留下数量可观的图文资料或日录。《中国佛教史迹踏查记》（1938）即其多次来华探访记录之汇总，成为我们了解当时中国实况，尤其是佛教史迹或文物的难得文献。书中不仅资料丰富，记述详细，而且对常盘大定于踏查过程中的所得所感也时有披露，读来颇有趣味。

如前所述，在对中国多次考察的基础上，常盘大定与关野贞合作，编辑出版了多卷本的《中国佛教史迹》，后来又在此基础上，增加儒、道等部分，扩充为《中国文化史迹》。

这套十二辑的《中国文化史迹》，自1939年5月开始，历经两年，才由法藏馆陆续出齐。此书分图录和解说两部分，图录采用大开本珂罗版印刷，散页蓝布帙装，限量发行四百七十套。这在当时物资匮乏的战争条件下，可谓豪华版了。每辑收录图版约百张，全套图片两千余幅。解说独立成册，便于对照研究。这是一部全面系统介绍中国建筑等文化史迹的大型著录，网罗了中国十余省市的文化胜迹，尤其是宗教建筑、石刻雕像等，堪称中国历史文化研究上的一大图鉴。从取材范围之广、收录内容之丰富、附加解说之详细等方面看，可以说当时及其后很长一段时间无出其右者。当然，美中不足的是，内容排列显得凌乱，不够系统谨严，如山西大同之史迹，分别收录于第一辑和第八辑，河南省史迹分录于第二辑和第五辑，山东史迹，尤其是同一地区，如长清县史迹亦分散于第七辑和第十一辑，利用起来确有不便之处。

由于出版时正值日本侵华时期，为实现彻底征服中国及其人民的野心，日本人更需要了解这个国家，了解这个国土上的历史文化，故《中国文化史迹》的反响强烈。后来出版方又及时筹划，准备出版四卷作为其续辑。原计划的《中国文化史迹》续辑四卷分别是：第一卷是伊东忠太、田边泰合著《北京城》，第二卷是逸见梅荣著《满蒙的喇嘛教美术》，第三卷和第四卷则是原田淑人、竹岛卓一合著《满蒙文化史迹》。《满蒙文化史迹》当时虽已基本编辑完成，但随战局不利之变化，为避免遭美军空袭损毁，图版文稿被转移至地方寺院，"二战"结束前都未能出版。随《中国文化史迹》后出版的只有逸见梅荣与仲野半四郎合著的《满蒙的喇嘛教美术》（1943），而原定计划中的两卷本《满蒙文化史迹》，直到1975年

《中国文化史迹》再版时，才得以作为其增补出版，并改名为《中国文化史迹　增补（东北篇）》，由竹岛卓一与岛田正郎合著。

常盘大定与关野贞两人从未结伴来过中国，他们的实地考察都是各自进行，但是从研究著述来看，两人可谓"黄金搭档"。因为建筑史迹研究本身需要多学科知识，尤其是美术、考古和宗教知识，关野贞侧重建筑与美术考古，而常盘大定则侧重佛教及以佛教为主的宗教史，两人知识互为补充。从两人合作的图集解说中也不难看出，关野贞多从艺术史角度着眼，而常盘则多从宗教史立场出发。这种基于各自专业而共同开展的著录及解说值得肯定。

大村西崖（1868—1927）为美术史学者、评论家，曾任其母校东京美术学校教授，讲授美学、考古学、东洋美术史等课程。早在1901年他即撰述《中国古代雕塑》纲要，1905年又编写《东洋美术小史》作为讲授教材，翌年增订再版公之于众，1910年改编为《日本绘画小史》和《中国绘画小史》；1906年参与审美书院的设立，编辑出版大量以中国书画为主的美术书籍。他同时提倡并致力于文人画之复兴，著录《文人画选》（系列图集）等，为中国文人书画的在日普及贡献尤大。上海中华书局版《中国文人画之研究》（1922），即其所著《文人画之复兴》（1921）与陈师曾著《文人画之价值》（1921）的合刊。他另著有《中国雕塑史》（原名《中国美术史：雕塑篇》，1915）、《密教发达志》（1918）、《东洋美术史》(1925)等著作。民国时期,陈彬龢曾据其《东洋美术史》编译的《中国美术史》由商务印书馆于1928出版,后多次再版。

大村西崖编著《中国雕塑史》时,尚未有来华之经历,其著述本身多得益于其他来华实地调查者带回的图片资料,以及流失到日本的大量中国雕刻实物。另外,流寓京都的罗振玉所藏金石文物拓片资料等也助力甚大。罗氏在为其撰写的序言中曾披露:

> 宣统甲寅冬,为予浮海之三年,有远客叩门,持吾友藤田剑峰君介绍书以至者,曰大村西崖君。剑峰书言:西崖究心古美术有年矣,今将著《中国雕塑史》,欲见予斋所蓄古器物,及古刻墨本,以助其造述。乃与纵谈吾国古雕刻事,则称引群籍,若泻瓶水,固已惊其见闻之博矣。爰出行箧所有者遍视之。君则汲汲于谒舍中,写其影,录其文,日力不足,焚膏继之,至丙夜不止。写录不能尽者,又请以邮筒相往来。于是益叹君用力之专且勤也。

该书是作者在中国美术研究方面最具代表性的著述,也是最早的一部中国雕塑通史,初版于1915年8月,分本篇(文字篇)和附图(图版篇)两种。本篇以日本新铸五号活字印刷,六百余页。除罗振玉之外,著名作家森鸥外,建筑史学家伊东忠太、关野贞等都为其作序。

附图以珂罗版单张印行,计四百三十四张,有图九百七十八幅,以蓝布帙装为两函。该书因发行数量有限,虽售价不菲,但出版后很快销售一空,如今日本的图书馆等藏书机构亦罕见其初版。尽管该书于1917年和1920年两次再版,但仍供不应求。1972年,国书刊行会据1917年版加以复制,但不久又售罄;尽管1980年又再版,但目前仍一书难求。该书为学界所重,由此亦不难窥知。连罗振玉也在序言中对它大为赞赏:

> 解韬绳读之,书厚逾寸,密行细字,无虑数十万言。征引至繁博,肇于太古,而下逮赵宋。叙述井井有条理,盖言吾国雕塑之书,未有如此之详且尽者也。

罗氏的评价并不夸张。叶恭绰在《我国雕塑漫话》的讲演中,有这样一段开场白,似可印证这一点。

> 我久已想做一篇论我国雕塑的文字,但因有关系的资料未曾搜集完整,故未下笔。后来看见日本人大村西崖《中国美术史:雕塑篇》,编得很好,要想超过他的,极不容易。因此更懒于动手。此次全国美展要我说些关于雕塑的话,我想这个题目恐怕说的人很少,因此为供给需要起见,不得不将我的意见写出这一篇来。其实无甚专门的价值,不过大概说说罢了。

此讲演做于1929年，距大村西崖该书问世的1915年，已相去十四年，但叶氏仍认为要想超过他这本书"极不容易"。

大村西崖本人也曾披露，为编著这本书，十余年来披览各种文献多达四五千卷，收集观览实物拓片无数，仅造像碑铭等就多达一千五六百种。（《中国雕刻与余之〈中国美术史：雕塑篇〉著述》，《书画古董杂志》1915年第86号）

这本书对当时及其后的学界影响甚大。梁思成于1929年至1930年在东北大学讲授中国雕塑史时，就参考过此书，后来在根据其授课记录整理而成的"中国雕塑史提纲"中，对此也有提及。因为当时，梁先生尚未亲历云冈、龙门、天龙山等地的实地考察，其雕塑知识或研究心得大多得益于大村西崖、喜龙仁等学者的著述，以及欧美博物馆所藏实物，而其在其著《中国雕塑史》（百花文艺出版社2006年版）的开篇所言颇能代表当时中国学者所处的环境及心境。

> 此最古而最重要之艺术，向为国人所忽略。考之古籍，鲜有提及；画谱画录中偶或述其事而未得其详。欲周游国内，遍访名迹，则兵匪满地，行路艰难。故在今日欲从事于中国古雕塑之研究，实匪浅易。幸而——抑不幸——外国各大美术馆，对于我国雕塑多搜罗完备，按时分类，条理井然，便于

研究。著名学者，如日本之大村西崖，常盘大定，关野贞，法国之伯希和（Paul Pelliot），沙畹（Edouard Chavannes），瑞典之喜龙仁（Osvald Siren）等，俱有著述，供我南车。而国人之著述反无一足道者，能无有愧？

也许正是因为梁思成较早言及这些海外学者及其著述，我国学界至今仍将大村西崖的《中国雕塑史》和上述由常盘大定、关野贞合著《中国文化史迹》，以及沙畹《北中国考古图谱》（1913—1915）、喜龙仁《五至十四世纪的中国雕塑》（1925）看作是中国古代雕塑美术的"四大名著"。尤其是大村西崖的这部著作，从研究著述角度来讲，堪称最早的中国雕塑史专著。美国学者梭柏（Alexander Coburn Soper）早期研究中国佛教美术时，也曾将大村西崖这本书奉为指南，且大量节译成英文，纳入自己的著述之中。

1921年后，大村西崖先后五次来华实地考察或进行学术交流，1923年第二次来华时，与吴昌硕、王一亭等发起创设中日美术俱乐部（西湖有美书画社），还曾编刊《禹域今画录》，将数十余位中国现代画家及其创作介绍给日本读者。1924年年末至翌年年初第四次来华时，他还应邀于北京大学做了"风俗史研究与古美术品之关系"的讲演。1926年第五次也是其生前最后一次来华，他此次来的主要目的是前往江苏的甪直镇保圣寺，实地调查罗汉塑像。当时他从时任天津南开大学秘书陈彬龢来信中得知该寺院尚残存唐代雕刻名匠杨惠之遗作，兴奋不已，当即决定前往调查，后撰写出版了线装本《吴郡奇迹：塑壁残影》（文玩庄发行，1926年版）一书，内收其调查经过、研究心得，以及当时拍摄的一些大型图片。这些文字及图片在今天看来，仍尤为珍贵。前述梁思成的《中国雕塑史》中，对此也曾有言及：

> 宋塑壁遗物以正定龙兴寺为重要，角直杨惠之壁已毁，幸得大村摄影以存。

《吴郡奇迹：塑壁残影》（左）及其中收录之罗汉塑像（右）

当时无论是在来华调查和学术交流方面,还是在著述方面都处于活跃期的大村西崖,不料竟身患肺癌,于1927年3月8日离世。后来在其嗣子辑录其生前诗稿出版之际,罗振玉特赋诗以赠,作为卷头手书书影,收录于《无记庵韵存》(1933年私家版)之中。

洛下初相见(东邦称西京曰洛阳),于今十八年。

同倾蓬岛酒,晚踏蓟门烟(在京都时君约饮圆山公园,君晚岁游禹域复相见于津沽)。

翠墨千通集(君编佛教美术雕塑史,从予假六朝以降造像记千余通),新书万口传(所著密教发达志一时纸贵)。

风徽犹未沫,插架有遗编。

简短的几行诗句,却充溢着对故人的钦慕与怀念。

近代日本学者的涉华学术调查及研究,范围广泛,内容丰富,情况也十分复杂,以上只是选取其中几名学者为例,述其大略而已。不过,管中窥豹,亦可见一斑。

人们常说,学术无国境,然而,时代不同,呈现的情景也各异。尤其是在近代中国这一特定历史条件下,来自日本的越境学术调查及研究,情况更为特殊、复杂。不管涉事学者是否有意识,他们的行为本身都与当时的日本"国策"有关。这就需要我们了解当时的背景、动机等，以做出客观、正确的判别。

社会发展日新月异，学术研究亦不断推陈出新，尤其是伴随着考古新发现，学界早已今非昔比。今天看来，这些著述或图录固然有时代局限，内容不乏疏漏甚或错讹之处，有的解说及观点也明显失实或欠妥，但若置于当时的环境，又不得不承认其具有先导作用，尤其是在我国诸多学科发轫之际，这些海外学者的调查研究多有开创之功。因此，不应忽视越境学术调查与研究对我国学术发展的刺激和影响。当然，最值得强调的，还是那些实地考察所得的照片、拓本、手绘图等视觉资料。在经历了长期战乱及无数次运动之后，那些引以为豪的中华文化遗迹、文物等多遭破坏，有的已面目全非，有的甚至荡然无存。鉴于此，这些视觉资料越发显得珍贵。

另外，在考察或利用涉华实地调查及其文献时，应突破国别或语种局限，尽可能将相关文献资料综合起来看，多方参考，比照互证，这样才有望接近史实。比如，在清王朝摇摇欲坠的1907年这一时间点上，就先后有日本的桑原骘藏、宇野哲人、关野贞，以及法国的沙畹、德国的伯施曼（Ernst Boerschmann）等学者于华北或西北大地考史漫游。他们分别留下了长短不一的考查记录或数量不等的视觉资料。另外，时任陕西高等学堂教习的足立喜六也四处寻访考察，并撰写了《长安史迹之研究》。若将这些文献记录加以比照，就有可能较全面客观地了解当时中国的社会风貌以及遗物史迹等实况，同时还能窥知作者各自的立场和视点。20世纪早期有关中国建筑与艺术的考察，除伊东忠太和关野贞等日本学者之外，尚有法国的谢阁兰（Victor Segalen）、瑞典的喜龙仁以及德国的伯施曼等学者。对他们所留下的文献记录也应该对照查看，互相参证。

就目前我国人文学科发展而言，提高学术质量和研究水平仍是关键，但要做好这一点，则需要在文献材料和研究方法上下功夫，这也是当今有识者之共识。尤其是文献材料方面，需拓展的空间仍很大。仅从本文涉及的"越境学术"方面来看，不少有价值的研究著录至今未被介绍过来。每念及此，笔者内心总有一种说不出的滋味，同时又总在期盼基础文献资料的建设能得到应有的重视。这套丛书虽微不足道，但我相信它定能为学界所认可，给学术研究者提供诸多有益的参考和启示，同时也将为保存和修复文物古迹发挥重要作用。

初稿于2015年夏秋之交，同年仲冬稍作修改
［副标题中的丛书名"中国艺文图志"，出版时改为"近代以来海外涉华艺文图志"（张明杰主编，中国画报出版社2017—2020年版）。本文曾收入北京大学国际汉学家研修基地编《国际汉学研究通讯第十三、十四期》，北京大学出版社2017年版］

蔡元培日记中的日本汉学家

阅《日本国鹿门观光纪游》，言中国当变科举，激西学，又持中国唇齿之义甚坚，皆不可易。时以烟毒、六经毒并言，其实谓八股毒耳。八股之毒，殆逾雅（鸦）片；若考据词章诸障，拔之较易，不在此例也。十年前见此书，曾痛诋之，其时正入考据障中所忌耳。

以上引用的是一条蔡元培先生日记，来自《蔡元培全集》第十五卷（中国蔡元培研究会编，浙江教育出版社 1998 年版）。而在《蔡元培文集卷十三日记（上）》（锦绣出版事业股份有限公司 1995 年版）中也有收录，断句标点完全一致，只是字体为繁体字而已。其实，原文"阅《日本国鹿门观光纪游》，……"，应重新标点，改为"阅日本国鹿门《观光纪游》，……"，虽然仅仅是标点符号之异，但是前者易令人误解（恐日记整理者未见此书）。因为"日本国鹿门"为作者的国别和名号，即日本的冈千仞，"鹿门"为其雅号，而《观光纪游》才是书名。要理解蔡元培先生这条日记，首先应该知道这是怎样的一部书。

就在中法战争持续的1884年6月，日本汉学家冈千仞（1833—1914）自费来华，前后游历三百余日，其行迹遍及以苏、沪、杭为中心的长江三角洲地区，京、津、冀之间的华北地区，以及以广州、香港为中心的华南地区等，在事后出版的汉文体《观光纪游》就是此次游历之记录。在华期间，冈千仞除观光之外，更多的则是会客访友，阔谈时局，仅游记中提到的有名姓可考者就多达百余人，其中包括他拜访过的李鸿章、盛宣怀、俞樾、王韬、李鸿裔、文廷式、李慈铭、袁昶、张裕钊等官绅名流。

这部游记为线装本，十卷三册，分别是《航沪日记》、《苏杭日记》（上、下）、《沪上日记》、《燕京日记》（上、下）、《沪上再记》和《粤南日记》（上、中、下），长达近十万字，是近代日本人用汉文所著中国游记中最长的一部。该书虽冠以"观光"之名，但着眼点不在山水名胜，而重在现实考察，是一部活生生的晚清社会纪实报告。尤其是人物会见及其议论的记述，内容丰富，涉及经史学术、科举制度、政治外交、军事海防、社会风习、经济贸易等诸多领域，而且常见冈千仞激烈的言辞批判。他把晚清社会与经济落后的原因归结为"烟毒"和"经毒"，认为"目下中土非一扫烟毒与六经毒则不可为也"，同时批判官绅及知识阶层守旧自封、不达外情，敦促士人讲格致实学，用心外事，变法自强。

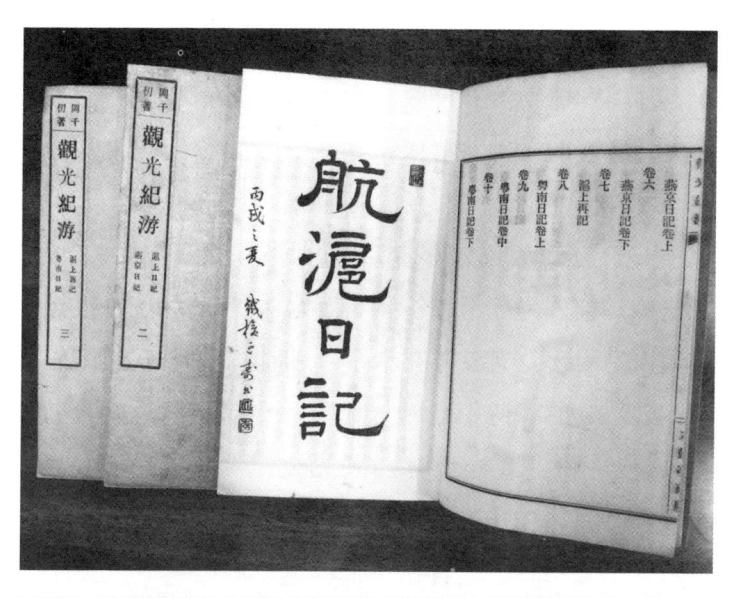

不同版本的冈千仞《观光纪游》（部分）书影

《观光纪游》出版于作者归国后的第二年，即1886年8月。1892年该书再版印行，当时流传颇广，且影响很大。遗憾的是，除清末王锡祺《小方壶斋舆地丛钞》辑录之外，大陆以前一直没有印本（台湾的文海出版社曾于1971年出版过影印本），而且收录于该丛钞的《观光纪游》被人为删节不少内容，已失原貌。为便于当今读者入手阅读，笔者曾在十余年前加以整理，并另外收录作者当时的汉诗集《观光游草》，以及稿本《观光续纪》，取名为《观光纪游　观光续纪　观光游草》，于2009年5月由中华书局出版，作为"近代日本人中国游记"丛书之一种。笔者在该整理本"后记"中，就曾引用上述日记，并指出："我想，蔡先生的上述坦白，在同时代是不难理解的，也有一定代表性，而且对当代我们阅读这本书也不无参考和启发意义。"

　　蔡元培先生的这条日记出自己亥年六月十九日（1899年7月26日），其担任绍兴中西学堂总理（校长）期间。记述文字虽简短，却不失为研究和了解蔡元培早期思想转变的极为关键的史料。从"十年前见此书，曾痛诋之，其时正入考据障中所忌耳"不难看出，十年前受学养及见识所限，蔡元培并不能全面客观地看待这本书，十年后则清楚地认识到当时的局限，并自我检讨。十年光阴，同一人在思想上已不可同日而语。对于外人的批判与指责，由诋斥变为容纳，且自我反省，坦然相对，此种认识上的转变，正说明其由"入考据障中"的传统士大夫向近代新型知识分子的转型。这种转型离不开甲午战败的大环境，同时也与他多年来通过日本这一渠道获取新知，以极大热情阅读西学书籍，尤其在家乡的办学经历有密切关系。

在灾难沉重的近代中国，跟大多先进文化人一样，蔡元培也经历了种种思想考验和变化。甲午战败唤醒了大国之迷梦，也成为蔡元培思想转变的一大契机。他不再满足于传统经书，而是关注日本，放眼世界，如饥似渴地学习和吸收新学、新知，以期寻求社会变革方策。戊戌变法失败后，他毅然脱离翰林之列，走向教育兴邦的实践之路。

1898 年 10 月至 11 月之间（戊戌年农历九月），蔡元培携眷离京归乡，同年年末接受乡绅徐树兰以及知府委托，掌管绍兴中西学堂，直到 1900 年春辞任。虽前后仅一年多时间，却是他其后长期从事教育活动的开端，也是其从传统士大夫向近代新知识分子转变的重要时期。

绍兴中西学堂创办于 1897 年春季，是继四川、天津等地的中西学堂之后的又一所同名新式学堂，也是浙江最早的新式普通中等学堂，在科举当道、学制尚未颁布的 19 世纪末，新式学堂及其教育可谓开风气之先，但办学之艰难也可想而知。别说师资不备，就连最起码的教科书也难以确保。在艰难的环境下，接管学堂的蔡元培苦心经营，大胆革新，延揽合适教员，调整教科与内容，从日本购置图书、标本及器械，尤其是礼聘日本教习，在英、法语言之外，增设日文教科，将新的办学理念付诸实践，使这所创立不久的新式学堂有了很大改观。

从蔡元培留下的日记可以看出，为参考或效仿日本教学体制，聘请日本教习成为当务之急。对于中西学堂来说，一切都要从零开始。为礼聘中川外雄任教习，蔡元培不辞辛劳，不仅亲赴杭城面会商议，还为其待遇、合同等事费尽周折。

执掌中西学堂期间，蔡元培阅读了《天演论》《进化新论》等新学书籍，以及《日清战史》之类的甲午战记，结交了不少日本诸方面人士，包括汉学家本田种竹、井上雅二、小越平陆，外交官中畑荣、速水一孔，以及博物馆美术学者安村喜当等。他还身体力行，与同僚一起学习英、日文，并着手翻译《生理学》等书籍，甚至策划编辑新式课本，提倡并践行新学，在地方上开风气之先。这段于家乡绍兴的教育实践也成为蔡元培日后学术救国、教育兴邦的重要基础。

在京师做翰林期间，蔡元培虽跟从使馆翻译陶大钧及日本法学者野口短暂学过日语，但真正跟日本人士交往还是从中西学堂时代开始的。日记中记录仅1900年元旦前后，就接待过本田种竹、铃木广阐、中畑荣等日本人士。如他在1899年12月30日（己亥年十一月二十八日）的日记中写道：

　　雨。到学堂。日本中畑君（君名荣，字舍山）

以册征诗，应以三律。

蔡元培日记基本上仅略记其日常主要活动，有时连主要活动也省略殆尽，因此，关于他与日本人士的交往活动，往往不得详知。不过，此处的"中畑君"实为当时日本外务省选派留学生、后转为外交官的汉学家中畑荣（1877—1933），其先后于武汉、上海的日本领事馆工作，后转任北京日本公使馆，直到1925年引退，是长期在华工作的中国通，不仅长于汉诗文，也以豪饮著称。因其中年早逝，加之其著述无一出版，故在日本也知者甚少。数年前，笔者有幸目睹中畑荣的多种手稿，知其1898年至1901年前后游历江、浙、湘、鄂、皖等地，其中1899年12月25日至翌年1月7日的绍兴之游，借宿于当地中西学堂中川外雄寓所，与蔡元培等人不期而遇，并得以短期内亲密交往，度过了一段难忘的时日。其见闻日记收录于《醉游纪程》，笔者现于下撮录有关条目：

二十六日，天昙，阴雾濛濛。朝八时，舟入绍兴城，乃入中西学堂。堂，山阴、会稽两县备餐食也。绅董徐氏所创设，系教授西学之起见，开设已有年。又设佛、英、独、日语学科，去夏商量在杭领事，聘中羽舟为东文教习。在籍编修蔡雀颃氏总理之。

此夜蔡太史为予张小宴，徐董、何教习皆会。

文中"绅董徐氏",系绍兴中西学堂创办者徐树兰,"中羽舟"则是日本教习中川羽舟,原名中川外雄,羽舟为其号。"在籍编修蔡崔庼",即蔡元培。虽属初次相见,但当晚中畑就得到蔡元培宴请,此后两人又多次同席共饮畅谈。《醉游纪程》中又记录:

三十一日,晚亦临蔡氏招饮,快醉。会者学堂教习诸氏也。

一月一日,昙,冷太,过午又作雪。对坐羽舟,举杯消闲。崔庼来谓予曰:"予等今有推广学堂之议,先生希为评议员,贷一臂之力。"遂示其纲目章程。予见之,滔滔十数百言,要归深见大势,叹息时艰,开学堂于绍兴,授以中西实学,因以及一省,因以及全国。思虑周到,规画(划)有序,颇明晰。予喜其起见,答曰:"予岂虽不敏不尽牛马之劳哉?"乃署名。崔庼喜去。

蔡元培执掌绍兴中西学堂仅一年,令学堂各方面均大有起色,学堂也初见成效,逐渐成为我国传统教育向近代教育转型时期的新式教育设施。于是,1899年底,蔡元培参考日本学校章程等,起草了《绍兴推广学堂议》,呼吁绍兴各县勿各自为政,而应筹集资金,集中人力和物力,统一办学,在府城和各县设立新学堂,并倡议将此学堂兴办之策推广向浙江全省,进而推广向全国。

蔡元培将刚刻印好的《绍兴推广学堂议》出示给中畑荣时，正值1900年元旦之日。"滔滔十数百言，要归深见大势，……思虑周到，规画（划）有序，颇明晰。"对此，中畑荣深为感动，欣然接受评议员之请，并提笔签名。

接着，在1900年1月3日（己亥年十二月三日）的蔡元培日记中：

> 大雪。日本诗人本田君幸之助及东本愿寺留学生铃木君广阐来。本田君以诗负盛名，为《太阳报》所载十二诗宗之一。午后同游禹穴及南镇，舟中口占长句，本田和之。

"本田幸之助"，即著名汉诗诗人本田种竹（1862—1907），曾先后担任东京美术学校历史学教授、文部大臣官房秘书等，退任后，创设明治诗坛重镇的自然吟社，著有《怀古田舍诗存》等诗集。本田种竹也是作家夏目漱石最信赖的汉诗人，漱石晚年汉诗多由其删改修订。当时本田种竹由在杭州留学的铃木广阐陪同游绍兴，蔡元培则不顾大雪天气，热情接待，并陪他们前往大禹陵和会稽山游览，两天后又冒风雪陪其至鉴湖快阁览胜。对此，本田种竹十分感激，归国后还特意给学堂寄送十册《修身儿训》。这是一套旨在培养国民道德的低年级课本，当时在日本颇为流行，由汉学家龟谷行编写，于1880年出版，至1884年8月已发行第五版。

通览蔡元培日记可以看出,作为被日本挫败的晚清中国知识阶层一分子,他并未因甲午之辱而对日本及日本人表现出一味排斥,而是省悟到当时中国落后与失败的根源,理性地学习日本,把日本作为获取新知的一条重要渠道。他年过而立毅然学日语并翻译日文书籍,本身就是一条明证。

就以上与日本人士的交往而言,蔡元培态度也是诚挚的,甚至表现得虚怀若谷、宽宏大度。蔡元培认识到明治维新后日本汉学者摆脱儒学桎梏,积极吸收和传播西方思想文化的努力所取得的成果,希望通过日本及日本人士这一媒介尽快汲取新学、新知,并冀望在参照日本经验基础上,以教育实践探求改造中国社会之良方。

以上虽然只是蔡元培绍兴办学时代的日记片段,但由此不仅折射出晚清社会剧变过程中的个人情感和思想转变,同时亦能看出蔡元培其后教育实践中"兼容并包"思想之端绪。

(原载《澎湃新闻·私家历史》2020年3月27日)

震灾·书劫

"三一一"日本大地震,转眼已过去一年。在巨大的灾难面前,遭受考验的不仅是人的命运,无数历经岁月、被辛苦保存下来的珍贵书籍也被毁于一旦,从此绝迹。日本是地震频发的国家,也是自古就珍惜书籍文物的国家。在日本有关地震与图书这个话题中,虽然留下了许多遗憾,也提供了诸多宝贵的经验。

东日本大地震后,我时常惦记的是一家图书馆,即坐落于震灾地区的福岛县立图书馆。准确地说,担心的是该图书馆内的一个小文库,名曰"佐藤文库"。它是以战争关系文献为主的独特文库,是当地名叫佐藤传吉(1887—1967)的商人花费六十余年心血苦心收集起来的。

该文库以中日甲午战争(日本称"日清战争")、日俄战争方面的资料最为丰富,囊括了与军事、战争有关的各种书籍、报刊、书信、文件、图片等,共计一万三千余种,甚至包括一些珍贵抄本、底稿等。例如,日本陆军参谋本部撰写的《日清战史》稿本,是后来正式出版的、对后世影响较大的《明治廿七八年日清战史》的修改稿。直至1994年,日本学者中冢明目睹了该稿本并将两者加以查对后，发现正式出版物上有不少删节和篡改，尤其是对占领朝鲜王宫等事实记录做过改写和编造，于是著书《辨明历史之伪造——战史中消失的日军"朝鲜王宫占领"》披露，从而揭穿了一个伪造历史的谎言。由此一例，亦可推知该文库所藏资料之价值。据说，"二战"前后，日本陆、海军部及防卫大学等都曾希望获得这批资料，但均遭收藏者拒绝。后根据藏者意愿，资料全部移交并捐赠给福岛县立图书馆。

震灾发生月余后，我从家居福岛的日本友人处获悉，该图书馆只有部分遭受轻灾，暂时关闭数月，文库内资料似无损失。这才放下心来。

日本古来无文字、书契，后自中国传来汉字书籍，遂开辟其文字记录之历史。或许与此不无关系，日本向来珍惜文字书物，更重视其保存流传。加之，日本历史上既无频发的革命，又少有外寇侵袭，客观上利于书籍文物的保存。大凡来日本访书、访学者，无不惊叹或赞羡其书籍文物遗存之丰、保存之好。然而，如同事物总有其两面性一样，日本的书籍保存也有一大天敌，那就是地震。一直以来，无数图书古籍总难逃地震之厄运。

历史上久远的不说，1923年9月1日的关东大地震，就使无数珍贵书籍毁于一旦。这里仅以一所大学和一家个人书铺为例，便不难想象当时书籍罹灾之惨状。

创设于1877年的东京大学，其前身为江户时代幕府设立的开成所及医学所，其大学图书馆及各学部图书室等藏书浩瀚，珍籍众多，自不待言。地震首先引发藏有化学药品的工学及医学部的一些实验室起火。伴随强劲的南风，火势迅速蔓延至图书馆。接着文学部本馆、法文学部研究室、八角讲堂、法学及经济学部事务所等，全部被烧毁，而图书馆及文学部等图书室内约五十万册图书瞬间化为灰烬。据关东大地震发生的半年前的统计，当时东京大学的藏书总计约七十五万册，由此可知其三分之二皆被焚毁。

其中，仅来自中国的贵重书籍就难计其数，如《钦定古今图书集成》九千九百九十五册。该套书据说为雍正朝版本，插图尤为精美，是第八代将军德川吉宗特命手下从中国定购来的，原藏于旧幕府的枫山文库，后依明治天皇意旨，由宫内省调配给东京大学。另外，还有藏文《大藏经》三百五十册、蒙文《大藏经》一百零六册、满文《大藏经》约一百五十册，虽不是整套，亦弥足珍贵，皆化为乌有。尤其是藏文《大藏经》，原藏于北京安定门外藏传佛教寺院黄寺。在义和团运动及八国联军入侵北京之际，时为日本陆军翻译的东本愿寺僧侣寺本婉雅，经精心"策划"和百般"活动"，趁局势混乱，赢得庆亲王、醇亲王、尚书那桐等人的信任，将黄寺的藏文《大藏经》以及资福寺的另一套《大藏经》私吞，后将这些经卷装入特制的百余只木箱，利用军方运输船运往日本。关于寺本婉雅的在华活动及《大藏经》入手经过，可详见其《藏蒙旅日记》（寺本婉雅著、横地祥原编，芙蓉书房1974年版）或秦永章的《日本涉藏史：近代日本与中国西藏》（中国藏学出版社2005年版）。

黄寺的《大藏经》被献给日本皇室，另一套则被寄赠给了真宗大学（今大谷大学）图书馆。献给皇室的《大藏经》，据寺本婉雅本人记述，为绀纸金泥的《甘珠尔》和万历版《甘珠尔》朱印本及其他经卷写本。另据史学家砺波护讲，为明万历年间据永乐版重印的《甘珠尔》。这些经卷后由宫内省长期出借给东京大学图书馆。这套本为藏传佛教名寺镇寺之宝的贵重典籍，不料毁于异国震灾，悲哉！

原位于文京区本乡的文求堂，1901年开业，是一家以专营中国书籍文物而闻名的书肆。店主田中庆太郎（1880—1951）不仅经营有方，而且是一位眼力与学识俱高的学者，尤其精鉴古籍版本，与罗振玉、郭沫若、内藤湖南、高罗佩等交往颇深。清末民初时，他往返于中国与日本之间，还在北京购置房舍，常年坐地收购善本古籍或书画。因此，他在东京的店铺总是充满了各种中国古籍和部分珍贵字画，其中不少是宋元版书籍。然而，这些书籍字画在关东大地震时都付之一炬，其中包括敦煌石室六朝写本《抱朴子》、敦煌本《天龙八部图》等稀世珍品。日本敦煌学研究之发达，为举世公认，但最早目睹敦煌经籍古画的，不是京都的敦煌学者，而是田中庆太郎。伯希和携敦煌遗物至北京时，田中庆太郎捷足先登，上门造访并观赏了其所携带的敦煌宝物，后又与罗振玉将此消息和宝物照片传给远在京都的内藤湖南,致使中日学界为这一大发现深感震惊。因此,在述及中日敦煌学史时,田中庆太郎也是不应忽视的人物。

文求堂在震灾中蒙受的损失无法估量,因为当时店内展销和库存的,多为不易售出的高价古书或字画。不过,以此为转机,田中庆太郎放弃收购古籍,而改为经营白话教科书,并在短期内获得良好效益。

震灾毁坏的房屋建筑等会很快重建,但焚毁的书籍资料却很难复原,有些甚至无法再看到了。因此,如何保护书籍,使其免受地震灾害,成为日本各界的一大课题。尤其是个人藏书,从诸多条件来看,比起公共图书馆,书籍被损的危险系数要大得多。1995年1月阪神大地震后,已故华侨陈德胜多年收集的中日现代史料万余种,经其遗族之手捐赠给滋贺县立大学图书馆,现作为"陈氏收藏品"而公开。著名历史小说家陈舜臣(居神户),也将其大量藏书捐献给早稻田大学图书馆。这种个人藏书能够走向社会,为公众服务,实为幸事。遗憾的是,在当今日本,能够接受个人藏书的公共机构或单位还极少。

书籍的命运或许永远会令人担忧下去。

(原载《北京青年报·历史纵横》2012年3月12日)

震灾与文物

国土狭小的日本,在文物收集与保存方面却堪称大国。就书画古董而言,日本本土的保存量大,而且富藏海外名品,其中尤以中国的为多。近年来,我国艺术品拍卖市场上的字画等文物,有不少就是从日本回流的。

不过,对重视文物保护的日本来讲,地震一直是困扰着人们的一大祸患。不少贵重文物屡遭地震劫难,其中一些已化为灰烬。仅以1923年9月1日关东大地震为例,从当时损失的部分中国文物,即可略知受灾状况之一斑。

大仓集古馆的佛像

大仓集古馆创设于1917年,号称是日本最早的私立美术馆。馆内文物为大仓财阀创始人大仓喜八郎长期掷重金收集而来,其中不乏一些国宝级名品。

该馆初设于大仓府邸,分一、二、三号馆和资善堂四部分,因场馆本身为私宅改建而成,并非专业美术设施,故在地震中损失惨重。在关东大地震中除一号馆的书画部之外，其余均遭焚毁。仅烧掉的中国文物，如敦煌佛经、古陶瓷器、雕漆玉器、铜镜铜器、历代乐器、古代砖瓦、甲骨版片、汉代封泥、墓碑、道释雕像等就难计其数。其中的墓碑包括在当今中国亦罕见的晋代墓碑等。就连被认为是从三国时代曹操铜雀台遗址出土的石雕狮子，也在此次震灾中未能幸免，被烧得近乎面目全非。该石狮亦传为后汉都城洛阳城门所饰之物，民国初期，在它即将被出卖给美国之际，恰值东京大学建筑与考古学者关野贞在华从事调查活动。经其多方奔走斡旋，终于将此稀世珍品购往日本，没想到数年后却遭此地震大火。地震后，为存其形骸作为震灾纪念，雕刻专家对破损的石狮加以修复，使其重返展台。如今在位于东京赤坂大仓饭店近旁的大仓集古馆，仍可目睹这尊历经火难的石狮。石狮还曾于1933年被认定为日本"重要文化财"。

灾后修复的石狮
（大仓集古馆藏）

震灾前，大仓集古馆最具规模的收藏乃是世界诸国的佛像雕刻，当时甚至有人讲："若研究佛像，不必去印度，也不必去中国，去东京的大仓集古馆就行了。"当然，这是一种夸张的说法，但由此也不难想象其佛像收藏之富。可惜的是，这类佛像约八百七十余尊也在关东大地震中被毁于一旦。仅来自中国的佛像、佛具等就有五百余种葬身火海，其中包括六朝及隋代铜佛七尊、唐代金铜大五钴、金代铜板千体佛等珍品。当然，也有个别铜佛劫后余生，"骑象普贤菩萨像"即其中之幸存者。

难得的郎世宁画作

近年来，随着海内外拍卖市场上郎世宁作品的走俏，其名声亦越来越大，有关他的专题报道，甚至电视剧等也应运而生。身为宫廷画家的郎世宁，其作品原本秘藏于宫中，在民间极为罕见。自义和团运动及八国联军入侵北京时起，其作才流失于外，辛亥革命以后更多有散佚。日本人对其画作尤为推崇和珍视，并极力求购。

康有为在其《万木草堂藏画目》（1917）中，论及中国画学衰敝，希冀有所改良时，曰："……墨井寡传，郎世宁乃出西法，他日当有合中西而成大家者。日本已力购之，当以郎世宁为太祖矣。若仍守旧不变，则中国画学，应遂灭绝。"想必康氏正是基于当时的中日画界实况而出此言。日本大型美术杂志《国华》第260期（1912年1月发行）以珂罗版形式刊载了罗振玉收藏的郎氏《猿猴图》，并附带简介。笔者管见所及，此为日本最早的对郎世宁画作的普及性介绍。其后，集作家、诗人与美术评论家于一身的木下杢太郎，在《美术新报》第10期（1917年4月）发表长文《高其佩与郎世宁》，对在北京文华殿古物陈列所及其他展览会上观赏到的郎世宁绘画，做了精彩的描述和鉴评，对这位中西合璧的洋人画家给予高度评价。《国华》第357期（1920年2月）又登载了郎世宁与唐岱合笔的《桃花喜鹊图》，并配有美术评论家田中仓琅子的长篇解说文。至此，郎世宁其人其作在日本广为人知。遗憾的是，一场大地震，竟烧掉两幅郎世宁作品，一幅即上述《桃花喜鹊图》，另一幅为《八骏图卷》。

前者为古籍书画商、文求堂店主田中庆太郎所藏，是其藏画中的得意之作。该画绢本设色，纵七尺一寸，横四尺二寸，描绘精致，色彩绝妙，左下落款"臣郎世宁恭画花鸟臣唐岱恭画湖石"。上方有"怡亲王宝"印，据此可知，此画为康熙帝十三子和硕怡亲王允祥所藏，或者专为其而作。据传，此巨幅佳作是八国联军入侵北京之际，由日军联队长携回日本的，后为田中庆太郎收购。这也是最早传至日本的郎世宁作品。另外，田中藏画中堪称国宝的敦煌石室本《天龙八部图》，也在此震灾中化为乌有。

（传）敦煌石室本《天龙八部图》
（田中庆太郎旧藏）

《八骏图卷》为华侨实业家林文昭所藏，同为绢本设色，高约一尺，长约一丈。该画是 1922 年 5 月于东京举办"日华联合绘画展览会"时，由画家金绍城携带而来，为流传于民间的极少部分郎世宁作品中的一幅。这两幅作品的消失，对研究和传承郎世宁艺术，可谓不小的损失。除《八骏图卷》之外，林文昭还损失了不少中国珍贵书画，其中的《宋铜匣兰亭帖》尤令人惋惜，内有翁方纲细字题跋五千余字，实属难得的墨宝。

收藏名家菊池长四郎家族的宝物

菊池长四郎家族为关东地区屈指可数的富豪和书画收藏名家。其家族不仅代代经营有方，还都酷爱书画古董，并精于鉴赏，收藏甚富，尤其是对中日书画名迹等多有积累。家族第四代菊池晋二（1867—1935），号惺堂，尤以收藏文人画而著称。地震使其位于东京新桥与下谷的两处府邸、藏库起火，历代所积累的无数字画等文物几乎被毁一空。其中包括来自中国的敦煌写经、五代及宋元明清书画等大批珍贵文物。例如，董元《寒林图》（收入《宣和画谱》），米芾《山水图》（仇远题诗，鲜于枢在引首详记其传来，左右柱题分别有文徵明、董其昌、毕沉等名家题字），米友仁《山水图卷》（罗振玉旧藏），苏轼《四竹图卷》（"风、晴、雨、露"四客图，各图均有题诗，有陆心源题字及收藏印，另有诸大家题跋），夏圭《山水图》（有明朝王府印），王蒙《雅宜山斋图》《山水图》和《松山书屋图》，倪瓒《优钵昙花图》（有乾隆帝御题、玉玺）、《寒林山水图》和《倪云林手书诗稿》，文徵明《山水图》《桃源图卷》，戴进《赤壁图》，沈周《仿梅道人山水图卷》，董其昌《山水画册》（十二页），仇英《百美图卷》（文徵明题赞），唐寅《前后赤壁图》（祝允明狂草赋书、赵之谦旧藏）、《山水图》，徐天池《杂画册》（七十六页）、倪元璐《花卉竹石山水画册》（陆心源旧藏）、《墨竹巨岩图》（王文昭旧藏），徐贲《山水图自题》（有乾隆御览等印），王建章《山水图》，恽寿平《山水画册》（八页）（首页有成亲王，即乾隆帝十一子永瑆的题字）等，不胜枚举。

在火势汹涌之际，菊池惺堂冒死从火海中抢救出五件宝物，其中两件为中国文物，一是旧传李公麟《潇湘卧游图卷》（实为南宋李姓者之作），另一是苏轼《寒食帖》，也算是不幸中的"小幸"。此举在日本书画界一时传为佳话。因为苏轼墨宝《寒食帖》于中国历尽周转递藏，又几经祸患，险遭焚毁，1921年后流落日本，又突遇震灾，多亏藏家冒险抢救，才得以存世。"二战"后期，东京屡遭美军空袭轰炸，但《寒食帖》还是幸存了下来。后来，王世杰觅得其下落遂以重金购回，现为台北故宫博物院收藏，成为该博物院十大重宝之一。《寒食帖》自诞生至藏入台北故宫博物院，其间历经沧桑和周折，几成神奇故事。

关东大地震中遭焚毁的徐渭（天池）《杂画册》之一页

自鸦片战争开始，截至关东大地震发生的1923年，中国文物流失日本，曾有几次显著时期。一是太平天国运动后，江南经济与文化遭受严重创伤，不少富豪文人为生活所迫，不得不变卖所藏书画古董，其中一部分通过各种渠道流落日本。二是甲午战争之后，特别是义和团运动及八国联军入侵北京时期，赴华日本人剧增，被他们带回日本的中国文物也随之增多。而且八国联军的入侵及掠夺，使京城文物遭受前所未有的灾难，尤其是宫廷及王府内所藏宝物被盗严重，不少文物精品落入日本人之手。三是辛亥革命前后，随着封建王朝体制的动摇和崩溃，以皇家藏品为主的珍贵文物开始外流。由于日本与恭亲王、庆亲王、肃亲王等晚清皇族显要的"特殊"关系，加上美术商山中商会的活跃，诸王府的文物大量流入日本。另外，素有收藏癖的端方，在保路运动中死于非命后，其大量金石藏品亦被日本人购取。

中国文物的海外流失，有其复杂的国内及国际背景，是涉及中外关系史研究领域的一大课题。笔者这里信手拎出关东大地震时部分中国文物蒙难的事例，是期待能有更多的朋友关心中国文物及其命运。

（原题为《传奇消失的"郎世宁"》，载《上海壹周》2012年4月23日）

再现甲午战争的百年影像

要说决定近代中国命运的重大事件,无论罗列多少,也不管筛选几个,恐怕总少不了甲午战争。其对国人打击之大,对国力创伤之重,对国运影响之深,均不言而喻。

关于这次战争,国内虽有一些文字记录,但留下来的照片等图像资料却极为鲜见。尽管当时摄影技术早已传入中国,但基本上还停留在室内人物肖像拍摄这一初级阶段。即使在国外,因当时技术水平所限,于战场上拍摄并制作照片也极为困难,仅摄影机、玻璃干板等器材加起来就重达数百公斤甚至上吨。但日本却把这一"文明开化"的利器用在了甲午战争中。这是日本近代史上第一次在大规模的对外战争中使用摄影。当时随军摄影的有民间和官方两个组织,前者以龟井兹明为代表,后者则以日本陆军和海军为主。龟井兹明本是旧津和野藩藩主继承人,凭借其雄厚的财力,自愿从军摄影。回日本后他从拍摄的众多照片中精选百余张,贴在鸡卵纸上,制作成《明治廿七八年战役写真帖》,献给日本皇室。

日本官方派遣的以陆军省最为有名，即陆军参谋本部陆地测量部组织的"写真班"。班长为外谷钲次郎中尉，另有两名技师和六名器材搬运工。他们于1894年10月由花园河口登陆，至翌年5月归国，共拍摄千余张玻璃板照片，后加上海军省摄制的部分，由当时权威摄影家小川一真制作成豪华写真集。这就是大型影集《日清战争写真帖》（1895—1896年版，日本把甲午战争称为"日清战争"），内收大幅照片三百余张，每张照片附英、日文题记。影集采用珂罗版印刷，分A、B、C三大厚册，前两册为陆军省拍摄，后一册为海军省所摄制，因当时刊印部数有限，加之售价昂贵，流传下来的极为稀少。据调查，目前在日本也只有少数几家图书馆收藏。

《日清战争写真帖》之一页，图片为"海军公所大门"

甲午战争影集《日清战争写真帖》（三册）

影集基本涵盖了整个战争的主要战场，记录了海陆作战进程，尤其是日军的主要行动，摄下了战争所及城区、海域状况及兵营、炮台、鱼雷库、军舰等光景。其中还留下了我方靖远、广乙、威远、经远等军舰沉没时的画面，令人看着伤感。康济号海舰运载丁汝昌灵柩归还之镜像更令人扼腕叹息。

对日本来说，甲午之战是其近代史上最初的大规模对外战争，加上对手又是曾为己师的大清帝国，因此，举国上下极为关注。此次远征动员总兵力达二十四万余人、军夫十五万四千人，派往前线的兵力十七万余人，为当时日本常备兵力的一点四倍。可以说当时日本是孤注一掷，最终创造了以小胜大的奇迹，也由此大胆地迈向军国主义的险途。当然，日方制作这一影集，意图十分明显，目的在于炫耀其军威和国威。不过因受官方严格审查，所以不可能主动暴露自我的凶残，例如日军于旅顺的虐杀行为，在影集中则无涉及。即便如此，我们今天仍可以从侧面窥视出日军的种种暴行。

不管怎么说，从历史的角度来看，利用这些照片，一来可以丰富我们关于甲午战争的知识，尤其是了解和把握日方对这一战争的宣传及认识，推动和深化甲午战争研究；二来可以再现当时的场景，复原瞬间历史，为战火波及的各地（大连、旅顺、威海等）留下历史上真实的一幕。在中国书店 2008 年秋季书刊资料拍卖会上拍卖的该影集（第 18 号），无论槌落何处，让它发挥应有的作用当是众人所盼。尤其是在中华民族崛起的今天，对甲午之战的记忆不仅不应任其淡化，而且应当更加记取，并从中吸取更多教训。

2008 年 10 月 17 日

（本文是笔者为中国书店 2008 年秋季书刊资料拍卖会所撰写）